商业保理培训系列教材

商业保理实务与案例

陈霜华　蔡厚毅　编著

復旦大學 出版社

丛书编委会

顾　问
韩家平　时运福

主　任
陈霜华　曹　磊　万　波

编　委
（按姓氏笔画排序）

Lee Kheng Leong　　马泰峰　　王宏彬

孔炯炯　叶正欣　杨新房　张乐乐

张继民　林　晖　胡俊芳　祝维纯

聂　峰　谈　亮　奚光平　蔡厚毅

序一　关于保理业务的几点认识

依据提供服务的主体不同,我国保理行业分为银行保理和商业保理两大板块。根据国际保理商联合会(Factoring Chain International,以下简称"FCI")的统计,自2011年以来,我国已经连续四年成为全球最大的保理市场。由于商业保理行业2013年刚刚起步,业务规模尚小,所以目前我国绝大部分的保理业务来自于银行保理板块。当前,我国保理行业呈现出多元、快速、创新的发展态势,成为国内外贸易融资领域关注的焦点。

然而,在我国保理业务量领先全球和商业保理市场蓬勃发展的同时,国际保理界同仁对我国保理行业的质疑声也一直不断,我国很多保理专家也表达了相似的观点,比如中国目前开展的"保理业务"是否是真正的保理业务等。对此,我们应该给予高度重视,并结合中国保理实践的发展进行深入研究。下面,根据我对国内外保理市场的调研和观察,谈一下关于保理业务的几点认识,供大家参考。

一、保理业务的内涵与外延

根据FCI的定义,保理业务是指保理商以受让供应商因销售商品或提供服务而产生的应收账款为前提,为供应商提供的(如下四项服务中的两项以上)综合性金融服务:① 应收账款融资;② 销售分户账管理;③ 账款催收;④ 坏账担保。《牛津简明词典》对保理业务的定义更加简明扼要、直指本质:保理业务是指从他人手中以较低的价格购买债权,并通过收回债权而获利的经济活动。

根据上述定义,保理业务是以应收账款转让和受让为前提,其本质是应收账款资产的买卖。以此为基础,受让了应收账款资产的保理商为卖方提供应收账款融资、买方付款风险担保和应收账款管理和催收等综合性服务。因此，保理业务不是一般流动资金贷款，也不是应收账款质押融资，不能将二者混为一谈。根据我的观察，国际上之所以质疑我们的保理业务，是因为我们一些银行和保理公司打着保理的名义，实际做的是流动资金贷款或应收账款质押融资。

目前，我国相关政策法规条文基本还是遵循上述保理定义的，只不过根据实践发展，我国已经把因租赁资产而产生的应收账款也纳入了保理业务的服务范围。但对于尚未履行完基础合同义务的未来应收账款可否开展保理服务、对债务人或债权人为个人的应收账款可否列入保理服务范围、对提供金融服务产生的债权、因票据或有价证券而产生的付款请求权等可否列入保理服务存在较大争论。

二、保理业务的起源与发展

保理业务起源于商务代理活动。根据资料记载，最早的保理业务可以追溯到5 000年前的古巴比伦时期。当时，保理商作为供应商的代理人，承担商品推广、分销、存储、运输和收款等职能，偶尔也承担坏账担保和预付款融资等功能。也就是说，最初的保理商承担了现在销售代理、物流服务和现代保理服务的全部功能。

现代保理业务起源于17世纪末18世纪初的英国。当时因工业革命的影响，英国的纺织工业得到了迅猛发展，向海外销售纺织品成为资本主义初期经济扩张的必由之路。由于出口商对进口商当地的市场情况和客户资信了解甚少，因而多以寄售方式销售，进口商负责货物的仓储、销售和收款，并在某些情况下提供坏账担保和融资服务。

19世纪后半叶，美国作为英国的海外殖民地，吸收了大量的欧洲移民，而英国经济正处于蓬勃发展阶段，向海外大量销售消费品。为保障贸易的顺利进行，英国出口商在美洲当地选择了一些商务代理机构，负责销售货物并保证货款的及时结清。随着交通和通信技术的发展，后来部分代理机构逐渐将销售和存储职能剥离出去，专门负责债权收购和坏账担保，演变成为为供应商提供应收账款融资和买方付款担保的现代保理服务。1889年，纽约一家名为澳尔伯·多梅里克的保理公司率先宣布放弃传统的货物销售代理和仓储职能，但继续为其委托人（欧洲的出口商）提供收购应收账款债权和担保付款的服务，成为美国现代保理业务诞生的标志性事件。

20世纪60年代,美式保理传入英国,并与英式保理(主要形式是银行提供的以不通知买方为特征的"发票贴现"业务)融合,并逐渐在欧美国家流行,70年代后传入亚洲。

随着保理行业的发展与完善,国际保理组织也日益成熟。2016年之前,国际上规模较大的保理行业组织有国际保理商联合会和国际保理商组织。FCI成立于1968年,总部设在荷兰的阿姆斯特丹。FCI共有280多个会员,遍布全球73个国家和地区,为目前全球最大的国际保理商组织。国际保理商组织(International Factors Group,以下简称"IFG")成立于1963年,是全球第一个国际保理商组织,总部设在比利时的布鲁塞尔。IFG共有160多个会员,遍布全球60多个国家和地区,是全球第二大的国际保理商组织。2015年10月,两大国际保理组织决定合并,合并后的机构将统一使用FCI的名义。两大国际保理组织合并后,将在全球范围内加强保理行业发展的规范性,建立统一规则,整合数据交换系统,以此来帮助保理企业降低支出,提高抵抗风险的能力,同时积累更准确的数据,为行业的发展做出合理预测,推动全球贸易经济发展。

三、保理业务引入中国

我国保理业务起步于1987年。当年中国银行与德国贴现与贷款公司签署了国际保理总协议,在我国率先推出国际保理业务,成为中国第一家保理商,标志着保理业务在我国的正式登陆。1992年2月,中国银行成功申请加入FCI,并成为我国首家FCI会员。

1991年4月,应FCI秘书处邀请,原外经贸部计算中心(现商务部研究院)组织商务部、中国银行总行等9名专家赴荷兰、德国和英国考察保理业务,并正式将"Factoring"的中文译名确定为"保理",促进了保理业务在中文地区的推广。

2002年初发生的南京爱立信"倒戈"事件有力地促进了银行保理业务的发展。由于中资银行无法提供"应收账款融资"业务,2002年初,年结算信贷业务量达20多亿元的南京熊猫爱立信公司将其结算银行转移到外资银行,此事发生在中国刚刚加入世界贸易组织(WTO)的背景下,被媒体广泛报道,引起了央行的重视,由此推动了中国银行界普遍开始重视保理业务。为了防止此类事件的再次发生,同时保持住优质的客户资源,各家银行不约而同地加快推进了保理业务,我国保理业务也开始进入快速发展阶段。

在商业保理领域,2009年10月,经国务院同意,国家发改委批复天津滨海新区综合改革方案,可以在滨海新区设立保理公司。之后天津出现了30家左右以国际保理为业务方向的保理公司。但由于外汇政策不配套等多种原因,绝大多数公司业务没有开展起来,逐渐停业转型。2010年以后,天津又陆续成立了一些以国内保理业务为主的保理公司,商业保理业务得以快速发展。

随着国家商务部2012年6月下发《关于商业保理试点有关工作的通知》及之后出台的诸多文件,天津滨海新区、上海浦东新区、深圳前海、广州南沙、珠海横琴、重庆两江新区、江苏苏南地区、浙江、北京等地陆续开始商业保理试点,各地商业保理公司如雨后春笋般迅速发展。

四、保理是最适合成长型中小企业的贸易融资工具

提到保理业务,人们普遍认为它是面向中小企业、服务实体经济的贸易融资工具,但是,保理并不适用于所有的小微企业,它最适合于成长型的中小企业。一般而言,成长型中小企业产品和客户趋于稳定,同时业务进入快速发展期,其最大的资产就是应收账款,约占其总资产的60%,但又达不到银行贷款条件(没有足够的抵押担保和信用评级),也达不到资本市场融资条件,如果其买方的付款信用较好,那么保理业务就是其最适合的融资工具。

国内外的保理实践也表明,保理业务通过盘活中小企业的流动资产,加速应收账款回收,提高了企业运营效率,有效地支持了实体经济的发展。近年来,我国加快推动金融市场化改革,提倡金融回归服务实体经济,保理业务基于真实贸易背景、可实现对实体中小企业的精准滴灌,其作用应该给予高度重视。

五、保理是逆经济周期而行的现代信用服务业

在金融危机或经济下行周期,市场信用风险快速上升,一般金融机构均会采取信贷收缩政策,导致市场流动性缺乏。但此时企业应收账款规模和拖欠增多,对应收账款融资和管理需求更大更迫切;同时,保理业务依托先进的风险控制模式(与核心企业信用进行捆绑)和可靠的还款来源(核心企业付款为第一还款来源),是风险相对较小的融资工具,因此保理业务具有逆经济周期而行的特点,可以发挥其他金融工具无法替代的作用。例如,根据FCI的统计,在国际金融危机期间,2009~2013年全球保理业务量增长了0.74倍,净增9 500亿欧元,年均增

速达14.8%,是同期GDP增速的4倍,而且FCI会员无一倒闭。2013年全球保理业务量首超3万亿美元。2014年全球保理业务同比继续增长3.6%,总量达到2.311万亿欧元,创历史新高。

六、保理代表了贸易金融业发展的方向

尽管保理业务在欧美国家已经有60多年广泛开展的历史,但近年来在欧美国家仍呈现快速发展态势,尤其是近20年来,年平均增长率达到11%。欧洲一直占据全球保理市场的60%,2014年仍保持了9.8%的增长,保理业务量2014年达到1.487万亿欧元,是2011年以来增长最快的一年。其中英国2014年同比增长了22%,达到3 761亿欧元,其保理业务量占GDP的比重达到16.8%,继续领跑各大洲保理市场,值得高度关注。

根据FCI提供的资料,欧洲保理业务之所以近年来持续快速发展,是因为各商业银行均将保理作为战略重点业务给予了高度重视。由此可见,保理这一古老的融资工具因其基于真实贸易背景、可有效解决中小企业融资难题、逆经济周期而行等特点,在当前全球经济尚处在艰难复苏时期具有重要的现实意义,代表了贸易融资的发展方向。

2014年,全球国内保理业务量达到1.853万亿欧元,占全部保理业务量的80%,同比增长1.37%;国际保理业务量达到4 850亿欧元,占全部保理业务量的20%,同比增长14%。国际保理业务增速是国内保理业务增速的10倍多,是未来保理业务增长的重要驱动力。

七、我国商业保理行业的发展趋势

2013年以来,我国商业保理行业发展迅猛。根据中国服务贸易协会商业保理专业委员会的统计,截至2015年底,全国已注册商业保理法人企业2 346家(其中2015年新注册1 217家),2015年保理业务量达到2 000多亿元,保理余额达到500亿元左右。除遵循一些与国外保理行业共同的发展规律外,中国商业保理行业的最大亮点是与电子商务、互联网金融和资产证券化的融合创新,这个领域也是保理业务增长最快的领域。例如,某大型电子商务平台下属保理公司,其保理业务已实现全程在线化管理,2014年第一年作业,保理业务量就达到120多亿元,2015年业务量达到350亿元,基本实现对平台供应商的全覆盖,平均放款速度在供应商申请后3分钟左右,年化利率控制在9%左右,有效满足了平台

供应商的融资需求。

同时,中国商业保理行业存在市场认知度低、政策法规不完善、征信体系不健全、融资渠道不畅、融资成本较高、专业人才缺乏,以及由于前期操作不慎导致的资产质量不高,在经济下行形势下部分风险开始暴露等问题。

在我国商业保理快速发展的同时,受监管政策收紧和市场风险加大、银行主动收缩等因素影响,银行保理业务2014年出现了下降的趋势。据中国银行业协会保理专业委员会统计,2014年银行保理业务量为2.71万亿元人民币,同比下降14.8%;其中,国内保理1.97万亿元,同比下降20.9%;国际保理1 211亿美元,同比上升6.13%。中国银行保理没有像欧美国家一样呈现出逆经济周期而行的特点,是否恰恰证明了我国银行所做的部分保理业务不是真正的"保理业务",仍需要进一步研究。

总体来看,基于庞大的市场需求,只要我国商业保理行业沿着正确的发展路径,其前景是非常看好的。商业保理正确的发展路径应该是:专注细分行业领域,与银行等金融机构紧密合作,与电子商务、互联网金融、供应链金融、资产证券化等业务融合创新,从而实现依托供应链(核心企业)、建立(上下游企业)信用链、疏通(中小企业)融资链、提升(中小企业)价值链的目标,助力我国实体经济转型升级。

预计随着中国金融市场化改革的推进和互联网经济的快速发展,未来中国商业保理行业前景光明。预计"十三五"期间将是我国商业保理大发展时期,到2020年业务规模将达到万亿级规模,占到中国整个市场的三分之一。

商务部研究院信用与电子商务研究所所长
中国服务贸易协会商业保理专委会常务副主任兼秘书长　韩家平
2016年2月28日于北京

序二　致行业之兴者在于人才

"治国经邦,人才为急。"无论哪一行,都需要专业的技能和专门的人才。商业保理是当今全球贸易金融创新发展的方向,是国家正在推动试点发展的新兴业态。培养具有国际视野、专业技能和管理经验的人才队伍,对商业保理行业的发展具有重要的战略意义。

人才奇缺是企业最大的焦虑,本领恐慌是人才最大的恐慌。自2012年国家商务部推动商业保理试点工作以来,商业保理企业注册数量呈现井喷式发展的态势,由初期的数十家增长到2015年底的2 346家,有没有懂保理、会管理、符合资质要求的高管人员和有没有具备商业保理专业技能的业务骨干,已经成为商业保理企业完成组建和开展业务的制约条件。

目前,国内高等院校尚没有开设专门的商业保理专业,也没有成体系的培训教材。商业保理行业的从业人员绝大多数来自金融机构或相关的经济领域,对商业保理知识和实务的学习大多来自于网络和零星书刊的碎片化知识。因此,建立培训体系、开发培训教材、统一行业语言、规范行业标准,是目前商业保理行业发展的一项非常重要的任务。上海立信会计金融学院在全国率先开设商业保理实验班,以时任上海金融学院国际经贸学院院长陈霜华教授为主组成的专门团队,制定了系列培训教材的编写计划,为商业保理行业的人才培养做了一件非常有意义的工作。

上海浦东新区是2012年最早被国家商务部列为行业试点的两个地区之一,上海浦东商业保理行业协会是国内最早成立的专业商业保理行业协会之一。协会一成立,就把人才培养和业务培训作为一项主要工作,时任协会副会长的上海立信会计金融学院陈霜华教授分工负责培训工作。在商务部商业保理专业委员会的支持下,上海立信会计金融学院、上海市浦东新区商务委员会、上海浦东商业保理行业协会联合开发系列培训教材,是产学研结合的创新实践,也是协会培训工作的重要抓手。

  从五千年前巴比伦王朝的萌芽时期,到20世纪欧洲的成熟发展,伴随着全球贸易的发展进程,商业保理的理论和实践也在不断的丰富和创新。上海是一个在20世纪初就以"东方华尔街"的美誉远播四海的城市,国际金融中心、具有全球影响力的科技创新中心的建设和自贸区金融创新的先发优势,将会为商业保理理论和实践的创新提供更多的创新元素。我也希望,大家能够始终站在理论发展和实践探索的前沿,对教材编写和人才培训进行不断的丰富和创新。

  致行业之兴者在于人才,成行业之治者在于培训。我相信,我们正在努力和将要开展的工作,将对上海市乃至全国商业保理行业的规范发展起到重要的促进作用。

  是为序。

上海浦东商业保理行业协会会长
国核商业保理股份有限公司董事长　**时运福**
2015年10月23日于上海

前言 | PREFACE

现代保理业务起源于17、18世纪英国的毛纺工业,于20世纪90年代初随着国际贸易的发展进入我国。据国际保理商联合会(Factors Chain International,简称FCI)统计,2014年全球保理营业额达到2.3万亿欧元,比2013年增长5%。我国自2011年起成为全球最大的保理市场,2014年国际及国内保理业务量达到4 061亿欧元,折合人民币近3.06万亿元,同比上升7%,占世界市场份额的17%。尽管我国保理业务发展速度很快,但同年保理业务量仅占GDP的4.81%,而英国这一比例达到26.04%,法国、西班牙和意大利均在10%以上。截至2014年底,全国规模以上工业企业应收账款总额为10.51万亿人民币,但保理业务量仅占29.1%,发展前景十分广阔。

保理业务分为商业保理和银行保理。与欧美保理市场商业保理企业更加活跃的情形相比,我国则是银行保理业务占据了主导地位。截至2014年底,我国商业保理的业务量仅约为银行保理的2.5%。银行保理业务的客户以大中型企业为主,对买方的资信实力、配合程度要求高,远远不能覆盖广大中小企业应收账款的贸易融资需求。如何充分盘活巨大的应收资产,有效解决应收账款持有企业尤其是中小企业的融资困局,已成为当前亟待研究解决的问题。商业保理业务逐渐成为新兴的贸易融资工具,与信用证业务、信用保险一并成为贸易债权保障的"三驾马车",在中小企业贸易融资方面发挥着越来越重要的作用。

自2012年6月商务部下发《关于商业保理试点有关工作的通知》以来,商业保理试点工作在上海浦东新区和天津滨海新区正式启动,并逐步扩展到广州、深圳等地,我国已注册商业保理企业数量也由2012年的44家迅速增加到2015年底的2 346家。然而,对商业保理的理论研究和实务探索却严重滞后,商业保理行业高级管理人员和业务骨干严重缺乏,成为制约商业保理行业发展的重要瓶颈。

基于作者在境内外从事保理工作近30年的经历，本书从整体设计、业务模式、操作流程到案例分析，都立足于突出专业性、系统性、合规性、实用性和可操作性，探索既符合国际规范又适合我国商业保理行业发展的业务模式和操作流程，旨在帮助商业保理从业人员提高业务操作水平，引导商业保理行业合规、有序、健康发展。本书既适用于商业保理相关专业的在校大学生和研究生，也适用于从事商业保理业务的从业人员。

《商业保理实务与案例》由实务与案例两大板块组成。实务部分共10章，主要包括从事商业保理工作的准备、市场营销、尽职调查、应收账款转让、文件单据审核、融资放款、应收账款管理、项目启动后评估等各阶段的主要工作，以及保理业务的产品与模式创新及其在产业链中的运用。案例部分主要包括出口背对背、出口信用保险、进口保理、优化财务报表、国内国际保理欺诈、暗保理风险等保理案例、保理在租赁业和医药行业的应用，以及保理诉讼判例解读等。本书由陈霜华和蔡厚毅共同设计、策划，蔡厚毅负责撰写初稿，陈霜华负责统稿、修改、定稿。本书文责自负。

作为在商务部商业保理专委会指导下，上海立信会计金融学院、上海浦东新区商务委、上海浦东商业保理行业协会首次共同开发的商业保理系列教材之一，本书的出版得到上海立信会计金融学院申请的中央财政专项资助。本书在撰写中，还得到中国民生银行以及保理业界包天青、张乐乐等同仁的大力支持。本书能够最终交付出版社付梓以飨读者，离不开复旦大学出版社王联合编审的指导和支持，以及各位编辑、校对员、排版、美编等工作人员的辛勤工作。在此一并表示诚挚的谢意！

编者虽追求精益求精，但商业保理属于前沿研究领域，很多问题还在探索过程中，书中难免存在错误、遗漏和缺憾，望各位专家学者和广大读者批评指正。

2015年8月1日
陈霜华

目录 | CONTENTS

第一章 从事商业保理工作的准备 ·· 1
 第一节 从事保理工作需要的条件 ·· 1
 第二节 从事保理工作的选择 ·· 6

第二章 市场营销阶段 ·· 10
 第一节 寻找客户的方式与渠道 ·· 10
 第二节 拜访客户前的准备工作 ·· 18
 第三节 拜访客户时的注意事项 ·· 19
 第四节 常见的客户提问与应答 ·· 23
 第五节 拟定保理服务方案的原则 ·· 25

第三章 尽职调查阶段 ·· 30
 第一节 客户需要提供的材料 ·· 30
 第二节 实地核查的重要性与难点 ·· 31
 第三节 尽职调查的要点 ·· 34
 第四节 授信调查报告的撰写 ·· 44
 第五节 合作方案的确定 ·· 55

第四章 应收账款转让阶段 ·· 74
 第一节 客户提供的文件和单据种类 ·· 74
 第二节 应收账款转让通知的办理与确认 ·· 79

第五章　文件单据审核阶段 …… 88
第一节　保理销售分户账的建立 …… 88
第二节　审核文件单据的基本要点 …… 90
第三节　部分特殊行业的审单要点 …… 96
第四节　发现单据不符的处理 …… 98

第六章　融资放款阶段 …… 103
第一节　应收账款转让登记 …… 103
第二节　额度的管理与授信条件的落实 …… 111

第七章　应收账款及贷款管理阶段 …… 117
第一节　应收账款的催收 …… 117
第二节　买方的回款管理 …… 120
第三节　商业纠纷的处理 …… 124
第四节　应收账款的日常管理 …… 129
第五节　客户运营风险的监控与评估 …… 131

第八章　保理业务的产品与模式创新 …… 136
第一节　保理与信用保险的结合 …… 136
第二节　保理在供应链融资中的作用 …… 144
第三节　保理在电子商务平台的应用 …… 148
第四节　保理的资产证券化 …… 151
第五节　保理在撮合交易中的应用 …… 157
第六节　保理与互联网金融的结合 …… 159

第九章　保理业务在产业链中的运用 …… 165
第一节　保理业务在产业链中的运用前景 …… 165
第二节　上段"N+1"保理模式 …… 167

第三节　下段"1+N"保理模式 …… 173

第十章　案例导读与思考 …… 178
　　案例一　出口背对背保理案例 …… 178
　　案例二　出口信用保险保理 …… 183
　　案例三　进口保理案例 …… 187
　　案例四　优化财务报表案例 …… 190
　　案例五　保理在租赁业应用案例 …… 194
　　案例六　保理在医药业应用案例 …… 198
　　案例七　国内保理欺诈案例 …… 202
　　案例八　国际保理欺诈案例 …… 206
　　案例九　暗保理风险案例 …… 210
　　案例十　保理诉讼案例 …… 216

附表 …… 221
　　附表一　应收账款转让表 …… 221
　　附表二　应收账款转让通知书 …… 223
　　附表三　介绍信(Introductory Letter) …… 225
　　附表四　应收账款转让通知书(明细表) …… 227
　　附表五　应收账款转让通知的字句 …… 229
　　附表六　Assignment Clause …… 230
　　附表七　EDI message（invoice） …… 231
　　附表八　逾期发票付款提示函 …… 233
　　附表九　Import Factor Information Sheet …… 235
　　附表十　付款信息报文格式 …… 239
　　附表十一　商业纠纷通知书 …… 241
　　附表十二　未结应收账款清单 …… 242
　　附表十三　动产权属统一登记表(初始登记) …… 243

附录　国际保理通用规则 ·············· 244
　附录一　FCI GENERAL RULES FOR INTERNATIONAL
　　　　　FACTORING（Printed June 2012）············· 244
　附录二　UNIDROIT CONVENTION ON INTERNATIONAL
　　　　　FACTORING（Dttawa，28 May 1988）············ 264
　附录三　应收账款质押登记办法(2007年10月1日) ·········· 272
　附录四　应收账款质押登记操作规则(2007年10月1日) ········ 275
　附录五　商业银行保理业务管理暂行办法(2014年4月10日) ····· 279

第一章

从事商业保理工作的准备

本章概要
- 从保理专业人员的个人素质和专业能力等方面介绍从事保理工作需要的条件;
- 从资本实力、物理网点、经营历史、人员规模、股东背景、专业分工、沟通协调、风险政策、业务监管、工作氛围等方面为保理从业人员选择在银行或保理公司从事保理工作的选择提供职业判断与参考。

第一节 从事保理工作需要的条件

从事保理工作需要什么条件呢?截至 2014 年底,国家有关机关尚未对我国保理从业人员进行任何岗位资格认证或规定从业条件要求,所以,目前从事保理工作无需像律师、会计师等职业,必须先取得某种专业资格证书或达到某种资质才能执业。2015 年 3 月,中国服务贸易协会商业保理专委会举行首次"全国保理业务水平考试(NFCC),考试合格由专委会颁发保理行业资格证书,但国家相关行政监管等部门没有出台相关规定或要求。各家保理商根据自身的需要拟定了一些用人招聘的准入条件,而且很多具有共通性。

本章节无意描述保理商的用人标准,更不是作为从业人员应聘的指南,而是个人如果想从事保理工作,最好多加修炼与充实自己,尽可能具备一些基本的、在各行各业通用的个人素质。越是最基础的要求反而越容易被忽视,而这些才是个人在社会上取得成就乃至建功立业最重要、最根本的因素。所以本书不惧沦为老生常谈的八股论文,开篇就特别加以表述,凸显其重要性。

另外,本章节其他的部分则是专业能力的要求,是从事保理工作的必备技能。有些可以从业前在校进行学习,有些则需个人从业后在工作实践中积累经验、多方学习,不断地充实与提升。

既然本书是"实务"类书籍,本章节内容的介绍尽可能平铺直叙,同时建议读者以理解为主,不须较真于个别字句或强记其中的内容。

一、个人素质方面

(一) 诚实守信的道德准则

尽管一般人认为商场上尔虞我诈是正常现象,但是没有谁会选择不讲诚信的公司作为长久的合作伙伴,没有股东会托付不讲诚信的经理人来经营管理企业,也没有领导会重用不讲诚信的员工来协助推动工作。

从业务角度来讲,保理业务最重要的工作,也是任何保理业务的开端,便是授信。这项工作具备相当的专业性,又不可避免地带有个人主观性的判断。如果授信人员疏于职守,没有尽职地评估客户信用风险及项目风险,敷衍了事;或者收受客户贿赂,内外勾结,故意对项目放水,就会给公司的资产带来极大的风险,或使公司损失惨重。

诚实守信不仅是道德准则,也是个人职业发展最重要的因素。太多鲜活的案例告诉我们,从事任何职业,尤其从事与信用息息相关的金融相关行业,任何不讲诚信、违背基本道德准则的行为,即便一时侥幸得逞,终究会引火上身,可能无法回头。只要为人诚实守信,坚守道德底线,树立起个人品牌形象,即使职业发展有起伏,所谓自助与人助,终究会有好的发展机会。

(二) 爱岗敬业的工作态度

此处谈论的不是考勤不迟到,也不是夜以继日地加班加点。通俗地说,是指一个人对公司的贡献至少要对得起自己从公司所获得的物质报酬;提升到更高的精神层面,可以理解成在为客户提供满意服务、创造价值的前提下,为公司谋取最大效益的一种工作态度。具体表现在工作上,例如:对待任何任务都是使命必达,全力以赴,巧做而不蛮干;有责任感、勇于担当,遇事绝不推诿;以大局为重,不以个人利害为念,更不会因私损公;严格自觉遵守公司各项规章制度,但对于有碍公司发展的不合理制度也会勇于提出建设性意见;对外维护公司利益与形象,对内调解矛盾与冲突;对于客户的需要,在不违背公司规章制度的前提下,急人所急,努力提供优质的服务,等等。

敬业精神是一种态度,它深入到工作上的每个环节和细节,确实很难量化。保理业务并不是一种摸得着的有形产品,客户对它的感知更多地来自从业人员的表现与服务所带给他的印象,而从业人员是否敬业,通常会直接决定客户的感受。

(三) 沟通协作的团队精神

除了极少数行业,任何一项业务或工作都需要相关部门的配合、必须有很多人付出努力才能有效完成,保理业务亦是如此。从市场营销、项目授信、具体业务审核与融资发放、账款管理、监督与审计等每个环节及各环节之间都需要多个岗位予以配合。

拿市场营销与项目授信来说,有些保理商是由市场人员单独进行尽职调查,有些则是市场人员和风险人员配合,考察客户的风险情况,初步决定是否给予授信。但无论如何,一般情况下,考察风险的人员和最终有权决定给予授信的人员是由不同岗位或级别的人员来完成的。由于信息不对称、岗位职责要求及个人主观认识等不同,市场人员与风险人员、上下级之间经常会出现意见分歧的情形,这就需要彼此间沟通协调,而且组织架构及岗位设计本身就是为了彼此监督制衡,避免产生道德风险。

对于保理业务,授信难以做到绝对客观、行业和客户多元化、业务操作环节完全标准化,客户认知与保理商存在差异等现实因素的存在要求从业人员必须具有团队精神,团队能否有效沟通协调,直接决定了保理商办理业务的效率和资产质量。所以每个成员为了完成集体的目标,必须舍弃本位主义和个人英雄主义,达成一致有用的决策和行动,才是制胜的不二法门。

(四) 学习创新的自我意识

保理业务是一种综合性的金融服务,具体落实到流程上,至少包括客户营销、产品设计、授信调查与评估、单据审查与融资放款、账款管理与催收、商业纠纷的处理、不良资产的清收等,涉及国际保理业务还有跨境沟通等环节。所以不论从事保理业务哪个环节的工作,如果想成为合格或更有竞争力的从业人员,自身就必须对保理业务进行全面的学习与实践。

由于服务对象和产业的多元化,客户的需求不断地更新或提高,为了适应外在环境的快速变化(如互联网的冲击)和自身业务发展的需要(比如,如何节约资本进行业务扩张),除了学习保理业务各环节的知识外,保理从业人员都不应把目光只局限在保理业务,而应秉持创新的精神,不断地学习新事物,这样才能以保理业务为基础,不断地提高层次,扩大业务领域。

二、专业能力方面

(一)掌握国际经贸相关知识

对于从事国际保理业务的人员来说,掌握基本的国际贸易及结算相关知识,是一项必要的从业技能。不了解国际贸易特有的结算条件(如 L/C、D/P、D/A、O/A 等)、价格条款(如 FOB、FCA、CIF 等)和贸易流程,就很难与国际保理客户进行最基本的交流,就谈不上具体业务的洽谈与协商。有了这项基本技能还不够,从业人员还应对与进出口贸易相关的宏观经济与政策有所把握及理解,才能更高层次地营销与服务客户,并且有效控制自身的经营风险。比如,汇率的升贬会直接冲击进出口商的非营业损益数字(如人民币单边升值时期,如果没有合适的汇率避险安排,境内出口商就会招致汇兑损失),那么保理人员应建议客户在接受国际保理产品的同时,可进行相关外汇资金安排或购买汇率避险产品;再如,国内升息或降息,进出口商财务成本的负担高低会随之变化,那么保理人员可以提供一定的金融方案,建议国(境)外融资成本低时,由境外子公司进行接单与融资来调整企业财务结构。另外,从风险控制角度,比如,保理人员要注意到国际贸易中的技术壁垒、反倾销反补贴等事项,因为这些可能会对境内出口商经营产生重大的影响,大幅削弱产品的竞争力,直接导致客户授信融资风险。所以从事保理业务的人员,尤其是从事国际保理业务的人员,需要具备上述综合技能。

(二)了解银行业务的基础知识

即便是商业保理的从业人员,也应该对银行基础知识予以了解。因为:① 银行对于一些金融业务的基础环节具有丰富经验,比如对企业的信用给予评定及授信、取印核保、单据审查、融资放款、贷后检查等等,这些是值得目前处于起步阶段的商业保理行业借鉴与学习的。② 商业保理公司在操作具体业务时,经常会通过银行办理资金收付、票据回款的托收或贴现、账户监管等业务,所以对银行办理的流程和手续需要有所了解。③ 考虑到商业保理公司和银行之间的竞争与合作关系,保理从业人员必须了解银行做保理的特性与特点,以寻求互惠互利的合作点。④ 商业保理公司的日常经营终究不可能完全脱离银行的合作与支持，所以对银行实务的理解有助于促进双方多方面的合作。

（三）具备财务报表分析的能力

从事保理工作，对客户信用风险的分析与评估是相当重要的一环，这其中有定量的，也有定性的分析；有宏观，也有微观的探究；重视历史绩效，也展望未来发展趋势；注重经营者的专业性，也关心其品行操守；有人为的主观判断，也绝对少不了客观数据的分析，所以信用风险评估工作必然是专业与经验的有机结合。当然，经验需要时间的积累，而对反映企业经营绩效和财务情况的所有报表进行纵向、横向和交叉的对比与分析，建立对企业经营情况的基本认识，是从事保理工作（尤其是市场和风险条线工作）的基本技能。不会分析报表，但拥有雄厚资源，可以拉来大量存款的人，可以在银行里找合适的岗位，毕竟存款是银行立行之本，而现实中为了满足资本充足率的要求和支持业务的扩张，各银行对能拉动存款的人确实非常重视。但保理业务作为综合性的金融服务，并不要求客户存款，吸收存款也不在商业保理公司的经营范围之内。

（四）拥有基本的法律素养

保理业务的法律性质是债权转让，明白债权转让的相关法律规定与实践也是保理从业人员的必修课。在保理业务的实践中，需要从业人员对遇到的法律问题进行基础性的判断。例如，集团公司签订框架协议，子公司以自身名义下单、收取货物并接受发票，保理商是否可以接受卖方申请，将集团公司作为保理业务的买方进行评估、核定信用风险额度并承担坏账担保的责任。再如，买卖双方贸易合同约定禁止转让债权，保理商可否接受卖方单方面声明取消禁止债权转让条款而受让账款、办理保理业务等。其实，办理任何业务都需要法律人员提供专业的法律意见作为保障，但现实中，这样的法律保障不可能随时随地伴随左右，即便公司配备自身法务人员，从业人员还是要具备最基本的法律常识和意识，从而规避掉一些简单但可能重大的法律风险。

（五）熟悉行业交易的特性

保理业务所操作的标的是应收账款，应收账款来自于买卖双方的交易，交易的真实性与应收账款的质量至关重要。熟悉了解行业交易的习惯和特性，一方面可以从中寻求商机（比如使用供应链思维开发上下游企业客户），设计合适方案，激活潜在业务；另一方面借由对交易相关流程和特质的了解，建立行业圈子人脉关系，以对交易的真实性有所辨别，从而在操作流程中设置风险控制措施，提前侦测风险隐患。所以，业界常说"不做不熟悉的行业"。

以往保理从业人员的专业背景主要是经济、金融相关领域，近年来，也渐有具备实业背景的非科班出身的人员，通过自我充电，尤其是对商科相关专业知识的充电，投身于保理事业。

第二节　从事保理工作的选择

每个人的一生都在不断地面临选择。对于职业发展来说，会面临以下几个问题：完成学业后是选择自行创业还是社会就业；选择留在熟悉的地方还是远赴更多机会的他乡拼搏；选择在什么行业发展职业生涯；选择从事与自身专业相关的工作，还是走上另外一条相对陌生但自己感兴趣的道路等。大多数人习惯于回头望，但表现出的往往不是反省，而是后悔，总是觉得早知道当初如何如何，就一定会作出正确的选择，不至于今日落到令自己不满意的地步。其实，每个人的任何选择都很难说对错，通常跟他人也不具有可比性，因为每个人与生俱来的客观条件不同，比如出身、相貌、天赋，这些都是现实而无法回避的因素；而且每个人后天机遇不同，信息爆炸的社会充斥着太多的机会和危险，每个人在人生不同阶段的遭遇都大不相同，如同感情生活中为何会遇见那个人最后走到一起，而不是芸芸众生的另外其他人；最后，选择也只是开始，不是结果。随着时间的推移，影响自身的因素可能会改变。最重要的是，自身的作为是验证选择是否正确的最大因素。

理解上述道理，就不难理解选择在保理公司还是银行从事保理工作，没有对错与高下之分。笔者，在此总结出银行保理与商业保理某些客观方面的差别，以供各位有意从事保理业务的工作者做出职业判断与选择时参考。再度强调："选择没有好与坏，只有适合与不适合。"

一、资本实力方面

目前，商业保理公司的注册资本额一般集中在 5 000 万到 1 亿元人民币之间，鲜有超过 3 亿元人民币的，甚至个别地区（比如深圳）也允许小额注册成立保理公司。而银行作为可以吸收公众存款的金融机构，监管当局对银行注册资本金（即资本充足率）有严格的要求，所以，银行在资本实力方面肯定远大于保理公司，加之较保理公司而言，银行业务更多样化，因此一般人都认为在银行工作比较稳定和有安全感。

二、物理网点方面

保理公司在国内真正的发展也就近几年。2013 年、2014 年涌现了大批新成立的商业保理公司,截至 2015 年底,注册企业数量达到 2 346 家,除了极少数省份和自治区外,全国各地基本上都设立有保理公司;但是分布极为不均,目前主要分布在北京、天津、上海、深圳、广州、重庆、南京等直辖市和省会城市,而且高度集中在天津、上海和深圳三地,其中,深圳(前海)排名首位。银行为了对公及个人业务办理需要,物理网点相对较多,覆盖面积较广,选择性自然较多。对于不愿远离家乡的人而言,地域的限制与分布会是一项重要的考虑因素。

三、经营历史方面

国内开办保理业务的银行,经营历史短则数年,长则 20 余年(如中国银行),一般业务量颇具规模,然而保理在大多数银行并未成为主流业务,受到的重视程度不够,大多只是一项产品而已,容易淹没在浩大多样的银行业务中,可能影响到个人发展空间。反之,保理公司多数处于开展业务的初期阶段,根基确实尚未稳固,未来的成长空间较大;保理公司务必以保理业务为绝对主导地位,受重视程度毋庸置疑。

四、人员规模方面

银行机构组织庞大,条线众多,物理网点分布广,员工体量自然大。除非银行本身仍处在快速扩张期,晋升的空间相对较小且速度缓慢。保理公司处于发展阶段,员工数量一般不多,一些员工甚至可被列入创业核心团队。当然,机会与风险并存,公司经营如能得到良好的发展,员工个人的升迁空间和速度肯定会比较理想。

五、股东背景方面

除少数民营银行外,银行基本上都是由拥有政府背景的公司控股。保理公司的股东成分则相对多元:有银行系的保理公司,也有非银行系的金融企业(租赁公司、担保公司等);有国企和更多的民企;有内资和不少的外资(主要集中在深圳);有经营各种实业的企业,也有专门以投资为主业的风险投资和基金等;有房地产开发商,也有互联网企业等。股东的背景除了显示出资本实力和可支持保理公司发展的资源外，通常也会影响保理公司整体的发展战略。业界不乏把保理公司当成高利贷公司来经营的案例，一味地想赚取快钱，不重视公司的可持续性发展。这些是从业选择必须谨慎注意的地方。

六、专业分工方面

银行的组织架构条线众多，分工通常较细，对于新进的无经验员工，一般必须从基础岗位磨炼学习几年再换岗继续学习，基础相对扎实，工作也比较熟练，但整体进程较慢，短期内接触的专业面比较狭窄，除非个人主动学习意愿和行动力很强。保理公司人员原本就不多，加上多数仍处在发展初期，组织架构比较简单，员工个人的岗位职能通常比较丰富或多有兼岗情形。一般比较缺乏长时间、有系统的培训，更多的是边学边做，通过实战快速积累经验。

七、沟通协调方面

这与组织规模大小息息相关。银行负责保理业务的单位层级一般不高，少有最终决策权，而且银行产品种类多、条线分工细、战线长，如果涉及比较复杂或非标准化的业务，通常需要跨部门协调，以书面形式层层逐级上报审批，效率一般不高。保理公司专注于保理业务的经营，条线之间对业务相对熟悉，在沟通协调方面明显高效，决策快速。

八、风险政策方面

银行开办保理业务已有时日，理应对保理业务的风险特质有一定的了解和掌握，但由于近年来宏观经济下行压力大，保理业务一改过去一帆风顺的局面而出现许多风险案例，导致多数银行逐渐将保理融资的风险往流动资金贷款的风险标准靠拢，主要看重卖方的还款实力和担保品的价值，忽略保理业务的自偿性和风险缓释作用等。保理公司比较看重应收账款的质量，兼顾买卖双方的资信实力，一般对卖方的要求相对弱化，这与保理公司的客户群体以中小企业为主也是相适应的。

九、业务监管方面

银行保理业务由银监会监管，目前的主流思想是规范操作与从严控制风险，短期内难免抑制银行保理业务的创新与发展。商业保理公司的主管机构是商务部下辖的各地商务委，虽然在逐步规范市场行为，防止保理业务无序走偏的发展,但是整体基调还是站在鼓励的角度推动商业保理发展。

十、工作氛围方面

银行机构多多少少带有机关的色彩,比较讲究职务的级别,习惯论资排辈,人际关系方面比较复杂,精力易被分散。保理公司人员不多,营利导向更加明确,工作环境相对简单且有激情。当然与银行同样面对业绩指标的压力。

以上用十个维度做了简单比较,当然还有一项重要的因素:薪资待遇。目前没有公开的渠道可以获得类似保理行业平均薪酬的信息。而且不同的保理机构对经营指标高低的要求不同,配套的薪酬考核制度就有较大差异(尤其对于高层管理人员和市场条线岗位)。银行与保理公司不具备可比性,会随岗位和层级的不同而有较大差异。

综上,每个人的追求和价值观不同,存在的客观现实条件也有差异,选择会各有不同。笔者认为,就目前环境而言,选择银行从事保理工作,是"在相对安全稳定环境中,缓慢迈开前进步伐";选择保理公司从事保理工作,是"面向相对不确定的未来,快速奔跑迈向目标"。从事与金融相关行业的人都知道风险与收益是相辅相成的,所以,如何选择,就看个人的追求了。

 复习思考题

1. 本节介绍了一些从事保理工作必须具备的个人素质和专业能力,请补充其他方面你认为还应该具备的条件。

2. 人才永远是企业的核心资源之一,金融界经常将人才分成两类:一类是具备个别或多项领域专业知识技能的专业型人才,另一类是拥有特定背景或人脉关系的资源型人才。站在商业保理公司经营者的角度,你如何看待和使用这两种类型的人才?

3. 除了本章第二节介绍的从事保理工作选择时所考虑的几种比较维度,你还会考虑哪些方面的因素?

4. 以个人的实际背景和经历进行思考,请在银行和保理公司之间作出选择,并说明原因。

5. 文中提及"选择没有好与坏,只有适合与不适合"。如果在这句话后面补充一句:"没有适合与不适合,只有选择。"你如何理解它的含义?

第二章

市场营销阶段

本章概要

◆ 介绍十种常见的获得客户资源的渠道,这是市场营销工作的重要基础;
◆ 介绍在第一次拜访客户时需要注意的重要的商务礼仪,以及如何应对客户的提问、应答技巧。

第一节 寻找客户的方式与渠道

随着互联网应用工具的广泛使用及网络技术的日益完善,运用大数据进行营销和风险管理的理念得到进一步发展与实践;供应链条自我深度发展与链条彼此竞争的加剧,导致个别企业难以独善其身,现代业务的营销方式和渠道出现了极大的变革。外界对营销的方式和渠道有多种分类,如按照营销资源的来源,可分为内部资源法和外部资源法;依据是否第一手接触,可分为直销法和中介法;按照互联网的使用情形,可分为物理网点营销法和虚拟网络营销法。现实环境中的营销也多有交叉,在此仅就保理业务实践中通常采用的方式与渠道逐一进行介绍。

一、陌生式直接拜访

这种寻找客户的方式俗称为"扫楼"或"扫街"。常规做法是先准备公司和业务的简介材料,然后从每层大楼的底层或顶层开始,一层一层地逐层拜访,所以也叫"逐户确定法"。这种营销方式带有盲目性,并且由于保理业务的客户群体是企业不是个人,拜访时关键、可以决策的人员不一定在岗;即使在岗,这类人员也不愿意接受没有预约的陌生拜访(银行从业人员可能成功率较高一些)。另外,保理作为一种综合性的金融服务,通常需要合理的时间长度来进行介绍,而陌生拜访时的条件一般不允许,这就相当考验市场营销人员的沟通与应变能力了。所以在实践中,陌生拜访通常非常吃力且不见良好的成效。

即使现代营销手段炫目多彩,陌生拜访还是具有以下特殊的优点,仍需阶段性地进行。① 对于刚刚从事保理市场工作的人(尤其是初出茅庐的新人或没有接触过市场的人),尽管在陌生拜访的过程中会经常遭到拒绝或者遇到各种棘手情况,但是如果能够坚持下去,从实战中锻炼个人意志力、应变能力和敏感度,不论对公司还是个人来说,都是未来开拓市场的宝贵资产,这是不容易从营销课堂上培养成功的。② 这种特定范围内地毯式的登门拜访,尽管当时成功营销的几率确实不高,但通过对各楼层的实地走访,除了亲临走访,不乏有机会可以收集到一些关于楼层内企业的信息或评论,可以借以初步确定哪些是潜在客户,值得下一步继续营销;或哪些客户并不适合,可以直接排除,确保有限资源集中于有效客户的开发。

二、通过公开资料寻找

从公开信息搜寻潜在客户所花费的成本非常低廉,但由于信息来源不同,应注意判断资料与信息的可靠性与时效性,如避免从网站上收集过时、无效的信息。从外部公开信息寻找潜在客户主要有以下几种方式。

(一) 从主流媒体发现商机

主流媒体(网络或报纸)的财经新闻具有及时、相对准确的特点。除了政府的宏观经济政策,每日报纸或网站都会对各行业或企业的相关事件或信息进行报道,诸如××公司接获国外大厂××公司数亿美元的出口大单(出口保理的商机);××公司计划于明年申请上市(无追索权保理的商机);××公司强化供应链运作,于昨日召开上下游厂商大会等(供应链开发的商机),这些都给保理商带来即时的商机。更为重要的是,这类报道通常会提及企业重要领导人的身份信息,这样进行联系拜访会大大提高成功率。所以,市场人员应当养成每天阅读财经报纸或浏览财经网站的习惯,收集有用信息,培养市场敏锐度,提高营销技能。

(二）从各行业门户网站或公司官网寻找有用信息

在锁定特定的目标行业后，可以有针对性地浏览行业龙头企业或主要公司的官网。这些公司相对具备规模，管理上轨道，网上信息也相对比较丰富与及时，对其有了初步认识后，比较容易进行下一步的接触与营销。还可以针对特定行业浏览行业门户网站，例如"建材网"、"能源管理企业名录"、"中国汽车物流网"、"中国医药商业协会"等。

（三）从专业媒体搜集资料

各行各业或各领域通常都有所属的专有披露信息或交流的平台（网络或报纸杂志），诸如中国各行业的年鉴和期刊、主要报道上市公司有关公告事项和行业动态的财经媒体，如《中国证券报》《上海证券报》等，这些都有助于锁定特定领域后有针对性地寻找客户。

（四）从政府职能机关领域搜寻潜在客户

例如，通过工商行政管理局、海关、税务局等网站收集信息。从海关查阅记录显示进出口数据不断成长，就可以考虑列为国际保理客户进行营销。

三、从内部既有客户资源中寻找潜在客户

任何行业都希望能与优质客户长久往来，业务越做越大，合作领域越来越多；保理业务由于业务的特性，在这方面更是明显。实务界戏称租赁业务代表的是一次性短暂的激情，而保理业务像是柴米油盐的平常生活，有时烦琐无味，但是长久、容易开枝散叶。而且，随着现有客户合作深入，这些老客户资源所带来的新资源会出现事半功倍的效果。

这主要体现在以下六个方面。

（一）通过老客户介绍新客户

通过对存量客户的优质服务获得客户认可，建立长期合作关系，由既有客户某种程度主动性地进行口碑宣传及客户引荐。口耳相传的方式通常只是点对点，至多也局限在某个特定范围，无法大面积进行推广。但是，这种通过老客户介绍新客户的模式，容易博得新客户的认同，营销成功的几率较高，其缺点是新老客户之间容易进行比价。

（二）对既有客户的保理业务范围进行拓展

国内保理商与企业合作保理业务，通常都是由个别业务品种的单一项目配合开始，一般以针对单一买家的应收账款开展的有追索权的国内保理业务为主。

即使经过一段时间的往来,保理业务的合作还是局限于单一业务品种的少数几家买方的账款,这与欧美保理商以包揽(承包)性质,服务企业大部分应收账款的模式有很大的区别。所以如果保理商与客户往来情况良好,就可以在原先业务品种基础上,首先扩大合作的家数(例如,有追索权保理的买方由一家增加为数家或更多);同样地,如果客户有出口外销的应收账款,就可以追加出口保理的服务;充分担当企业应收账款的好管家。当妥善解决了客户作为卖方的应收账款融资、担保等问题后,也就顺理成章推介客户作为买方,凭借着保理商提供的担保额度,配合进口保理或反向保理业务的操作,享受赊购带来的资金节省和手续便利。如果保理商业务范围许可,同时可以搭配提供应付账款的融资,为企业的应收与应付账款提供全方位的服务。

(三)将既有客户上下游厂商作为潜在客户

通过分析既有客户的经营情况和往来经验找出商机。例如,企业一般办理保理融资授信时都要提供主要上下游厂商的名单,包含结算方式和过往的交易量,这就形成了现成的潜在客户的信息。

1. 对上游客户的拓展

在产业的供应链条上,提供赊销结算条件的企业多半也会要求它的上游供应商同样提供赊销的结算条件,使自己的现金流量进出能够达到某种程度的平衡,这样就多少存在了一批对保理商现有客户,即有应收账款的潜在保理客户。如果经由既有客户的介绍与配合,保理商进行保理的安排,使得这些上游企业对保理商现有客户的应收账款能够提早转换为现金,增加可用资金,对上游供应商采购及生产流程提供帮助,不但上游供应商获得好处,既有客户也从中受益;毕竟资金流充沛润滑的供应链运转起来更有效率。

2. 对下游客户的拓展

保理业务为企业因赊销交易产生的应收账款提供坏账担保、账款融资、催收及管理等服务的同时,必然也涉及到交易的相对方,即作为债务人的买方。在明保理业务模式中,卖方必须通知债务人关于应收账款转让的事宜,买方也就知悉了保理业务的安排和保理商的存在,对保理有了初步的接触。保理商在后续管理应收账款的过程中,与买方联系对账或收款都会增加彼此的了解,同时有机会提高买方客户对保理服务的兴趣(毕竟它的上游供应商正在使用)。如果买方付款记录良好,借由平日的互动与卖方客户的推荐(让原先客户了解,管理好它下游客户的应收账款,同样对它也是一种保障),保理商可以将买方客户发展成为另一个保理的卖方客户。所以,保理的卖方客户有一家,它的多家下游买家就是保理业务延伸服务的对象。

(四) 向既有客户的同业开展营销

向既有往来客户侧面了解一些同业的基本概况及关键岗位人物的信息,引用类似"××公司与我公司已有保理业务往来多年"的说辞向客户的同业进行营销。基于同业竞争的现实背景,企业一般对同业使用的(保理)服务及其内涵必然也抱有好奇心,想了解同业使用保理服务的动机以及保理服务究竟能带给同业哪些好处,这样就创造了彼此合作的契机。

(五) 从关联企业或竞争同业进行关联营销

无论客户与其关联企业是何种隶属关系,或属于同级别的兄弟企业;只要是同一集团,只要是关联企业,对同属集团内公司使用的服务,基本上接受度都相对较高。保理商可以借用这种关系营销集团内其他企业或与集团总公司签订总的服务协议,实现垄断或寡占该客户所属集团的保理业务。任何企业都会关注竞争同业的动态发展情况,所以借着同业客户往来保理业务的名头,敲开客户竞争同业配合的大门通常就会有较高的成功几率。

(六) 从既有客户保理业务合作推进到股权的投资

保理商经由对客户提供的各项保理服务,对客户日常的交易往来情况、交易对手资质及付款记录、商业纠纷等,累积了相当多的有用信息,而且是及时的、动态的、真实的。只要是对客户服务的上下游对象足够多,有足够的往来时间,加上平日进行的各种日常风险管理措施和贷后管理,一般而言,保理商对企业的资信和未来发展的掌握度会比一般的金融机构高。例如,现代企业的应收账款经常占资产总额的30%以上(视行业的性质而定),企业赊销交易超过销售额一半以上的比比皆是。如果保理商能够对企业的应收、应付账款提供全方位的保理服务,可以想象企业的采购、销售与回款的全流程,都将被纳入保理商的服务管理之中。对谁销售、买家资质、结算条件、销售金额、出货频率、产品价格、纠纷情况、回款情况、新客户开发情况等,都是最及时与真实的信息;企业的采购端也是同样的情形。讨论大数据的运用,首先就必须有大量及时、真实的数据做基础;保理业务的操作要求,本身就是在做这方面的积累。还是要进一步强调,时刻掌握"即时与真实的动态信息,并加以分析和运用",是保理商可以大力挖掘和增值的空间。

四、从供应链的核心企业入手

这可能是目前成本较低、最受保理商(银行及商业保理公司)重视、可以批量化挖掘客户且控制风险的最有效方式。现代商业竞争的格局已由个别企业对企业的竞争。如果从单个链条角度看,供应链条上一般以核心企业为中心连接上中下游厂商,链条上有代表货币(含银行承兑汇票、商业承兑汇票等票据)往来的资金流,体现货物运输交付的货物流,以及包括但不限于订单、出货单、发票、提单、检验单、入账单、应收/应付账款报表等的信息流。如何整合这三流并进行封闭管理是办理供应链金融最重要的课题。

保理业务具有自偿性的特质,为卖方办理的保理融资首先是由买方支付货款来清偿的。所以如果作为买方(债务人、付款人)的核心厂商能与保理商配合,不但保理商办理的保理融资风险可控,而且可以批量化地开发业务。一般保理商与核心厂商合作流程如下。

(一) 给核心厂商核定一个供应链的保理额度

保理商会给核心厂商核定一个供应链的保理额度,以此作为以核心厂商为付款人的总额上限,在这个额度内办理上游供应商对它的应收账款保理融资。双方也可以协商确定核心厂商是否愿意提供风险担保给保理商,更加强化本身的付款能力及意愿。但由于融资对象是核心厂商的供应商,不是核心厂商本身,作为一个单纯的债务人角色,核心厂商一般不太愿意提供担保。

(二) 敲定核心厂商确认账款的方式与内容

敲定核心厂商确认账款的方式与内容,以确保保理商受让的应收账款完整有效,有确定的还款来源。

(三) 协商制定供应商的准入标准

保理商与核心厂商协商制定供应商的准入标准(如供应商的成立年数、财务指标、与核心厂商往来的年数、全年的交易量、交易的产品、退换货的比率等),并拟定初步的名单,进行业务办理的试点。

(四) 与供应链上有合作意向的供应商实现对接

保理商最好以核心厂商(或双方)名义召集名单内供应商进行座谈,介绍推介合作的方案,对于有意向的供应商,现场安排专人对接。

因为是借助核心厂商的信用和名义,所以,供应商接受的程度一般比较高。通过这种方式来寻找客户并进行营销的模式的确比较快速有效,但对保理商(尤其是非银行的商业保理公司）而言，目前也面临着有好的营销理念、但却不容易取得核心厂商合作的窘境。

五、与物流企业进行合作

一般的商品贸易，无论线上线下，都少不了物流运输的介入，所以它自然成为供应链金融（包括保理）不可欠缺的一环。贸易背景真实性是办理保理融资的基本要求，通过与物流企业的合作，可以明确有无交货的事实，避免虚假交易的风险。与物流企业合作，可以挖掘到潜在客户。

（一）从物流企业导入客户

既然物流贯穿整个供应链，物流企业自然积累大量的客户信息，而且了解相互之间的交易。保理商如果能与其合作，就可能导入批量的客户，并就这些企业之间的交易做针对性的营销。

（二）将使用第三方物流监管的企业作为潜在客户

有些企业与金融机构通过物流监管存货与发货来办理贸易融资，保理就属于服务企业发货后的需求方，所以，第三方物流监管的企业，也比较容易成为保理的潜在客户。例如，出货以后办理保理业务，通过在应收账款到期前办理保理融资或收回货款，来冲销物流监管下先前办理的存货融资。

六、与电子商务平台公司合作

电子商务可以说是目前最火热的名词，它确实实现了交易渠道和供应链交易模式的整合和创新，甚至部分也扮演起了资金撮合、理财的角色。与电子商务平台公司开展合作，可以寻找潜在客户。

（一）从电子商务平台交易中寻找客户资源

即使传统的电子商务平台也包含了大量的买卖交易双方，保理商可以很容易触及大量的客户资源，尤其是群体日益壮大且备受关注的小微企业。

（二）用平台数据精准定位客户

中小或小微企业的公开信息相对不透明，不易分析并规避风险。加之数量众多，大量投入人力财力进行逐户摸底也不现实，此时平台上积累的与交易有关的大量数据就能协助保理商精准定位客户、控制风险。

（三）从平台业务开辟新的客户群体

借助与电子商务平台的深化合作，进一步融合 IT 技术、金融（及社会资本）、物流和信用风险管理等,打造创新保理模式,开辟新的客户群体。

七、与信用保险公司进行合作

信用保险公司提供的是买方信用风险保障,但缺乏保理业务中的应收账款融资、账款催收与销售分户账管理等功能。除了公司管理制度完善、融资渠道多、能力强的大公司外,一般企业通常需要的是融合风险保障和融资功能的完整服务,其中,不少企业进行投保的动机就是希望取得融资。因此,信用保险公司与保理商之间存在业务互补的空间,彼此互相推介或进一步共同营销都是扩大新客户来源的方式。此外,国外不少保理商会通过保险公司进行再保险,转嫁原本承担的买方信用风险。所以对于一些业务规模不能达到保险公司准入门槛的卖方客户,保险公司也会将其介绍给保理商来提供服务。

八、与租赁、担保、小贷公司等类金融企业合作

保理与租赁、担保、小贷公司等类金融公司的业务在融资和担保方面的功能有相同之处,但本质上存在不小的区别。贸易融资的自偿性是保理独有的特质,其他类金融业务并不具备,但这并不会阻碍双方合作扩大客户来源。一方面,保理商可以为这些类金融企业的客户提供坏账担保和应收账款管理催收的服务,同时也可监管保理资金流向,降低合作方放贷的风险;另一方面,保理商可以以租赁公司的应收租赁款作为标的提供保理服务,将租赁公司作为保理商的直接客户,在风险相对可控情况下,可以连接触摸到更多的实体企业客户。但是值得注意的是,这些类金融企业的客户群体的信用资质比较一般,故对此类客户开展必须谨慎介入。

九、与会计师、律师事务所进行合作

几乎所有的企业都避免不了与会计师和律师打交道。事务所服务的客户一般对风险的管理、盘活闲置的资产等有较大的需求,甚至不少上市公司或拟上市的公司也有优化财务报表的需求,它们都可能成为保理服务的对象。反之,保理商所服务的客户同样也需要财会、法律的专业支持,所以可以选择市场占有率较大的事务所进行长期合作,互相推介客户,双方可以互惠互利。

十、长期支持学校或校外培训

很明显,这不是一种立竿见影、短期见效的发掘客户方式,它更像是进行播

种,但不计算收成。通过对学校或校外培训机构开展保理的培训,将保理商自身的品牌形象树立于相关参与者心中,这些参与者自然就成为保理商对外可能的营销渠道,他日若所经营或服务的企业有了保理业务相关的需求,会很容易地联想到,并考虑使用。

第二节　拜访客户前的准备工作

在成功地寻找到目标客户并联系约定拜访时间之后,拜访前还有一些准备工作要做。

一、一般性的准备

(一)树立良好的第一形象

树立拜访形象通常需注意:① 服装、仪容、言谈举止乃至表情动作上都力求自然有礼,不可奇装异服,言辞轻佻。毕竟保理工作是专业性的金融服务,所谓做一行要像一行,专业形象是基本要求。② 保持诚恳的态度向客户学习。所谓术有专攻,"知之为知之,不知为不知",这是做人的基本道理,更何况接待拜访的人通常都是企业的负责人或管理层的领导,职位高的人内心通常希望得到某种程度的仰望与尊敬。③ 建立强大的自信心,做到"相信公司、相信保理、相信自己"。

(二)准备有关资料和工具

整齐备好个人名片、公司简介及产品服务的资料,目的是让客户通过这些资料了解公司,以及公司所能提供的服务,同时让客户很容易联系到你本人。尽管这些内容可以通过电脑使用 PPT 进行精彩丰富的演示,但留下一些纸面材料还是必需的(尽管略显不够环保),毕竟不是人人习惯于阅读电子形式的材料。此外,一定要准备记录拜访内容的工具,如电脑、笔、本子等。会议上不进行记录,除了自己容易忘记一些重点或细外节,也容易被误解为不尊重对方。

(三)做好交通和时间的安排

约会迟到可能是女人的某种特权,但绝对不适用于商场上的交往。尤其是拜访欧美企业的客户,固然不能迟到,也不能太早到访,以免打扰他之前的工作安排。由于城市交通日渐拥堵,出行工具也比较多样,一定要事先选好交通工具、安排好行进路线,提前至少 10~15 分钟抵达客户所在处所"附近"先行等待。

一来避免突发事件造成延误,二来可以从容地进行调整最佳状态来进行拜访。

二、特殊性的准备

(一) 搜索熟记企业有关信息

不管是从网络搜索、浏览公司网站还是从行业客户中进行咨询,必须尽可能地多了解企业的有关信息,尤其是近期的动态。了解的信息包括但不限于公司发布的重大战略计划、营业销售概况、市场开发情况、新产品或技术的研发、所处行业的大致情况等。了解越多,准备越充分,表示越重视对方;同样地,对方也会感觉到你的诚意而更加重视这次拜访,更愿意深入交流。

(二) 准备提问或交流的问题

事先搜索许多信息的重要目的之一就是制造想了解的话题,提出客户关心、兴趣交流的话题就非常重要。例如,请教客户对现在行业景气的看法、未来如何实现增额销售的计划等。与客户交流越多,就更加容易获取信息,掌握商机,为下一步营销奠定基础。

(三) 被拒绝和婉拒人的准备

拜访活动是一种协商合作的过程安排,是出于彼此商业利益的目的,不是单纯的情感交流。当你无法满足客户的要求时,被拒绝是经常发生的事。无论客户"此时"拒绝合作的动作是最终的决定,还是为了争取自身利益最大化的商业谈判的技巧,微笑面对拒绝都可以为彼此留下缓冲的空间。同样地,当客户提出公司绝对无法满足的要求时,带着微笑表达认真考虑的诚意,但同时暗示客户的要求确实很难被公司接受。一般场合下的当事人都不习惯对别人说"不"。但拜访洽谈的是业务合作,保理业务还是个涉及授信的金融服务,不能任意随口承诺。所以拒绝人与被人拒绝都是现实商业环境中的常态,做好思想准备与应对是必要的。

第三节　拜访客户时的注意事项

延续上一节的内容,此处设定的是在进行充分准备后的第一次拜访客户的情形。在这里也将注意要点分成两部分。首先介绍一些通用重要的商务礼仪,是普通细节,却经常被忽略;第二部分则是从事保理工作时,因为业务的属性,需要特别注意的事项。

一、一般商务礼仪注意事项

(一) 务必提前抵达地点

商业场合不守时的行为容易让对方对自己产生不信任感,尤其是面对外资企业客户。"提前"抵达,除了给自己一点调整时间外,同时也顾及一些管理严格的企业前台通常有换证或登记拜访的手续,如果同时还有其他前来拜访的人,多少会耽搁时间,可能准时到达反而变成了迟到。万一前往途中感觉有迟到的可能,务必提前(不要临近约定时间)通知对方并诚恳致歉,让对方提早有所准备,不致给对方造成不好的印象。

(二) 穿着专业、自然得体

穿着是一个人的外在形象,更间接地反映了公司的形象。保理业务是相对专业性的服务,从业人员必须体现专业的穿着。一般拜会时应该穿着公司统一的制服;如果没有制服,也必须穿着深色职业装,显示专业,博得客户信任。当然,这不是一成不变的。如果拜会企业的处所是工厂所在地,穿着西服之类的服装可能过于拘谨,与拜会企业人员显得不协调,此时不妨选择带有领子的商务休闲装。需要特别提醒的是,商务休闲装仍是以商务为本,客户选择合作对象,主要是看重专业服务所带给他的好处,过于轻松随意的打扮,容易造成随便的印象,客户又如何放心合作呢!

(三) 注意交换名片的细节

交换名片是初次见面的必然动作,有些细节必须留意:① 递送名片时,态度要谦诚恭敬,应将名片正面的名字正对着对方,双手呈递送到对方手上。② 接受名片时,态度也要恭敬,要使用双手,接到手后马上看,不可只用眼随意瞟一眼。这有两个作用,一是表示对客户的重视,更重要的作用是了解对方的确切身份,方便紧接下去的交流。③ 初次见面接到多张名片时,可按对方座位的顺序依次摆好名片,以免记混。④ 把名片放桌上,不要压在笔记本下或直接放进口袋。⑤ 递送或接受名片时,一定要起身,同时说点礼貌性话语。例如,请多指教等。

此外,诸如坐姿、站立、眼神、抽烟等很多细节也必须注意。

二、保理工作特别注意事项

保理业务与一般的商品买卖有着显著不同的地方。例如,保理是无形的服务,后者是看得见摸得到的实体商品;保理操作中涉及授信,提供融资给客户,后者买卖商品后,卖方收取客户支付的货款;保理是综合性金融服务,技术含金量较高,买卖商品的营销重点经常围绕价格因素,比较单一。基于保理业务的特性,在初次拜访客户时,也有一些差异性的注意要点。

(一) 首次拜会就是授信评估的开始

按照一般业务的作业流程,授信评估是在客户表达了合作意愿、提供了必要的材料之后开始的。授信评估从首次拜访开始,主要基于以下两个原因:① 当正式开展授信评估、尽职调查工作时,评估人员接触到的人员、环境或纸质材料,通常多少会带点"准备应付被评估"的性质,无法接触平时的状态或模样,难免有些失真。② 合作是彼此合意的意思,它是双向的。如果在首次拜访时得出初步的印象与公司的准入门槛要求相差甚远,即使客户有意愿配合,也无需过度花费时间与精力。

(二) 关注会议场合之外的人、事、地、物

既然从首次拜访就开始开展评估工作,除了安排参与会议的人员和处所,其他的信息也能体现出企业平时的营业状态:① 来访宾客是否热络、停放车辆多少。② 保安和前台接待人员的素质。③ 如果是生产企业,关注厂房外停放货车、集装箱的数量。④ 进入办公区后,观察员工的工作是否忙碌玩游戏。⑤ 卫生间是否整齐清洁也值得观察,多少反映企业的管理水平等。以上所举例尽管都是小细节,但从观察小处可以部分探究企业大致实际的情况。

(三) 用客户听得懂的语言进行介绍

保理从业者言谈举止间需要展现出专业的形象,但这不意味着他就必须使用大量的专业用语。拜访的主要目的是希望客户肯定与使用保理服务,其中,最基本的前提是客户至少必须听得懂从业人员有关保理的介绍与说明,对保理的服务有初步的理解。由于与会的客户专业并不相同,加上初次会晤的时间一般不会太长,所以,应该尽可能地使用比较通俗易懂的方式进行重点介绍,让与会者对保理业务有大致的了解。

(四) 保持倾听的态度,多听少说

拜访客户推介服务,在进行保理业务的介绍时,必须学会倾听,多听少说。主要是因为:① 倾听的行为本身就是对说话者的一种尊重。认真倾听客户所说的任何议题,无论话题精彩或不精彩,本人了解或不了解,以这样的态度对待客户,他会感到受重视。同样地,他也会重视你。② 若是一直介绍保理服务,占据了太多时间,客户很可能没有理解,但又不好意思打断或不够时间提问以便进一

步听取解说,如此反而没有达到介绍业务的目的。③ 多听客户介绍,才能从中收集大量业务信息,发现合作的契机。④ 多听客户说话,才有机会掌握客户对保理业务的理解程度,并适时地以合适的方式予以补充说明。⑤ 初次拜访不像做尽职调查时的情境,客户一般不会有戒备心理,获得的信息相对可信,也可作为未来尽职调查工作的比对材料。因此,建议初次拜会客户时,用在介绍保理业务的时间总长最好不要超过 10 分钟(不含回答客户提问的时间),把时间用在倾听与交流会更有好处。

(五) 围绕关心议题,引导客户发言

前面提到多倾听客户说话,但如果话题毫无边际或无关痛痒,也无法达到拜访的目的。所以,还是需要适当地引导一些话题,让彼此的交流能够聚焦在保理业务的合作上。例如,可以试着向客户"请教"(不是问话)下述问题:① 目前公司全年的销售额和盈利情况。② 主要的销售(采购)市场分布在国内还是国外,主要的销售客户(供应商)和结算条件,往来历史。③ 对国内外赊销的客户如何进行信用风险管理。④ 公司主要的融资途径、方式和合作对象。⑤ 对行业景气和同业经营情况的看法等等。会谈不见得有充分的时间交流全部话题,但序号靠前的议题应尽量触及;再则虽然注重倾听,但在客户介绍或演说时须适当地"穿插",避免把交流变成单方面的演说或一问一答单调的形式。

(六) 记录会谈要点,现场进行小结

即使天资过人,拥有超强的记忆力,在与客户会晤交流过程中,也一定要尽可能记录会议内容。这一方面可以表达对客户的重视,不断地在倾听与记录他的谈话;另一方面,会谈涉及的内容有助于日后的追踪工作,包括如何进一步推动业务与做好客户风险管理,甚至人脉关系的建立等。紧接着在现场将会议内容整理出要点,并向客户重点总结一下今天的会谈。除了感谢客户的接待外,如果对客户初步印象颇佳,最好:① 适当地表达我方争取配合的意愿。② 明确我方作为对接窗口的人员,同时请客户也指定联系人。③ 主动表示会持续与客户对口联系人保持密切联系,并将于×月×日前提供《保理服务方案建议书》给客户参考。在提供《保理服务方案建议书》的同时,应该预定下一次拜访的时间。这样有计划内容和具体时间安排,有助于在一定时间内有效地完成对客户的营销推动工作。

(七) 弹性应对会谈之后的交际应酬

客户一般热情好客,或基于商务上的考虑,客户常在会谈后会安排宴请,对于这样的邀约，除了另有工作安排不便之外，倒不妨客气地接受（特殊的安排或奢豪宴请除外），但尽量建议主人就自家食堂（如有）或就近餐馆简单用餐即可。一来是顺应客户心意给的面子，更重要的是在非正式会谈场合的交流更轻松，话题更多元，可以知悉或观察更多会议室内没有触及的事情和人物。同时，可以观察食堂（如有）员工就餐的精神面貌、餐厅管理等，从细节看大处。

第四节 常见的客户提问与应答

在拜访客户的交流过程以及之后的持续联系中，在双方正式达成合作意向前，客户总是会不断地提出问题。客户会不断地提出问题通常是个好现象，至少表示他对提供的保理服务有兴趣。客户咨询的问题种类甚多，关注点不同，不好一一列举。这里仅就常见的提问提供回答以作参考。需要提醒的是，因为对客户重要性的评价不同，保理商各自政策也有相当的差异。更加现实的情况是：交流问答是在动态的情景下进行，表情、语气、双方当时地位等都是影响因素，不能与纸笔考试作答的形态来比拟。所以，下列题目的回答只是作为参考的应对方式，不必当成唯一的标准答案，甚至强记背诵。

Q1：是不是做保理，客户的融资风险就卖断了？

A1：保理服务分为有追索权保理和无追索权保理。前者顾名思义，保理商是可以向客户追索的，所以客户并没有"卖断"风险。对于后者，保理商承担了买方的信用风险，如果应收账款合法有效，无权利瑕疵，没有发生商业纠纷，保理商必须履行担保赔付责任，当然就不会向客户追索。所以，在无追索权保理项下，客户是卖断了信用风险，但不是所有风险。

Q2：如果说无追索权保理不是卖断所有风险，那么，客户的风险还是很大的，对吗？

A2：涉及承保风险的产品一般是无法卖断所有风险的。承保方有免责条款，投保人都是负有一定义务的。就卖断型保理而言，如果卖方转让的应收账款完整有效，无权利瑕疵，转让通知手续合法有效，保理商成为新的债权人，有权向买方收款（无论能否收到）。在没有商业纠纷的前提下，无追索权保理等同于卖断所有风险。因此，一般情况下，保理或者其他保险产品都是不保商业纠纷的，但通常保理商会协助客户降低商业纠纷风险。

Q3：办理明保理融资业务要通知买方，买方会认为卖方资金紧张，可不可以不通知买方而办理暗保理业务？

A3：卖方有这样的顾虑并不意外，但确实是多虑了。目前供应链模式发达，链条上信用交易方式非常普遍，应收账款大量存在。为了盘活应收资产，有效地将资金投入到生产流程，使卖方能够及时地提供给买方满意的商品，使用保理融资是普遍做法，也为供应链快速运转提供了保障。现实的情况是，有的客户操作暗保理业务，不通知买方，采用间接回款，更有甚者，伪造贸易背景，项目本身相当于基于卖方自身的回款能力来进行评估，风险是很大的。因此，锁定买方回款路径，是操作保理业务、达到风险缓释作用的有效手段。所以，除了对卖方的资信非常有信心，原则上不建议操作暗保理。

Q4：买方一直付款到卖方在××银行的账户，如果和保理商合作，操作保理业务后，可不可以卖方先收到款再偿还保理融资？

A4：考虑到贸易自偿性，保理业务控制了回款来源，弱化了对卖方的担保要求。所以，必须锁定回款路径，达到缓释风险的作用。而监管机构在这方面一直有很严格的要求。

Q5：为了维护和保理商的关系，应收账款能否分拆给不同保理商来做保理？

A5：一般而言，"同一买方的全部应收账款"必须通过同一保理商来承做保理业务。这有利于保理商进行账款的集中管理。当然，"不同买方"分别在不同保理商办理业务原则上是没有限制的。

Q6：实际贸易中，有些国家和地区的保理业务因为找不到合适的保理商，导致不能操作，这是为什么？

A6：对于出口保理的承保，我们主要依赖FCI在全球各地的会员。一般来说，进口商是FCI会员当地的企业，这有利于保理商对当地企业的控制。目前，FCI网络已经覆盖近80个国家（地区）。但是，基于国家政治、商业环境风险的综合考虑，有些国家、地区尚无会员可以配合提供服务。即使有保理商，考虑到其经验不足，所以基于对客户负责任的态度，尚不开展业务合作。对于这些国家（地区）的国际保理业务，建议可以先选择中信保办理出口信用保险，我们可以搭配办理保理融资业务。

Q7：办理保理业务有哪些费用？听起来成本好像比流动资金贷款贵？

A7：保理业务的收费主要有保理手续费、单据处理费、融资利息和其他（如有）。保理服务与流动资金贷款资金成本不具有可比性。保理服务是集账款融资、催收、担保、管理于一体的综合性金融服务,其对企业的评估是基于贸易项下应收账款的回款能力,即买方的付款履约能力。一般情况下,不对企业抵质押作出硬性要求。而流动资金贷款仅仅提供企业融资,其对企业的评估是基于企业自身经营和现金流的情况作出的,不对贸易背景有强制要求,一般情况下,对企业抵质押有要求。所以,不同产品,其使用的范围也不同,其融资成本不具有可比性。

Q8：保理是如何协助企业"美化"财务报表的？

A8：通常情况下,卖断型保理(无追索权保理)是指买方保理商担保了买方付款风险,对合法有效、无权利瑕疵的应收账款进行买断。对于卖方,其会计记账为"借：货币资金,贷：应收账款",这样卖方账上的应收账款减少了,转变为货币资金,提高了资产流动性,改善了经营性现金流,达到美化财务报表的目的。目前,也有企业将应收账款转让给保理商,同时以抽屉协议承诺回购应收账款的模式来减少账上的应收账款,以达到改善经营性现金流的目的。但该模式潜藏很大的法律风险,不鼓励使用。对于卖断型保理,保理商应该在真实贸易背景项下,基于对买方付款履约能力的评估,给予卖方操作无追索权保理业务。

第五节 拟定保理服务方案的原则

经过拜会客户以及后续的交流,当客户有意向合作保理业务的时候,保理商通常会出具一份《保理服务方案建议书》给客户。建议书的格式和内容没有标准化模板,可以自由设计,基本内容包括但不限于：办理的业务品种、买方客户的清单及详细信息、可接受最长的付款期限、融资比例、愿意承担的买方风险额度(如有)、应收账款转让的通知方式、限定回款的方式、办理业务的报价、其他操作条件或要求及建议书的有效期限等。基于建议书涉及内容的现实需要,出具建议书的时点通常是在完成尽职调查工作、经过内部深入讨论之后才会出具,不是简单地按照公司规定的格式填写。这些内容以后会详细讨论。本节的重点不是介绍如何制作《保理服务方案建议书》,而是针对拍板建议书前是否受理业务的申请及办理条件的设置,给予指导性的原则。

一、受理业务的原则

并非客户有意向合作保理业务,保理商就可以全盘受理,有些基本原则必须优先考虑。

(一) 是否满足保理业务的基本准入条件

1. 应收账款应具有实质性的买卖关系

受让合格的应收账款是操作保理业务的前提。合格的应收账款是指卖方依据商务合同履行相关义务后,有权向买方收取的扣除预付款、已付款、佣金、销售折让(扣)、质保金、尾款等的非信用证(备用信用证除外)贸易项下所有的应收款项净额。所以,没有实质成立买卖关系的寄售交易、卖方没有完成履行商务合同的"预期的应收账款"等都不应受理。

2. 接受转让的应收账款应满足相关条件

接受转让的应收账款原则上应该满足以下几个条件:① 具备合法真实的交易背景;② 卖方能够提供对应的商业单据证明已履行商务合同项下的义务;③ 卖方对申请办理保理业务的应收账款没有设定任何形式的担保质押或债权转让,无权利瑕疵;④ 应收账款有明确的到期日或可以明确推断出到期日,避免发生争议。凡不符合上述要求的,不应受理办理保理业务。

(二) 不宜盲目办理无追索权保理和暗保理业务

1. 无追索权保理只适用于资质良好买方的应收账款

无追索权保理具有优化财务报表的功能,普遍受到上市或拟上市企业的欢迎与使用。但无追索权保理以保理商必须承担买方信用风险为前提来办理,一般只适用于资质良好买方的应收账款。实际操作中,除了上市公司之类的企业有比较公开的信息外(姑且不考虑具备多少真实性),由于多数买方真实的财务信息不易获得,通常无法单独核定买方的信用风险额度,如果没有第三方增信担保买方的支付能力,理论上是不能办理无追索权保理的。基于满足客户需求,也为了追求业务利润,部分保理商通过由卖方承担回购账款,免除自身实质承担买方信用风险的方式,提供卖方办理无追索保理。尽管这是双方合意办理,但因为有协助卖方调整会计科目、粉饰作假报表的法律风险,应慎重考虑可能招致的严重后果。

2. 暗保理不得忽略对相关承做条件的核查

因为考量买方配合度的因素,暗保理操作也一直存在很大的市场需求。办理暗保理时一般要求卖方资信较好,买方最好是大型核心厂商且回款路径能够锁定在保理商可控范围内。另外,还需保留在一定条件下通知的权利。保理商承做暗保理不得忽略对相关承做条件的核查,不应仅仅为了满足客户的需求,或为了简化操作流程而滥用,这样容易导致诸多风险隐患。

二、办理条件设置的原则

《保理服务方案建议书》中涉及的许多内容,要设置合理的操作条件。除了考虑卖方本身的资信条件外(卖方的资信条件主要影响融资额度、融资比例、保理报价等),主要必须从下列几方面着手:

(一)项目背景部分

保理商必须尽可能地进行实地调查,深入了解贸易背景情况,详细查验历史交易记录,尽可能获得比较完整的第一手资料。处理信息应遵循客观公正的原则,如实披露诸如客户办理保理业务的主要目的、买卖双方合作年限、付款记录核查结果、买卖双方是否为关联企业、平均交易量、交易产品特性等信息,以便对交易双方交易的稳定性、履约能力和贸易背景的真实性进行客观评价。这对多项条件的设置具有相当的影响力。

(二)交易流程部分

必须注重了解并核实完整交易流程,避免只是存在"合同—发货—签收—开票—付款"环节的模糊了解。交易流程必须真实反映交易双方之间的下单、生产、出货、开立发票时点、收货验收确认的方式以及付款条件、付款方式等信息,否则对于融资时点、提交单据种类、可接受最长付款条件和回款路径的安排等条件的设置,将没有真实样板可以参照。

(三)其他影响因素

例如,同业的竞争因素会影响受理办理业务的准入、融资额度和比例、报价水平,甚至操作方案的简约化等。保理市场在我国不具有垄断性或寡占性,针对优质客户的争夺是一种残酷的现实,保理商在给客户提供合作方案时,考虑同业竞争的因素(有时还是非理性的竞争)是必然的。但是必须坚持差异化竞争策略,不能流于非理性的价格竞争或不合规地办理业务。此外,由于行业、地域或交易流程的特殊性,保理商也必须在风险可控的原则下,在设计服务方案时,予以个性化的安排。否则,很可能出现实务上操作的困难或花费成本太高,导致业务合作无法继续。

我国地域广大,行业种类众多,国内贸易环境规范性不足,特殊的例子并不少见,在此不详细列举。但某些行业国内贸易存在交易频繁、发票和运输单据张数繁多,如每次办理业务,要求客户动辄提交成百上千张的单据,保理商也对所有单据进行单单审核的操作,基本是不现实的。这时就需要考虑特殊情况,予以个性化设计方案。在这种情况下,保理商一般采取的是:使用电子文档进行批量转让,按照设定规则进行实地抽查核实。设定抽查的参考要素和原则如下。

1. 抽样笔数

对应单一买方的应收账款转让,超过××笔可以采取抽查原则。介于××~××之间,按照××比例抽查。对应多家买方的应收账款转让,必须加入抽样家数的考虑,如每次抽查样本不得少于××家或总家数的××%。

2. 抽样金额

对抽查金额设定不低于总转让金额的××%,同时,设定单笔发票最高限额(如金额达到总转让金额的××%及以上),则该笔发票必须进行抽查。

3. 抽样人员

保理商必须亲自选定公司员工执行抽样,抽查方式可以先由客户提供转让文件清单,再由指定人员从中随机分散式抽取样本,并由客户提供样本的全套转让文件以供查验。绝对不能由客户自行选定抽样样本,以防造假骗贷。

4. 抽样结果

抽样结果具有一票否决权。也就是说,如果个别抽查样本被判定不真实或有瑕疵,不宜办理保理业务,则该批量的转让账款将全部无法办理。

复习思考题

1. 客户对于暗保理一直存在较大需求,你认为可能有哪些原因?作为保理商,可以考虑接受或拒绝的原因有哪些?为什么?

2. 部分保理业界人士认为,抽查的动作有可能遭遇企业真假交易单据掺混,导致没有抽检到造假单据而埋下重大风险隐患的可能,因此坚持单单审查而反对抽查。你对此有何看法?

3. 通过核心厂进行供应链保理业务的营销是一种非常有效、风险相对可控的寻找客户的方式,但对商业保理公司而言,如何取得核心厂商的配合却是一个颇为棘手的问题。请思考有什么"合法有效"的解决方法。

4. 目前社交软件广泛地在人群中使用,不少企业也通过诸如微信公众号或朋友圈来对外进行企业形象或商品的营销。如果你是商业保理公司的市场营销总监,如何运用这些工具开拓公司的保理业务?

5. 行业协会、地区商会等民间组织聚集了同业或同地区的企业而成为一个集体,具有特定的共通性,是可以进行批量开发的重要渠道。想想可以通过哪些方式开展合作?

6. 想象首次拜访客户,模拟制作一份公司简介和业务介绍的书面材料。(提示:内容格式不限,但注意:书面材料给谁看?他有无兴趣看?能否容易看懂?)

7. 议价的情形几乎发生在任何交易协商的场合。假定这次拜访的是一家目标客户,如果公司给你的价格权限是保理手续费不低于0.8%,融资利率不低于银行基准利率+3%;当客户要求手续费必须优惠至0.5%,否则无法开展合作时,你将如何予以回应?

8. 练习使用客户听得懂的语言,在不超过10分钟的要求下,向客户介绍公司和保理业务。

9. 所谓的"交际应酬"在国内商务场合上相当常见,甚至不少人还认为它是达成双方业务合作过程中不可或缺的环节。作为一位专业的保理业务市场营销人员,你如何看待上述观点?

10. 以下是拜访客户时经常会被现场提问的一些问题,尝试模拟现场应答:

(1) 保理与中信保的出口保险有何不同?听说国际上有些大跨国保险公司,例如科法斯(Coface)等,提供信用保险,这种保险与保理有何区别?

(2) 银行有办理应收账款质押融资业务,保理的功能中也有应收账款融资,两者有何区别?

(3) 办理保理融资,企业需不需要提供担保品?

(4) 企业接单一向都是预收款或信用证,我们不使用保理,你认为双方还有合作的机会吗?

(5) 企业的销售主要是关联公司,保理商可以承做关联交易的应收账款吗?

(6) 企业主要是从事进口的生意,双方还有机会合作保理业务吗?

(7) 听说保理商是不担保商业纠纷的,企业的风险是不是很高?能不能详细列举商业纠纷,好让企业明白风险究竟有哪些?

(8) 前些日子洽谈的保理项目,其他保理商利率的报价比你们还要低0.5%,如果你们可以降价,比对方低,我们就可以合作。你如何处理?

第三章

尽职调查阶段

本章概要

◆ 介绍尽职调查阶段需要客户提供的评估买卖双方资信和买卖交易（应收账款）品质等材料；

◆ 介绍实地核查的重要性与难点；

◆ 介绍尽职调查应遵循的原则、方法和主要内容；

◆ 从申请人基本情况、收益和风险等方面介绍如何撰写授信调查报告；

◆ 从客户提供的文件和单据种类以及应收账款转让通知的办理与确认两个方面介绍合作方案的确定。

第一节 客户需要提供的材料

关于尽职调查阶段客户需要提供哪些材料，各家保理商的要求或简或繁，各有不同，但一般会涵盖以下三类。

一、评估卖方资信类材料

评估卖方资信通常需要客户提供以下几类材料：① 企业法人营业执照、事业单位法人证书、组织机构代码证、法人身份证明、法人履历、公司章程、验资报告税务登记证。② 股东结构、实际控制人和主要经营团队职责和履历。③ 营业的基本情况介绍,包括但不限于:厂房和办公楼情况、生产设备和产能情况、主要的原材料和供货商、主要的销售商品和经销商、主要结算条件、生产技术专利等。④ 企业近三年(合并)审计报告及近期(合并)财务报告。⑤ 金融机构借款情况(人行征信查询情况)。⑥ 海关、税务、工商、公安的查询记录。⑦ 担保企业(如有)的法人营业执照,事业单位法人证书,验证报告,法定代表人履历,经审计上年度合并财务报告,近期合并报表(如有),担保人海关、税务、工商、公安查询记录。⑧ 抵质押物清单(如需)。

二、评估买方(付款人)资信类材料(如需)

当买方客户不是保理商既有客户时,很难取得材料,客户也只能尽力请求买方提供诸如财务报告类的材料。

三、评估买卖方交易(应收账款)质量类材料

1. 一套完整的交易材料

这套材料包括但不限于:买卖双方签订的商务合同、订单、进料单、出货单、发票、(第三方)运输单据、收货单、检验单、银行水单等。交易单据依据不同行业、企业会有不同要求(尤其像租赁、工程、医药、服务类等)。需要特别强调的是,交易单据应该在企业现场依据应收账款清单任意进行挑选,直接实地查验贸易背景的真实性。

2. 与保理买家之间的交易流水明细(银行进账单)

要求客户提供与保理买家之间的交易流水明细,即银行进账单等材料,有些是一般授信业务的通用要求,有些则是匹配保理业务的特别要求。这在本章第三节和第四节会有相关内容的介绍。

第二节 实地核查的重要性与难点

保理是一项综合性的金融服务,无论是提供应收账款融资还是坏账担保,都无法省略授信评估这一环节,授信评估的基础则是所评估的各种动态或静态素材必须具备真实性,在虚假的基础上作评估,评估的结果肯定无法反映客户的真实情况。因此,应通过实地核查来确保真实性,对客户的整体情况做出正确的分

析判断。如此一来，可以合理设计配合操作的方案，包括但不限于融资的额度和比例、有追索权或无追索权业务品种、转让通知的方式、报价的标准等，开启与客户的合作。再则，一旦评估结果显示不适合为这家客户办理保理业务，应该立即予以放弃，以免为日后业务埋下风险隐患。

为了避免操作风险，实地核查的原则不仅运用于尽职调查阶段的工作，用来决定受理业务申请或拒绝合作，其他诸如受理业务后办理应收账款转让通知、转让文件单据的审核、授信核保、融资放款和贷后客户的管理等流程都有可能使用。实地核查贸易背景的真实是保理融资的生命线。

实地核查如此重要，理应予以好好贯彻执行，但在实践中也确实存在不少难处。个别情形是客观环境造成的，难以克服或克服的成本太大；其他则是人为因素起到了负面作用。以下列举实务中常见的几种情形。

1. 客户规模小、分布广

卖方的客户规模小，家数多，分布的地域广阔，如果想全部实地查核双方的贸易背景真实性，花费的人力财力和时间成本肯定是非常巨大的，对于保理商与客户来说，一般都也无法不愿承担。而采取抽样核查方式，样本数要具备代表性，一般数量上也不会太少，还必须花费各种成本。

2. 卖方的主力客户位于境外

卖方的主力客户位于国（境）外，但该客户所在国家（地区）并无保理商的合作伙伴（如FCI会员），无法代为进行实地核查的工作。

3. 保理商从业人员缺乏敬业精神

保理商从业人员知难畏难或轻率从事的心态作祟。部分从业人员在向企业做贷前调查时，基本上都是口头按章循例询问贸易背景是否真实，甚少实地验证材料，仅凭客户一面之词就对贸易背景的真实性得出结论。

4. 买方配合意愿不佳

买方的配合意愿不佳或不愿配合，这很可能是实地核查最难开展的原因。保理业务中，买方与保理商的联系仅仅来自卖方转让应收账款给了保理商。除此之外，除非买方刚巧也是保理商的客户，否则，在没有任何授信业务往来的情况下，国内买方一般缺乏意愿配合保理商的核实工作，尤其是涉及交易的商业机密或买方公司印鉴核对等方面。

5. 存在道德风险

客户与买方或保理商内部员工勾结造假的道德风险，这是最令人痛心又难以根本预防的情形。以下的例子可以说明这种手法高明但却是无道德的行为：A 公司（卖方）与 B 公司（买方）往来多年，有较好的历史贸易记录，年交易额约 5 000 万元；B 是一家国有大型集团的子公司，保理商认可 B 公司的付款能力。在为 A 公司核定与 B 公司之间贸易的保理融资额度前，保理商与 A 公司一同到 B 公司的办公处所拜访 B 公司的采购主管 C 先生，了解到双方的交易额将呈现数倍的增长，因此，保理商参照预期交易额核定了保理融资额度 1.5 亿元。具体发放融资前，C 先生向保理商签收了《应收账款转让通知书》。但保理融资到期时，B 公司迟迟没有付款迹象，保理商同时对 A 公司追索，但 A 公司无力偿还。在向 B 公司屡次进行应收账款催收后，B 公司辩称其系统内显示从未下过保理商所主张的订单，应收账款根本不存在。在后续的了解过程中发现，这是一起 A 公司收买 C 先生伪造了 B 公司的订单，串通以虚假贸易背景向保理商诈骗保理融资的案例。

  通常，保理商进行贸易背景核查的方式是：向买方询问与卖方的贸易记录，查看商务合同、增值税发票、核对报表等。采用以历史记录推断现实的方法，相对来说是一种静态的判断方法，无法准确判断合同是否被正确妥当地执行。换个角度来看，实地查核只是一个准则，能否"实地"，通常受到人力、物力、财力、时间等成本的制约，毕竟，从事营利性的商业行为的此双方都有一个承受成本的底线，何况保理商还必须考虑同业竞争的因素。如果保理商的要求逾越了这个底线，脱离了现实的合理性，但客户仍然答应配合，那给保理商带来的可能不是美好的业务结果，而是灾难的开始。这可以举例加以说明。

  某卖方年赊销金额约 1 亿元，大致平均分散在 100 家的下游客户，这些买家的规模普遍偏小，而且散布在全国各地。卖方按照年交易额及付款条件（120 天）提出 3 000 万元的有追索权保理融资额度申请并获批准。但保理商担心贸易背景的真实性和这些小买家的付款能力，要求客户陪同保理商的人员完成对所有买家实地查核并且面签《应收账款转让通知》及回款路径的书面文件后才能动用，客户也在一个月的时间内高效完成并随后转让约 3 700 万元账款，获得 2 960 万元融资。三个月后，卖方因资金链断裂无法偿还对往来银行的到期融资。获此消息后，保理商立即根据买家清单逐一联系，希望锁定回款来源清偿融资。残酷的现实却是：保理商所主张的交易超过半数不存在，所谓面签的书面文件多数买方表示闻所未闻。最终保理商仅收回部分货款，以损失约 2 000 万元收场。

  再次强调，实地核查是个准则，理论上必须坚持，但必须同时兼顾现实的可执行性和执行成本的合理性。可执行且成本可负担，必须贯彻；相反地，如果执行的难度及成本过高，但却需要众多的控制措施来确保项目的安全性，其实可以考虑予以放弃。因为客户为了达到"实地核查真实性"的要求，不排除反而促使客户产生"主动制造所要求的真实性"的动机，结局依然还是造假。

贸易背景真实性的核查确实是一门学问，不是简单的几条准则照搬操作即可，通常需要从业人员在熟悉行业交易习惯的基础上，通过核查、类比、询问、交叉分析等，由一点到两点，两点连线，三点成面，相对全面地加以推敲和判断。本书在后面章节的介绍中会陆续提供相关的例子，可以参照学习。

第三节 尽职调查的要点

一、尽职调查应遵循的原则

根据一般金融机构履行尽职调查工作的要求，尽职调查应遵循以下六个原则。

（一）客观公正原则

对授信申请人提供的信息不得直接采信，需客观公正地开展授信尽职调查工作，保证授信调查的独立性、客观性，履行尽职调查职责。

（二）实地调查原则

必须对授信申请人进行实地调查，获取第一手资料，不能仅凭授信申请人提供的资料，或其他外部资料完成授信调查报告。

（三）双人调查原则

授信调查必须执行市场人员、风险人员双人调查制度，两人均对授信调查的合法合规性、真实性、完整性、有效性和一致性负责。

（四）完整性原则

开展授信调查前，应该设计充分、完整的调查方案，尤其强调对非财务信息及贸易背景真实、合理性的调查，以获得授信审批所需的完整信息。

（五）信息验证原则

必须抱着专业、谨慎的态度，通过向授信申请人、往来企业或知情人，如银行同业、中介机构、政府管理部门、专家等咨询，或通过公开信息搜集，核实所获取信息的真实性。

（六）回避原则

授信调查人员必须主动回避与自身有关系的人所申请的授信业务。

二、尽职调查的方法

（一）实地考察

1. 实地察看主要经营场所

前一节描述了实地查核的困难,提到了可执行性和成本的考虑,其中多数与项目核准后的业务操作流程有关。对于贷前的尽职调查而言,实地查核是不应该存在障碍的,除非申请人（卖方）故意不配合。如果申请人故意不配合,实地查核无法进行,申请人也就无法获得授信额度,因此,申请人没有理由不配合实地查核。但是,申请人确实有可能会故意隐瞒或推诿,所以,调查人员最好事先表明理解企业的经营都有优劣,调查工作的目的是了解企业的真实情况,如果调查存在疑点无法理清,对核准授信申请是非常不利的。

调查人员要实地察看授信申请人的办公场所、生产场地、施工现场、原材料及产成品存储等主要经营场所。根据业务需要,必要时也要考察企业主要的关联公司经营场所和异地的生产基地等。

关注授信申请人的办公环境、生产设备状况、生产景气程度和现场管理情况,并尽量拍摄相关现场图片。经过客户同意,也可以对重大项目现场进行录像作为评估佐证的资料。

2. 抽取整套交易单据

抽取整套交易单据,实地跟踪企业贸易流程,确认企业物流、信息流、资金流情况是否与企业介绍、抽查情况一致。这项工作是非常关键的,必须注意以下要点：① 抽查单据的要求最好现场临时提出,不要提前通知客户。② 抽查的单据必须是从商务合同/订单到回款,覆盖全流程的相关全套单据。③ 抽查企业留存的原件,不得以复印件替代。④ 除非计划承做保理业务所对应的买方家数过多可以采取抽查外,原则上与每家买方的交易单据均应核查。⑤ 特别审视商务合同/订单是否有不利于或不适合操作保理业务的约定条款,发票是否已经有注记转让字句,回款凭证显示的付款人、付款时间、付款金额及入账的路径,核对买方付款记录（应收账款情况）。⑥ 凡是有差异或不符的情形,一定要询问并记录备案等等。

(二) 访谈

提前确定访谈目标,建立访谈记录作为授信评估基础资料存档。访谈必须至少由市场和风险人员两人参加。

1. 同企业内部人员的访谈

访谈对象尽可能覆盖全面,应包括企业的实际控制人、财务负责人、项目经理、采购和销售负责人、生产负责人(或车间主任)及一般的经办人员。为保证访谈的质量和可靠性,与企业管理层的访谈尽量分别进行,方便交叉比对,以利求证。对于普通经办员工以随机性、非正式交流方式进行访谈,比较容易获得必要的信息。

通过与管理层的访谈可以了解企业的经营、发展战略和企业的核心竞争力;通过对不同层级人员的访谈,可以核实企业真实的融资需求、内部管理水平及管理团队整体素质;通过与普通经办员工的访谈,可以了解员工对公司经营的整体满意度。

2. 同第三方进行访谈或电话咨询

通过与第三方的访谈可以对企业贸易背景、行业地位、融资能力等进行核实和验证,也可以及时获得企业相关信息,是控制授信风险的有效手段之一。访谈对象应该包括主要上下游客户、行业内企业、行业协会、政府主管部门、金融(保理商)同业等,也可以咨询中介机构、行业专家等,获取第三方信息进行验证。

保理融资首要的稳定还款来源是买方的付款,在某种程度上,买方对卖方的评价能够反映卖方的履约能力、应收账款的品质、回款的可靠性等。对于保理项下的买方,无论是明保理还是暗保理,不管是面谈或电话咨询的方式,一定要尽可能与买方进行访谈。访谈的对象不必局限于客户所提供的联系人,避免客户提前打招呼,以致无法获得客观的评价。访谈时,也避免过于直接询问卖方的情况,尤其是在暗保理模式下。对于国外的买方如果有地域、语言、文化的障碍,尽可能请求国际上合作的保理商协助了解。对于公开数据无法验证企业行业地位的,原则上要通过客观的第三方机构、行业协会进行了解核实。

(三) 系统验证

通过进入企业财务系统、增值税和所得税网上申报系统、增值税发票开票系统、增值税进项发票认证系统等核实企业报表情况、销售收入、盈利情况、收入结构和交易对手信息。大型企业也可以进入企业 ERP 管理系统,监控企业物流情况等。系统验证是针对目前民营企业普遍存在的财务信息不透明、诚信缺失导致调查失真的有效手段,也是企业合作意愿及诚信度的表现。大型国有控股企业和世界五百强之类的强势客户有时可能无法完全配合,可以适当放松要求。

(四) 现场查阅搜集资料

现场查阅搜集资料应特别关注以下几个方面:① 对于提供复印件的资料,应加盖申请人公章,要在企业办公地址现场核实原件。对于重要资料或无法取得复印件的资料,要求对原件拍照留存。② 现场调阅企业主要的采购、销售合同及发票原件、开立的信用证底稿、报关单、核销单、汇款及收款凭证等。通过以上查询核实企业商业模式、贸易背景的上下游交易对手、盈利能力等。现场调阅的合同编号、上下游客户、交易金额、结算方式及查阅的付款和收款情况,一定要详细记录在授信调查报告中。③ 对于生产型企业,可以现场查阅企业的电费、燃气费、水费等第三方出具的发票,或缴费单据及工资单、进口报关单、出入库单等。根据能耗比、工资发放人数和金额、采购量、出入库情况,判断实际开工情况。

三、尽职调查的层面

鉴于保理业务的特点及风险表现特征,保理业务授信前调查的层面应该包括卖方、买方(付款人)、交易关系、应收账款及交易流程等五个方面。

(一) 卖方(授信申请人)

对卖方的考察主要是着眼于它是否具备履约能力,可以形成有效的应收债权;是否具备持续经营的能力,可以在进行追索时偿还保理融资;是否有诚信度,在需要解决各种问题时,不会借口拖延或避而不见。既然卖方是授信申请人,无论申请何种保理业务品种,对于卖方的调查评估都是基础要求,也是最重要的工作。可以因为有买方的还款或其他保障措施弱化对卖方的担保条件要求,甚至完全给予信用额度,不要求任何担保品,但绝对不能因为有买方付款的期待而降低对卖方资信评估的要求与重视。一个经认可、有诚信的卖方,如同稳固的地基,即使后续施工方工艺水平不够高,以致建造的房子出现了问题,但至少还是可以通过协商进行解决,只是大修小补程度上的差别。但对于资力和诚信不佳的卖方而言,犹如在沙上起屋,再好的(技术)措施还是很难经得起一次摇晃而可能倒塌。本章前面对于如何调查卖方多有内容提及,此处仅就重点部分再行提示。

1. 关于实际控制人、主要股东的分析

我国绝大多数的企业还没有建立起现代公司治理结构,即使是上市公司,大多也没有真正实现所有权与经营权的分离,实际控制人对公司经营的影响是举足轻重的。相对于国企,大量民营企业的核心业务及财务都由实际控制人掌握,对公司的影响更是体现得淋漓尽致。民营企业实际控制人一般为企业的最大股东,通常从企业创立开始便存续,对于企业发展历程和人员变化理应非常清楚,同时掌握公司重大决策的权力。所以,必须对实际控制人进行访谈,访谈的时间要充分,涉及层面要多元。并从公司员工、同业咨询了解,对实际控制人作出综合评价。尽管这些可能是定性、非定量的评估,难免多少有些主观成分,但就我国国情的实际而言,却有见微知著的效果。

(1) 与实际控制人进行多维度和交叉式交流。

可以从企业成立、股东变化、行业分析、主营业务概况、上下游客户情况、合作年限、企业未来的发展方向等议题切入交流,尽量避免考场口试形式的一问一答方式,尽可能引导他高谈阔论,类似在进行公开的演说,然后从中观察注意:① 语气是否流畅,是否经常得询问其他同仁才能回答与发言,推估他对公司经营的用心和了解程度。尽管实际控制人对公司情况了解不深是不好的现象,但是如果他对大大小小事全都了如指掌,不排除是个不懂授权、不会带领经营团队创造好的经营绩效的人。② 是否总唱高调,以成功杰出人士自居,心中有宏大蓝图,却毫无提及任何合理的规划。③ 对照前后发表内容,与搜集材料进行比对,是否有矛盾之处。例如,表示公司一般不会轻易进行赊销,财务报表上却显示了应收账款金额高启的情形。④ 是否喜欢吹嘘与某某政府领导、银行高管、知名人士的关系紧密,彰显过硬的人脉网络。⑤ 如果公司成立时间较久,但却说不清那些重要的经营历史,必须注意企业是否属于被用来融资的"壳"。⑥ 是否全面了解整个行业。如果对整个行业的熟悉和把握程度不是太熟悉,谈何好好经营企业呢!⑦ 是否经常提及对非主营业务(尤其是房地产、证券投资)的具体投资行为。以上都是一些察言观色的重点,有经验的人员通常可以从中对实际控制人作出一定的定性评价。

(2) 与普通员工和同业进行非正式交流。

通过与普通员工和同业的非正式交流,了解实际控制人的个人情况,包括但不限于管理风格、家庭婚姻情况、朋友圈、兴趣爱好、消费习惯、违法犯罪记录等。个人品行极差、行事作风备受诟病、嗜酒赌博或者私生活混乱的人,即使能力再优秀、胆识和资源过人,都可能是企业经营的致命隐患。当然,再好的老板都不可能得到员工完全的肯定,来自基层员工的抱怨是正常现象,所以,必须将抱怨事情的本质和企业的经营管理结合,放在现实的环境中审视,才不至于产生偏颇的判断。相反地,针对同业的咨询,尽管也有同业恶意批评的情形,但是对于重大负面的评价一定要高度重视,因为同业通常会经常关注竞争对手,不像金融机构或保理商是在有业务配合时才有较多的接触。

2. 关于财务方面的分析

虽然目前一般企业的财务报表经常含有较大的水分,但经由同样水分基础的报表以及结合实际收集材料进行比对,对判断企业大致的财务情况可以起到很重要的作用。由于一般企业财务的规范性不足,有些财务报表可能流于形式,有些又有意篡改或制造多套账目,所以做财务分析时,最好以怀疑精神来推估"可能的大致实际情况"。需要强调的是,找出不合理之处只是手段,不是目的。要通过探究不合理之处的成因,推估大致的实际情况。例如,某餐饮店生意兴隆,客人经常必须排队消费,同时店方只收现金,但店主却宣称经营亏本。一般的常理判断肯定认为不合理,那背后真实的原因是什么呢?是店租过于昂贵和人工、原材料成本高,导致入不敷出吗?还是节省纳税成本的考虑呢?还是担心树大招风,引来不必要的困扰呢?要了解经营亏损是否不合理(此时只能保持怀疑态度,不能直接下定论),不妨通过对周边店家、房屋中介的咨询大致了解各项的经营成本,结合对客流量的蹲点统计算出现金收入额,两相比较就不难得出大致的结论。当然,这只是简化的例子,一般企业的情形远没有如此简单,也不是投入一些人力和物力就可以弄清事实。但是秉持怀疑的态度,经由实地调查,再加上合乎逻辑的推估,还是可以起到一定作用的。

既然企业通常会对财务报表进行加工,以下就针对比较常见的一些财务报表问题做简单介绍[①]:

(1) 操纵合并报表范围。自然人名下的民营企业经常以自然人控股的方式持有旗下的各家公司,因为自然人没有报表合并的责任,个别企业有可能仅选择合并有利润的企业,使合并报表更加好看。因此,可以从收集材料和日常交流中观察是否存在有无被合并进入报表的公司,并了解它的基本情况。

(2) 虚高存货和固定资产。这是企业为了增加资产的总数额而经常使用的

---

① 百度文库. 会计报表的十种操纵方式及应对方法.

方式之一。这可以通过现场核对来大致验证它的真实性,同时注意资产的权属和抵质押的状况,尽可能通过第三方机构了解公允价格。

(3) 隐瞒民间借贷利息支出。当企业的利息支出与企业从金融机构借款的规模乘以市场合理利率得出的数额存在较大差距时,就必须注意是否有民间借贷。其中,其他应付款、预收款等会计科目经常会被很多虚假、难以正常安置的科目转入,民间借贷的痕迹也容易出现在这些会计科目上。此外,由于过于庞大的民间借贷数额容易引起怀疑与担心,一些企业有时不入账或只入到自然人股东账上,再由自然人股东借给企业。所以,也必须了解股东往来借款真正的背景。

(4) 通过关联交易虚增销售收入。通过与关联企业间同一笔交易的多次倒买倒卖,是快速增加彼此销售收入的主要手段。因此,必须注意它们之间实际货物的运输与资金流的往来,进一步核实其交易的必要性与真实性。

(5) 应收账款数额的暗示。尽管部分企业也会通过虚列应收账款来虚增资产数额,但多数还是希望降低该数字来美化或装饰财务报表,满足股东或往来金融机构的要求与期望。可以结合企业一般的结算条件,对比销售金额,推算出大致合理的应收账款数额。如果报表记载数额高出推估数额较大,必须注意可能存在拖欠款、坏账的风险。反之,即使应收账款数额控制在非常良好的水平,也必须就当时的行业景气情况作对比,还要注意有无通过类似操作无追索权保理,但承诺自行回购账款的抽屉协议①安排。

(6) 其他诸如通过对固定资产(土地)及无形资产(专利权)的重新评估增值、故意将融资而来的现金流注入营业的现金流等情形,不胜枚举,这些都是(所有授信业务)在进行财务分析工作时需要注意的,有必要从专业的财务分析书籍获得相关知识。

3. 关于收集材料的比对、交叉分析

从卖方可以收集到的书面材料种类很多,包括但不限于银行对账单及流水明细、企业纳税申报材料、企业社保缴纳单据、水费电费支出、房租合同和支出收据、银行贷款合同和放款证明以及整套交易单据(商务合同、订单、出货单、发票、运输单据、检验单、签收单、汇款水单等)。利用这些单据可以推估、

---

① 抽屉协议是指各分行利用总行的额度进行放贷,以最大化自己网点的放贷规模,操作手法是商业银行与交易对手签订"双买断"协议(即回购协议和即期买断加远期回购协议)。

检验企业的开工率、销售收入、成本支出、资金流向和流量、贸易背景的真实性等。

(二) 买方(付款人)调查

在保理业务模式中,付款人的回款是保理融资的第一还款来源,是保理授信的第一道保障。因此,对付款人自身实力、付款意愿、配合意愿的调查也是贷前调查的重点。特别是在卖方本身实力较弱的情况下,如买方实力强且配合度高,能给卖方客户授信起到增信的作用。

1. 自身实力的调查

在对付款人信息的调查中,应尽可能多地获取买方信息,充分考虑买方的行业地位、流动性情况、产品市场竞争力等。如有可能,还应获取付款人的财务报告,对其经营情况、股权结构、负债情况、盈利状况等进行分析。现实中,买方如果不是保理商的既有客户,一般不愿提供资料给保理商,此时,仍应尽力从公开渠道(工商、海关、税务等机构)或资信调查公司获取信息,或从客户的银行水单得出付款人的往来银行,进行同业咨询,以了解其基本信用情况。

2. 付款意愿的调查

付款意愿可以从卖方与付款人的历史交易情况来判断。例如,调查付款人支付账款时间是否准时、是否全额支付、是否有商业纠纷发生。如果是新开展的业务,则主要依赖于付款人的信用调查。同时,还应审查交易合同中对应收账款的约定期限是否与行业惯例相符,如有偏差较大的情况,应向卖方具体了解原因,也可借以判断双方交易地位的强弱势。

3. 配合意愿的调查

配合意愿可通过交易双方的合作历史和市场地位进行调查。一般来说,合作历史长、市场地位相近的交易双方更愿意互相配合。但是一旦买方处于行业龙头,或者央企、军工等特殊地位的企业,其配合度会大打折扣。无论如何,都应该主动接触买方,确认是否可以配合进行应收账款的转让确认、对账,能否将款项付至指定账户等,以便对项目的操作风险做出合理的评估。但是如果买卖双方为关联企业,虽然买方配合度很高,但无法起到风险缓释的作用,仍应从严对待。

(三) 交易关系

形成应收账款的交易关系是调查的重点。交易关系的调查主要分为两部分:一是双方是否有真实的交易发生,二是双方的交易是否能形成认可的应收账款。

1. 查询卖方与交易对手的历史往来记录

可以现场要求客户将电脑系统中的客户管理报表下载或打印,理论上可以取得与该客户的真实往来明细记录,包括交易日期、货品、数量、单价、总价、结算天数、实际付款日、付款金额、付款方式等信息。特别注意的是现场索取,不是由客户另外整理提供。另外,再查阅进账单的流水来比对鉴别交易关系,推断本次合同项下交易的真实性和完成的可靠性等。如经调查发现双方历史上并无往来交易,本次交易属于首次;或本次交易金额明显高于历史往来的交易量;或交易金额高,但交易产品却属于行业淡季。这些都可能存在贸易背景不真实或不完全真实的风险,必须进一步核实,不能轻信客户的解释。

2. 通过审核双方交易合同,确定交易关系

如合同为不合法基础交易合同、寄售合同、代理销售合同等,无法形成应收账款合法债权的,都不能受理。对于关联交易合同,必须与其他客户合同进行对比,不能存在太大的差异性或随意性。此外,如果有新合同,必须以新合同为审核标的;没有新合同,以旧合同替代。如果客户推说没有合同或合同已经灭失,却又有历史往来记录,则说明企业要么撒谎,要么内部管理混乱。有些客户经常以商业机密为由,不提供商务合同给保理商审核。现实中,管理制度良好企业的交易合同确实经常出现这样的约定,但同时也有不少客户纯粹以此为理由进行推托。由于交易合同性质对能否办理或是否适合办理保理业务至关重要,保理商应考虑采取签订保密协议的方式取得合同进行审核,或实地现场翻阅原件进行审核。

(四) 应收账款

交易合同中关于应收账款计量与确认的有关规定是评估应收账款金额的基础。

1. 确认应收账款的存在

真实有效的应收账款是业务开展的基础。因此,应对应收账款形成的标志、证明债权形成的凭证的法律有效性进行初审调查。例如,应审核:① 签署的合同是否真实有效。合同过于简单,比如仅有两页纸;买方签章模式一样;所有交易合同都使用卖方版本;出口合同买方签名栏出现中式印鉴等情况,都存在虚假合同的可能。② 合同中约定应收账款形成节点是否明确。例如,约定结算条件为 90 天,却并没有明确起算点(应收账款生效日),再遇到国际贸易中各类不同结算条款,应收账款形成的时间点就更难确定。③ 付款人能否提供收款人已履

约的书面文件,如提供签收单、结算单、验收单等单据。④申请人能否提供第三方的运输单据证明其已履约发货。第三方的运输单据比较具有公信力,但由于国内运输单据不规范、不统一,某些行业的关联交易更是存在买方自提的现象,所以,最好事先调阅单据,进行现场核对,确认其真实性。⑤付款人能否以书面形式做出其到期一定付款的保证(如能提供,可作为申请人授信的增信要素,关联企业除外)。⑥通过交易流水的审核确认应收账款是否已支付。已经支付的交易,应收账款自然就不存在了。

2. 确认应收账款转让的有效性

操作保理业务融资的前提是合格应收账款的有效转让。因此,在贷前调查时应关注:①合同中是否存在禁止转让条款。有该类约定条款的合同,原则上不适合操作保理业务,除非买方出具书面确认书同意转让。国际保理商联合会制定的《国际保理通用规则》中允许禁止转让账款的操作,并对进出口保理商的权利义务做出了规定。②合同项下的应收账款是否已在其他金融机构办理过出质或转让。如经查证已办理过出质或转让的,必须获得质权人书面同意解押并放弃抵质押权利,或获得受让人书面同意转让应收账款权属后,才能受理办理保理业务。③结算方式是否符合办理保理业务的要求。如结算方式约定为信用证的,不得用于办理保理业务(备用信用证除外)。

3. 应收账款的合理性

保理商应对申请人的应收账款情况进行分析。例如:①对申请人的应收账款账龄及应收账款周转率进行分析。看是否与合同约定的期限、行业交易习惯相符。特别是对于一般贸易项下的交易,一般约定付款的期限如果超过半年的,需要特别关注其真实性。②查询申请人与付款人的历史交易付款记录。观察回款频率和时长是否与客户提供的账期基本一致。例如,通过对历史回款记录的分析,发现付款人有延迟付款的现象,但是无欠款,且延迟时间较为一致的情况下,可以视为正常的付款习惯,可以此为依据给融资设置合理期限。

4. 应收账款是否有稀释的可能

在很多交易中,买方可能获得卖方折扣或者合法抵扣账款等优惠交易条件,从而导致实际应收账款的减少。因此,调查中还需关注:①历史交易中是否存在开具贷项发票(红字发票)对应收账款进行扣减的情况。②是否存在买方提前支付能获得商业折扣的条款。③是否存在买方销售返利(返利金额从应收账款中直接扣除的情况)的条款。④买卖双方是否存在抵扣交易,即买卖双方存在互有买卖、允许应收账款互相抵消。

对于存在上述第三种情况的,应充分调研历史抵扣及折扣的金额及比率,适当降低融资比例以保证实际应收账款回款金额能完全覆盖融资敞口及收益。如存在第四种情况的,原则上不应办理保理融资,除非买卖双方签署书面文件承诺账款不得抵消。

5. 应收账款的回款是否能有效锁定

应与卖方落实保理监管账户的开立问题,并调查了解买方是否愿意配合回款路径变更的确认。对于买方可能存在间接回款(含票据回款)的情况,应予以特别注意并作出安排。

(五) 交易流程

必须全面了解买卖双方的交易流程,包括交易双方之间的下单、生产、出货、开立发票时间、收货验收确认方式以及付款条件及付款方式等信息;通盘了解交易中的物流和资金流;了解交易流程中可能产生的单据,并留存样张。如果卖方提供的贸易单据无法满足要求,还可进一步了解是否存在由其他可替代的资料来证明其贸易背景的真实性。例如,企业是否有ERP系统、财务系统、订单系统等提供的客观数据。

第四节 授信调查报告的撰写[①]

完成尽职调查工作之后,下一步就是要撰写授信调查报告,作为保理商内部授信审批的参考书面材料。各家保理商授信调查报告的撰写格式和内容存在较大差异。一般而言,银行保理商要求的内容和篇幅通常比较多,相对于银行而言,商业保理公司则比较简略,但各家的差异性也不小。本书采取相对而言全覆盖的形式,表面上看比较繁复,但在现实中可以就各自关心的重点进行介绍,其余之处则予以简化或删除。

以下是授信调查报告的参考范例及撰写时的重点提示。

---

① 参考民生银行相关资料并作适度修改。

保理授信调查报告
（以生产型企业为例）

　　履职声明：本人在此郑重声明，此报告是基于本人的现场调查以及其他外部信息进行独立、客观、审慎的分析评价而成。本人已充分分析了相关风险因素，没有虚假记载、误导性陈述或者重大疏漏。

项目申报人：×××
授信申请人：×××公司
申请授信方案：业务品种、金额、期限、担保、价格、操作方案及风控措施等
授信属性分类：

分类认定	【】首次授信　【】续展授信　【】简易授信　【】专项处理授信	
申请人信用等级		限额（万元）
保证人信用等级（如有）		限额（万元）
本地（异地）客户	【】本地客户　【】异地客户	
审批通道（权限）	【】市场团队负责人（及授权人）　【】风险团队专业评审员 【】风险团队负责人　【】总经理（授权副总经理） 【】授信审查委员会	
相关部门审查意见	【】异地客户审批表　　　　　【】续展授信贷后监控意见 【】客户维护发展部门意见　【】法律审查意见	

风险经理（签名）：　　　　　　　　　联系方式：
报告完成时间：

一、申请人与我方往来的关系

　　(1) 客户过去与我方合作情况

　　包括往来时间、业务品种（国内保理、国际保理-出口保理/进口保理）、往来额度、价格、各业务品种年业务量、业务付款、有无纠纷及纠纷情况，以及以上各方面历年的变化情况。

　　(2) 关联公司与我方往来情况

　　申请人关联方（含投资关联、担保关联以及捆绑核心厂商的上下游客户）与

我方往来情况。

(3) 申请人为我方其他授信客户提供担保的情况。

(4) 申请人的保证人在我方为其他授信客户提供担保的情况。

二、政策性风险及合规性分析

(一) 符合国家政策规定

是否符合立项、资本金、用地及环保等国家、地方相关政策。必须提供以上相关批复文件,对其是否符合国家及所在省、市、自治区固定资产投资有关规定进行评价,比照批复内容对企业实际项目进展情况进行评价。对于不符合以上国家、地方政策规定的,原则上不予受理。

(二) 具有经营资质

政策规定许可经营的,是否具有相关经营许可证或特许商品经营资质。如成品油经营许可证书,铁矿砂、燃料油、棉花和煤炭进口许可证、进出口经营权等。对于没有许可证或经营资质的企业,不予受理。

(三) 所属行业及准入情况

是否符合相关行业准入标准,是否为国家相关产业政策规定的淘汰落后产能,是否为名单制行业准入。如《铁合金企业名单》《地炼企业的保留名单》《焦化行业准入条件》等。对没有列入名单的企业,不予受理。

三、申请人经营情况分析

(一) 主体资格

1. 公司简介

包括成立时间、注册资本、股权结构、法人代表,以及公司历史沿革等。

2. 重要股东介绍

对于股权结构复杂的企业,要有完整的股权结构(见表3-1);民营企业必须重点介绍实际控制人的发展历程、资信状况、全部投资情况及朋友圈等。

表3-1 股权结构

股东名称	持股比例%	出资金额(万美元)	出资形式	与申请人是否存在关联交易	备注(说明股东之间、股东与实际控制人之间的关系)

(1) 股东背景。要求追溯到申请人的最终股东和最终实际控制人及其对申请人的持股状况和控制程度。对民营企业,尤其需要说明其创业、发展和经营的历史等,包括第一桶金来源、投资扩张、多元化转型、兼并收购、业务转型等。对于实际控制人与股东结构不一致的,需了解说明原因。需要说明股东是否为高利贷、实际控制人是否投资其他产业、家族成员是否投资企业(资本金、持股、主营、上年经营业绩、资产负债)等情况,尽可能了解说明实际控制人个人品行及资产情况(是否有赌博、吸毒、包养情人等不良行为或犯罪记录等)。

(2) 股权变更情况。对于股东结构频繁变更的,需进一步调查说明原因。尤其对于股东主动退出的,或债权转股权的情形必须尽可能联系相关人员了解并说明原因。

(3) 主要子公司情况。对申请人占股超过30%以上的原则上必须填列表3-2。若存在重大的股权关联或者实际控制人关联的,须在此列示集团组织结构图,介绍集团对子公司人员、资金及业务的管理模式及控制力,说明是紧密型还是松散型等(见表3-2)。

表3-2 子公司情况

公司名称	注册资本	持股比例	主导产品	总资产	银行负债	销售收入	净利润

3. 主要管理层情况

调查企业的法定代表人、主要管理层及财务负责人的工作履历,并对管理层的稳定性、行业经验、内部控制能力等进行分析。说明管理层的行业背景,分析管理层的稳定性和内部控制能力,着重描述其重大事项和日常事项的决策人和决策程序,尽可能通过同业、行业客户及之前的履职企业了解其行事为人。

4. 其他重要事项说明

要求对公司的经营和信用产生重要影响的事项,包括公司高层变动、资本变动、组织结构变动、经营主业变动、涉及法律诉讼(需要查询全国法院被执行人信息查询网等)等进行说明。

(二) 经营情况

(1) 经营范围/主营业务

介绍申请人的主营业务、主要生产设备设施,包括但不限于:生产设备数量、规模、生产工艺流程等,分析其工艺及设备是否先进、是否存在淘汰落后产能、是否正在/拟进行的固定资产投资情况(见表3-3)。

表3-3 主要设备生产情况统计　　　　　　　　　　　　　单位:万元

设备机型	产量	年	年	年	总计

介绍连续三年及近期企业生产能力、生产数量、开工率、销售收入。如开工率不足,要按照产品、区域(如内、外销等)的构成情况等分析其原因。

介绍主要原材料成本构成,分析主要产品成本及利润情况、原材料及产成品的市场价格波动和供求关系。

分析主营商品的销售、盈利变化情况及主要原因(见表3-4),并结合企业在手订单情况,对拟授信期间内商品的预计销量、收入及盈利情况进行合理性判断,并对企业成长性进行分析。

表3-4 主要商品销售收入情况统计　　　　　　　　　　　单位:万元

商品名称	年	年	年	总计
总计				

(2) 交易对手实力及往来评价

了解采购模式、销售模式、主要供应商及供应比例、主要下游客户及销售比例、申请人相对于上下游企业的谈判地位、结算方式、以往交易记录、是否为关联方等;分析企业采购渠道是否稳固、销售渠道是否畅通、上下游客户合作年限及合作关系是否稳固、交易地位如何变化等。特别从中寻找其他保理业务机会,关注应收账款品质,将非关联方企业作为咨询申请人信用及开发保理商机的对象(见表3-5、表3-6、表3-7)。

表 3-5　近一年内关联企业销售/采购情况　　　　　　　单位：万元

关联企业名称	供应商/采购商	商品	交易额	占比(%)	合作年限	结算方式	账期

表 3-6　近一年内前×大非关联企业供应商情况　　　　单位：万元

供应商名称	商品名称	交易额	占比(%)	合作年限	结算方式	账期

表 3-7　近一年内前×大非关联企业采购商情况　　　　单位：万元

采购商名称	商品名称	交易额	占比(%)	合作年限	结算方式	账期

(3) 企业发展战略介绍

未来是否有重大投资及资产重组计划，公开渠道查询是否存在重大负面信息及其他需要介绍的事项。

(4) 根据业务规模、市场份额、渠道优势、管理优势等分析授信企业核心竞争优势。

(5) 根据海关查询结果、纳税申报表和企业实际进出口情况进行分析是否匹配。若有差异，说明原因(见表 3-8)。

表 3-8 进出口情况表　　　　　　　　　　　　　单位：万美元

年度	进口情况				出口情况				进出口总额
	主要商品	金额	配件	金额	主要商品	金额	配件	金额	

经营情况总体评价：

根据以上分析，对企业在未来授信期间内的持续经营能力进行分析，对经营前景进行预测，揭示主要经营风险。

四、申请人财务情况分析

(一) 主要财务数据分析

1. 报表采用说明

(1) 说明企业提供的完整的财务审计报告的会计师事务所有无被通告或处罚记录，报告是否有保留意见。如有，详述保留意见的具体内容。

(2) 对于连续更换会计师事务所的，必须对其原因做出必要的说明。

(3) 说明财务报表的合并范围及其变动情况。

(4) 对资产规模超过 10 亿元的，报表科目列示单位应为"亿元"。

(5) 对财务数据的录入必须完整、准确。

2. 财务报表科目列示[①]

(1) 资产负债情况（见表 3-9）

表 3-9　××企业资产负债表　　　　　　　　　　　　单位：万元

	年	年	年	年 月
总资产				
其中：货币资金				
应收票据				
应收账款				

---

① 注：① 事业法人等其他类型报表可按其报表格式录入。② 如需列明细较多，必须在报表下方对金额较大或变动较大科目进行说明。③ 对实收资本频繁增资、大额资本公积入账的需调查资金来源。

续表

	年	年	年	年 月
其他应收款				
预付账款				
存货				
长期投资				
固定资产净值				
在建工程				
无形资产				
……				
总负债				
其中：短期借款				
一年内到期的长期负债				
应付票据				
应付账款				
预收账款				
其他应付款				
应交税金				
长期借款				
长期应付款				
其他长期负债				
……				
股东权益				
其中：股本				
资本公积				
盈余公积				
未分配利润				
……				

续 表

	年	年	年	年 月
资产负债率(%)				
流动比率(%)				
速动比率(%)				
应收账款周转天数(天)				
存货周转天数(天)				

(2)损益表情况(见表3-10)

表3-10　××企业损益表　　　　　　　　单位:万元

	年	年	年	年 月
主营业务收入				
收入构成				
主营业务利润				
销售费用				
管理费用				
财务费用				
投资收益				
利润总额				
净利润				
销售毛利率				
净资产收益率				

销售收入、利润的核查:需要对收入、利润进行必要的核实,并提供纳税申报表、账户流水等。纳税销售与报表销售差距过大的,需提供相关账户流水。

对三项费用的变动情况进行分析:财务费用与融资额不匹配的,需核查是否存在高息民间融资。

对投资收益或者财政补贴占盈利较大比例的,须对其持续性进行必要的分析。

对远高于或者远低于同行业的盈利能力(如可获得相关数据),进行必要的说明或分析。

(3) 现金流量情况(见表 3-11)

表 3-11　××企业现金流量表　　　　　　单位:万元

项　　目	年	年	年
一、经营活动现金流量:			
销售商品、提供劳务收到的现金			
收到的其他与经营活动有关的现金			
现金流入小计			
购买商品、接受劳务支付的现金			
支付的其他与经营活动有关的现金			
现金流出小计			
经营活动现金流量净额			
二、投资活动现金流量:			
取得投资收益所收到的现金			
现金流入小计			
购建固定资产等所支付的现金			
投资所支付的现金			
现金流出小计			
投资活动现金流量净额			
三、筹资活动现金流量:			
吸收投资所收到的现金			
借款所收到的现金			
现金流入小计			
偿还债务支付的现金			
分配股利或利润支付的现金			
现金流出小计			
筹资活动现金流量净额			
四、现金及其等价物净增加额:			

对申请人完整年度现金流情况进行详细预测,判断其偿债能力或资金链断裂的风险。

(二)人行征信系统查询情况

(1)查询未结清融资品种、余额、抵质押情况等。将查询结果(含上年末及近期)与企业报表数据对比,说明存在差异原因。

(2)根据查询结果,提供对外担保明细,分析是否有负债风险。

(3)是否存在欠息、逾期、五级分类非正常类等情况,并说明原因。

(三)同业授信情况

(1)申请人在各金融机构授信额度、品种、担保方式、保证金比例、价格等情况。

(2)申请人在各金融机构授信使用、融资履约情况,并与报表数据、贷款卡情况相印证(见表3-12)。

表3-12 申请人在金融机构授信使用及融资履约情况

申请人:
(基准日)贷款卡查询情况(卡号_____):

贷款余额	0.00	0.00	0.00
保理余额	0.00	0.00	0.00
贸易融资余额	0.00	0.00	0.00
票据贴现(未结清金额)	0.00	0.00	0.00
承兑汇票(未结清金额)	0.00	0.00	0.00
信用证余额	0.00	0.00	0.00
保函余额	0.00	0.00	0.00
资产保全剥离余额	0.00	0.00	0.00

财务情况总体评价:
根据财务特征对企业经营情况进行验证,如有不符要解释原因。

综合以上情况,对申请人财务可信度、偿债能力、盈利能力、营运能力、现金流情况作出分析、评价,揭示其主要财务风险。

五、行业及市场分析

(1)分析申请人主营商品基本情况、上下游供需状况、申请人所处产业链中的地位、议价能力等。

（2）分析申请人销售商品的市场价格走势、市场风险及趋势，以及申请人所处行业及细分行业的基本情况。

（3）揭示该行业受宏观调控影响程度，贸易壁垒、汇率变化、配额政策、出口退税政策等政策变化对该行业及对申请人经营的影响。

（4）申请人规避市场风险的主要措施及效果等。

行业风险总体评价：

根据以上分析，判断申请人行业地位，以及是否能够抵御行业风险。

六、担保或抵质件物的分析（如有）

七、保理项目风险分析

主要参见本章第三节。尽职调查要点从买方（付款人）、交易关系、交易流程及应收账款等方面进行分析。如果是涉及国际、国内双保理项目，应对合作的保理商进行概要介绍。

八、综合收益与风险分析

概述授信存在的主要风险点（如政策合规风险、经营风险、财务风险、行业及市场风险、汇率风险、国别风险、法律风险等）及相应的控制措施（如有）。

分析预期的综合收益，包括保理手续费、融资利息、其他收费及预计未来合作的空间和收益等。可以简单说明未来针对申请人的业务开发计划及收益预期（如有）。

第五节　合作方案的确定

对客户的授信方案和额度报告的撰写或申报、额度批准后，就进入了与客户确认合作方案、进行签约的流程。此时，客户经常会就以下几部分进行协商。

一、关于《保理合同》的条款部分

对于单纯以融资为目的操作有追索权保理业务的客户，通常会把保理简单地视为融资工具的一种。由于习惯于向银行贷款，一般不太会对合同条款提出任何异议，尤其是谈判地位处在弱势的中小企业。对于有坏账担保需求或比较优质的大客户，就会经常针对以下重点条款提出修改意见。

（一）要求部分应收账款转让

当核定的保理额度不够覆盖全部的账款，会要求修改全部应收账款转让的条款，只愿意进行部分账款转让。其中，如果是操作有追索权保理，可能会要求只转让有融资的账款；如果是无追索权，则转让买方信用风险额度承保范围内的账款。鉴于对买卖双方整体交易全貌的了解，以利进行风险管理和控制融资回款的需要，一般情形下，专业的保理商通常不会答应部分转让的要求。但市场上确实有部分保理商对有追索权业务给予客户相对宽松的配合条件。客户要求部分转让的理由不外乎：① 认为超过额度的账款没有得到融资或担保的服务，不愿多负担成本；② 计划将超过额度的账款另行向其他机构寻求办理融资或担保。在前面的章节中已经陈述过应收账款全额转让的重要性，所以，在坚持这项原则的前提下，可以考虑针对超过额度账款的收费给予客户部分或全额减免，降低客户负担的成本，以获得全额转让账款。

此外，针对无追索权业务还有几点必须提醒：

（1）坏账担保的额度通常是循环额度（Revolving Credit Line）。虽然超过额度的账款暂时不在承保范围内，一旦买方支付了前面的账款，后面的账款将依序递补进入承保额度内。但如果对于超过额度的账款减免收费、不予承保，即使买方付款，也不能递补进入承保范围。万一买方发生信用风险，保理商不需要负责对此进行担保理赔，客户反而失去了原本办理保理业务的目的，所以，也可借此尝试说服客户。

（2）除了核定循环使用的额度外，保理商也可以针对特殊情况核定一个不循环、一次性使用、临时性的信用风险担保额度（order approval）来覆盖超过的账款。当这些账款被支付后，额度就会自动消失。部分保理商有时会针对客户季节性旺季的需求给予此类型的额度。

（3）如果涉及双保理业务，由于实际的承保人是合作的进口保理商，在国际双保理架构下，依据《国际保理通用规则》，出口保理商必须将对同一买方的账款全部转让给进口保理商，违反这个规定，进口保理商可以免除担保赔付的责任。因此，必须事先与进口保理商协商，取得同意部分账款转让或给予临时性的信用风险担保额度。否则，出口保理商同意了客户的要求后，就必须自行承担无法获得担保理赔的风险。

(二) 缩短担保赔付期限

即要求保理商对于担保赔付的期限予以缩短或一旦逾期就予以赔付。担保赔付期限一般为账款逾期 90 天,实际操作中比一般的信用保险产品赔付时间缩短不少,已经很有竞争力。另外,可以向客户陈述如果账款逾期很短的时间就进行担保赔付,保理商在进行理赔后,按既定程序会立即对买方进行追讨,包括进行法律诉讼。一旦通过法律途径启动追偿的动作,买卖双方肯定是很难继续进行交易的,故提醒卖方必须充分考虑这些后果。

(三) 对于商业纠纷定义的争论

由于商业纠纷属于免赔范围,所以多数客户特别关注,有时要求清晰列举所有商业纠纷的情形。由于现实中很难提前预知所有情况,保理商一般不会答应此类要求(保险公司亦是如此),但要向客户委婉解释只要客户解决了商业纠纷(没有不利于保理商的条件)或取得法律上的胜诉判决,保理商仍然对原先账款履行承保的责任。

二、对担保条件的协商

首先必须强调,办理授信最好是基于客户资质信用、没有担保品的前提下对企业进行评估、核定额度,而不是优先考虑担保品价值来进行授信动作。如果采取完全信用方式核定的额度无法满足客户,而且客户有意愿提供担保来增加授信额度时,再与客户进行协商。所以担保品应该是保理融资的补充,而不是它的评估基础。部分银行保理商就存在这种认识上的误区。至于那些担保(不动产、动产、个人担保,其他企业担保等)比较有价值,适合担保,则主要取决于双方谈判地位和客户现实拥有的资源,此处不加以详细讨论。这里要提醒的是,客户原先没有办理保理业务的其他买家账款,可以考虑视为担保品之一,要求客户转让给保理商进行催收管理,一旦卖方积欠保理商融资款或任何费用,保理商有权使用这些回款进行冲销。

三、对保理价格的协商

讨价还价恐怕是任何买卖都脱离不了的一个过程。本书是保理专业书籍,不是议价工具书,只能针对保理这项"服务"商品的特性提供几点建议。

(一)实施差异化竞争战略

保理业务本身不是一个普通的实体商品,也不是只有融资功能的贷款产品,而是一项综合性的金融解决方案(服务)。保理商一定要长期不断地致力于专业形象的打造和差异化竞争,以免流于同质化和陷入价格恶性竞争的循环之中。

(二)预留价格空间

除非对市场有极大的统治力(目前市场上应该尚未出现,也不太可能会出现)或对该客户具有绝对主导地位,否则客户没有议价的能力。一般而言,保理商对自己心里的价格底线不要轻易暴露,预留价格空间以备现在或今后因为客户地位或竞争格局改变,满足客户降价的要求。

(三)避免将客户负担的成本以换算成年利率的方式表示

营销业务时避免将客户负担的成本以换算成年利率的方式表示,如此客户容易将此利率与一般贷款比价,同时失去以不同收费项目进行价格组合和调整的弹性。

(四)约定一些条件作为调整价格的依据

如果确实想争取优质客户又不想立即降价,在合作之初约定一些条件作为调整价格的依据,有时不失为双赢的策略,值得尝试。例如:① 转让的账款达到特定金额。② 办理保理的买家数量达到多少家。③ 介绍上下游企业并成功办理保理达到多少家。④ 往来一年没有任何赔付记录,次年保理费率按照原本的多少百分比计价,等等。其实,还有多种维度可以设定条件,也可以将前述几种进行交叉组合,还可采取阶梯式报价法等,不一而足。

复习思考题

1. 下面两种情形中有些现象必须引起关注。① 当前市场上有很多是"小卖家对大买家"的贸易模式,保理商往往容易被下游大企业的背景所蒙蔽,盲目地相信大型企业的运作规范,从而放松了警惕,忽视了真实性的审查。② 个别卖方企业通过非正常手段公关个别国有大型企业的关键工作人员,这种为了谋取私利的贪腐行为,会给保理业务在进行买方的联系中带来潜在的巨大风险。尝试从第二个案例的简单陈述中推测可能存在哪些不合理的情形,导致保理商遭受了损失。

2. 对不同对象(包括第三方)进行访谈是尽职调查工作中的重要手段。当你访谈各个不同对象时,会分别交流哪些内容?为什么?

3. 企业对财务报表进行加工的手法,除了本章节介绍的内容之外,你认为可能还有哪些?俗话说"假报表,真分析",你如何理解这句话。

4. 审核买卖双方的交易合同时,应该关注哪些重点?如果发现有禁止债权转让的条款,是不是就无法受理业务的申请?如果发现合同性质属于寄售合同,是不是就肯定无法为卖方的出货提供保理服务?

5. 国内的贸易存在许多不规范的现象。例如,卖方不开立发票,或者存在在销售货物时不开立、等到收到货款时才开立发票的现象。在了解交易流程时发现卖方存在以上不规范的行为,请你就不同情形决定是否受理此业务。如果受理业务,是否会有其他措施安排或要求。如有,有哪些?

6. 合同方案的确定除了以上提到的内容,你认为客户可能还会提出哪些要求?如何回应?

7. 以下是一篇授信调查报告实例,除了省略部分内容和使用化名外,为求真实感,未对内容文句进行修改。请阅读全文后,思考以下问题。

(1) 除了刻意省略的部分内容外,你认为还有哪些重点应该进行说明。

(2) 你如何设计本项目的保理操作方案。

(3) 假设你有权限审批这个项目的保理融资额度,你会如何批核?主要原因为何?

A 医药有限公司授信调查报告

履职声明:本人在此郑重声明,此报告是基于本人的现场调查以及其他外部信息进行独立、客观、审慎的分析评价而成。本人已充分分析了相关风险因素,没有虚假记载、误导性陈述或者重大疏漏。

项目申报人:

授信申请人:A 医药有限公司

申请授信方案:人民币 1 500 万元整,国内有追索权保理。

授信属性分类:(省略)

一、授信申请人与我方的关系

1. 授信人是我方新开发客户,目前没有其他保理业务品种的授信来往。

2. 授信资料核实情况说明。

(1) 完整性审查。已取得公司授信资料的复印件与原件核对一致并双人签名负责。申请人已在所有提供的复印件上加盖公章,同时已将该客户信息录入我方的授信风险管理系统中,信息录入基本齐全、完整、准确。

(2) 合规性审查。申报材料之间钩稽关系一致,内容无明显不合理或不符合我方规定,重要材料印章清晰,营业执照、代码证、税务登记证、贷款卡均已年检。公司于 2010 年 3 月 17 日获得营业执照,2013 年度已年检;组织机构代码证 2013 年已年检,有效期为 2011 年 6 月 21 日至 2020 年 1 月 10 日;税务登记证发证日期为 2013 年 9 月 24 日;申请人贷款卡于 2014 年 2 月 21 日查询显示状态正常,已年检;申请人提供了 2011、2012、2013 年的年度未审计报告及银行对账单、纳税申报表、发票证明。

- **二、授信申请人基本信息**

  1. 申请人基本情况

企业名称	A 医药有限公司	所属行业	药品批发
注册地址	省略	实际办公地址	同注册地址
成立日期	2010 年 03 月 17 日	公司类型	有限责任公司(自然人投资或控股)
经营期间(成立日~经营终止日)	2010-03-17 至今	营业执照最近年检时间	2013 年 05 月 02 日
注册资本(万元)	500	实收资本(万元)	500
法人代表	王建华	从事本行业年限	13 年
实际控制人	王建平	从事本行业年限	13 年
实际控制人及配偶/子女国籍	中华人民共和国	是否上市	否	股票代码	
实际控制人与法人代表不一致的原因			

A 医药有限公司 2010 年 3 月成立,注册资金人民币 500 万元。申请人主要经营范围:批发中成药、化学药原料药、抗生素、生物制品(除疫苗、血液制品)。销售:Ⅱ、Ⅲ类医疗器械(在医疗器械经营企业许可证核准的经营范围内经营)。体外诊断试剂。申请人已于 2010 年通过 GSP 认证。

申请人企业办公面积约 380 平方米,相关办公配套齐全,企业仓库面积约 820 平方米。

申请人企业医院纯销比例为 70%,上游制药商比例为 50%,目前在销药品覆盖儿科、妇科、内科以相关手术科室。其中销售的 30 多个药品是省级总代理商。吡拉西坦氯化钠注射液、注射用尖吻蝮蛇血凝酶、大株红景天胶囊、注射用头孢西丁钠、奥拉西坦注射液、注射用细辛脑等为总代理药品中的畅销品。

申请人企业在招标流程的执行上成立了一支专业的招标小组成员,以保证公司产品在各地具备较好的市场准入基础。

2. 股权结构情况

股东名称	持股比例(%)	出资金额(万元)	出资形式	与申请人是否存在关联交易	备注(说明股东之间、股东与实际控制人之间关系)
王建华	51	255	货币	否	实际控制人王建平是王建华弟弟
李 萍	49	245	货币	否	

(1) 股东背景介绍。申请人企业现有股东王建华、李萍两名,聘任总经理刘一凡。公司实际控制人王建平与王建华是姐弟关系,公司主要的经营管理由王建平支配。

❖ 实际控制人王建平简介:

王建平,男,汉族。1964年生,硕士研究生学历。

1988~1990年,××省制药厂宣传科。

1990~2009年,××省公路公司。

2009~2010年,××市医药有限公司药品批发部负责人。

2010年9月—2013年,A医药有限公司法人代表。

王建平多年从事医药市场工作,在医药行业有一定地位,能拿到稀缺药品代理权,与大型公立医院关系非同一般,销售渠道稳定。目前是××医药股份有限公司高管。

❖ 法人代表王建华简介

王建华女士,生于1961年,大学本科学历。

1978~2000年,××集团办公室行政管理工作。

2000~2009年,××医药有限公司。

2009~2010年,××医药有限公司药品批发部。

2010~2013年,A医药有限公司办公室行政经理。

2013年8月至今,出任A医药有限公司法人代表。

王建华女士有10年以上公司管理及医药行业的工作经验,有决策管理和驾驭市场的能力,无不良信用记录。

❖ 股东李萍简介

李萍,女,生于1964年7月26日,会计专业大学本科学历。

1986~2001年,就职于××制药厂。

2001~2009年,就职于××医药有限公司药品批发部。

2010年至今,A医药有限公司。

(2) 股权变更情况。申请人企业2010年成立初始由张惠、梁竞两个股东各出资50万元人民币创办,几个月后因经营不善,将公司转让给王建平。王建平与任小玲等6人原是××医药有限公司药品批发部负责人及员工,后离开合资接手A医药公司。2012年现任大股东李萍买下宋建军等3人的股权,占股50%,公司股权进一步收拢。2013年,公司销售渠道基本固定在由王建平和李萍打通的几家甲级医院和大药房,股权收拢在王建平和李萍手上,因王建平被××医药股份有限公司聘为高管,故将法人代表和股权记在其姐姐王建华名下,但A公司的实际控制人仍为王建平。

	日期	股东名称	股权比例(%)	出资形式	出资金额(万元)	验资情况(实缴/未缴足)
成立时	2010年3月	张 惠	50	货币	50	实缴
		梁 竞	50	货币	50	实缴
第一次变更	2010年6月	王建平	45	货币	45	实缴
		宋建军	10	货币	10	实缴
		刘 燕	5	货币	5	实缴
		姚俊徽	5	货币	5	实缴
		孙虞骁	5	货币	5	实缴
		任小玲	30	货币	30	实缴
第二次变更	2012年8月	王建平	15	货币	15	实缴
		任小玲	30	货币	30	实缴
		孙虞骁	5	货币	5	实缴
		李 萍	50	货币	50	实缴
第三次变更	2013年5月	王建华	51	货币	51	实缴
		李 萍	49	货币	49	实缴
第四次变更	2013年12月	王建华	51	货币	255	实缴
		李 萍	49	货币	245	实缴

(3) 主要子公司情况。

申请人暂无分公司和子公司。

3. 主要管理层情况

申请人企业主要管理工作由股东亲自承担。无"股东-管理层"矛盾,管理层为家族企业模式,稳定性强,意见易于统一,矛盾易于化解,各管理人员行业经验丰富。

4. 其他重要事项说明

经查询"全国被执行人信息系统",没有发现有关申请人的信息。

三、申请人生产经营情况

1. 经营模式

申请人企业经营模式属于医药直销,即通过上游供应商(药厂或流通企业)拿到药品,将药品直接配送至医院/药店终端的模式。

❖ 药品采购流程图:

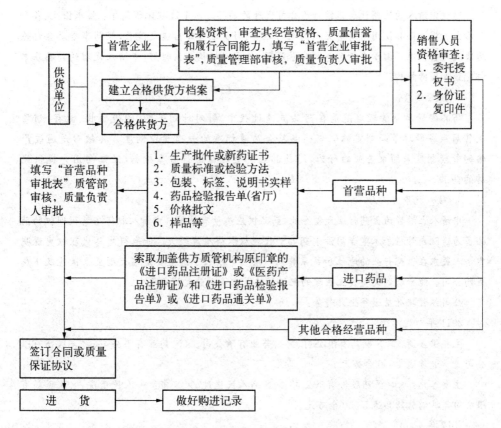

❖ 申请人与医疗机构的具体交易流程如下(也是目前省内医疗采购的主要流程):

(1) 医疗机构根据本单位的药品使用目录编制采购计划,签订采购合同,明确采购的品种和数量(若需采购罕见病用药、临床上用量少和管制的药品等,还应向省级药品采购管理部门申报)。

(2) 药品生产企业、经营企业在联系医疗机构、药品生产经营企业、政府监管部门的第三方——药品集中采购平台上填写相关信息,管理部门对其信息进行审核并公布审核结果。医疗机构和管理部门组织药品评价和遴选,确定入围企业和药品,并在平台上公示药品集中招标采购结果。

(3) 价格主管部门审核入围的药品价格,然后公布入围品种、采购价格、零售价格等信息。

(4) 医疗机构在确认本单位的药品种类和数量之后与生产企业或受委托经营企业签订购销合同,然后按合同规定送货。申请人属于医疗机构认可的药品经营配送企业,为医院配送生产企业药品和申请人代理的药品。

❖ 申请人采用的第二种销售模式如下:

通过申请人的医药代表推销自己公司代理的药品。这个流程比较简单:临床医生、各科门诊大夫提出药品使用申请单交到药剂科,药剂科批准签字后提交院长,经药事委员会讨论后决定是否批准。由于申请人个人背景原因,与医疗机构关系较好,申请人代理的药品基本都能销入医疗机构。

2. 经营资质

药品经营质量管理规范是在药品流通过程中,针对计划采购、购进验收、储存、销售及售后服务等环节而制定的保证药品符合质量标准的一项管理制度。其核心是通过严格的管理制度来约束企业的行为,对药品经营全过程进行质量控制,保证向用户提供优质的药品。

3. 核心竞争力

申请人上游皆为医药行业大型企业,药品供应质量有保障。申请人取得省总代理权的药品多为医院内外科手术室专用注射药品。代理权取得难度较大。能取得省总代理权更说明申请人股东在医药行业的地位和关系非同一般。申请人下游主要是省大型公立医院及下属医药公司。能争取到大型公立医院的配送资格是申请人最大的竞争力。

公司经营状况呈逐年上升趋势:

2011年

主要供应商:××制药有限公司、××药业有限公司、××药业有限公司、××医药有限公司等。进货达4 000余万元。

主要客户:××医药股份有限公司、××省人民医院、××市第一人民医院、××医药有限公司等。销售药品达5 000余万元。

2012年

公司新增器械部,主要销售Ⅱ、Ⅲ类医疗器械。新开发十余家大客户。

年总销售额达7 000余万元。

2013年

截至2013年10月,申请人向供应商进货达3 600余万元,向客户销售药品5 500余万元。签订购销合同金额3 200余万元,销售年底突破亿元。

可见,申请人企业运营能力和盈利能力较强,信誉度高,发展前景可观。

4. 主导产品

申请人企业销量前五位的药品如下：

产品名称	销售量		销售收入（万元）		同比增长（%）	毛利率（%）
	上年	本年1~12月	上年	本年1~12月		
吡拉西坦氯化钠注射液	493 440	36 000	1 466	107	19	6.5
接骨七厘片	82 400	3 600	330	14.4	16	9
注射用头孢呋辛钠	900 000	45 000	666	33	14	5.7
注射用脑蛋白水解物	259 200	26 400	902	91.85	32	6.9
注射用氨曲南	650 000	45 000	1 847	128	11	8

❖ 申请人是吡拉西坦氯化钠注射省级独家总代理，国家专利20年保护通用名。西药、神经系统用药主要用于专科医院（门诊）、医院临床。适用于急慢性脑血管病、脑外伤、各种中毒性脑病等多种原因所致的记忆减退及轻中度脑功能障碍。主要供应商是××生物医药有限公司（产品覆盖全国15 000多家医院）。

❖ 上游供应商情况（2013年前五家）：

供应商名称	供应产品	合作年限（年）	2013年采购总额（万元）	账期
××医药有限公司	前列地尔注射液	长期	1 200	2个月
××医药有限公司	注射用红花黄色素	长期	750	2个月
××医药有限责任公司	脾多肽注射液	长期	1 200	1个月
××药业有限责任公司	接骨七厘片	长期	300	1个月
××制药有限公司	单唾液酸四己糖神经节苷脂钠注射液	长期	500	1个月

申请人药品采购有其固定渠道，采取同时与药品贸易公司和生产型公司合作的采购战略，50%的供应商为国内知名制药公司，使其药品供应量和药品质量得到充足保障，申请人对供应商的产品议价能力较强。

医院购置药品最多允许经销商在药品原价上涨幅15%，申请人2013年利润在10%左右，说明申请人对上下游产品的销售价格有一定的谈判能力。

5. 下游买方情况

买方名称	供应产品	合作年限（年）	2013年销售总额（万元）	账期	上年应收账款（万元）
××医药有限公司	注射用红花黄色素	长期	4 881	6～10个月	2 500
××省人民医院	单唾液酸四己糖神经节苷脂钠注射液	长期	1 500	6～10个月	1 000
××医院	前列地尔注射液	长期	500	6个月	500
××市第一人民医院	脾多肽注射液	长期	930	6个月	930
××医药有限公司	接骨七厘片	长期	300	3～6个月	300

注：表中数据为申请人提供的模糊数据。

申请人药品采购后直销第一终端和第二终端，中间费用很少；下游买方以大型公立医院为主，其需求量大，回款有信誉保障；下游买方实力强大，申请人凭借其在医药行业的社会背景，有十分强大的议价和固定销售渠道的能力。

申请人此次保理的买方为省内三甲公立医院。以下对各买方的基本情况进行介绍（省略）。申请人下游二级及以上的医院占比70%，其应收账款也集中在此类医院。因此，申请人应收账款数量大，回收期较长，但下游单位信誉卓著，暂欠款的回收非常有保障。虽然申请人对下游的控制力不强，但因股东和下游法人代表的特殊社会背景，其销售渠道稳健，销量有保障，相比同行业其他企业，申请人优势明显。

6. 行业竞争能力

申请人主营医药品及医疗器械批发销售，属于医药流通行业，主营产品为中成药及注射剂。

（1）行业发展状况。医药行业兼具弱周期和消费升级的双重特点，受经济周期波动较小，同时属于国家重点支持行业，成长性较好，体量也较大，盈利能力稳定，同业竞争尚不激烈，具有一定的可开发金融价值。同时，医药流通处于医药产业链的中间环节，现金流、物流、信息流和商流均在这个环节上形成聚集，通过介入医药流通环节，有利于掌握上游生产环节需求情况，对于向产业链上游扩展，为我方介入药厂提供了较好的信用评价指标，也使得风险防控有了切入点。

（2）行业发展周期。该行业操作模式开始趋于稳定，新进入企业增多，要求企业具有终端网络覆盖及储运成本的优势，但尚无任何企业可以主导该行业，没有任何势力和企业趋于寡头垄断地位，该行业现处于成长期。

（3）行业进入及退出壁垒。进入该行业仅需通过药品质量规范及仓储空间，经营上的重点是打通上下游供应渠道，资金成本要求不大，属于进入壁垒较低的行业。

相应地，该行业退出时不存在专业化的固定资产清算，且其人工用量不大，没有政府相关退出限制，综合来看，属于退出壁垒较低的行业。

（4）申请人自身优势。

❖ 申请人上游皆为医药行业大型企业，药品供应质量有保障。申请人取得省级总代理权的药品多为医院内外科手术室专用注射药品，代理权取得难度较大，能取得省级总代理权更说明申请人股东在医药行业的地位和关系非同一般。申请人省级总代理药品有吡拉西坦氯化钠注射液、注射用尖吻蝮蛇血凝酶、大株红景天胶囊、注射用头孢西丁钠、奥拉西坦注射液、注射用细辛脑等30多种医院临床注射液。其中吡拉西坦氯化钠注射液三年来由申请人独家销售至省人民医院。

❖ 目前，该省医院药品招标采取"一品两规"的政策，即相同功效的药品只采购两家医药公司的产品规格。申请人在该省总代理的医院临床注射液都在三甲医院药品招标目录，因此申请人有这类注射剂对医院的独家垄断销售资格。申请人下游主要是省大型公立医院及下属医药公司等。

❖ 管理层有10年以上的从业经验，与下游终端有长期的合作历史和私人关系。

❖ 药品质检验收小组均具备药剂师资格。

❖ 仓储面积（820平方米）和温度、分类储物管理都符合医药流通库房标准。

❖ 与下游买方有相当牢固的合作关系，纯销比例为70%，上游制药商比例为50%。

7. 投资计划及发展战略

申请人企业近期将入驻下游大客户同一栋办公楼，便于同两大公司的贸易往来。申请人企业也将扩宽代理药品种类，特别是利润非常高的医疗器械类。

四、申请人银行信用状况

1. 总体信用情况

贷款卡号		密码		查询日期	2014年02月21日		
未结清信贷信息（万元）	贷款	银行承兑汇票	保理	国际信用证	国内信用证	保函	其他融资
	0	0	1500	0	0	0	0
未结清不良信贷信息							
已结清不良信贷信息							

续　表

对外担保信息	被担保人名称	是否为关联企业	担保金额(万元)	被担保人预警或不良等负面信息
	合　计			
贷款卡信息异常情况说明	无			

2. 其他金融机构现有融资情况

贷款行	授信额度(万元)	主要融资品种	已提用金额(万元)	担保方式
××银行	1 500	保理融资	1 500	应收账款
××银行	1 100	票据贴现	1 100(结清)	
合　计				

五、申请人财务状况

1. 报表采用说明

申请人 2010 年成立，暂无分支机构和子公司，提供了自成立以来的未经审计的报表，并提供了部分销售发票、采购发票、税务证明及银行流水作为报表佐证。增值税纳税申报表上显示申请人 2013 年按适用税率计税销售额为 11 855 万元。由于申请人在××银行和税务局提交报表时均没有被要求提供现金流量表，故申请人企业从未制作现金流量表。

由申请人提供的××银行对账单显示，申请人至少与全国 70 家医药机构有交易往来。

2. 财务报表科目列示

(1) 资产负债情况

资产负债表　　　　　　　　　　　　　　　　　　(单位：万元)

科　目	2011	2012	2013	说　明
资产总额	2 748.71	4 482.76	6 299.14	
流动资产合计	2 719.08	4 455.44	6 281.09	
货币资金	268.27	449.51	21.06	
交易性金融资产	0.00	0.00	0.00	

续表

科　目	2011	2012	2013	说　明
应收票据	0.00	0.00	0.00	
应收账款	2 149.85	3 275.28	5 542.39	大部分是××医药公司、省人民医院和××市一医的应收账款
其他应收款	3.26	299.24	369.25	
预付款项	0.00	0.00	0.00	
存货	254.26	431.41	348.39	主要为医疗器械,药品保质期短基本上药品存货周期非常短
长期投资	0.00	0.00	0.00	
投资性房地产	0.00	0.00	0.00	
固定资产	29.63	27.32	18.04	
在建工程	0.00	0.00	0.00	
工程物资	0.00	0.00	0.00	
无形资产	0.00	0.00	0.00	
长期待摊费用	0.00	0.00	0.00	
负债总额	1 940.73	2 997.87	3 310.45	
流动负债合计	1 940.73	2 997.87	3 310.45	
短期借款	800.00	2 100.00	2 100.00	××银行1 500万元的保理和另外一家银行600万元的个人贷款
应付票据	0.00	0.00	0.00	
应付账款	359.95	180.79	428.67	
预收款项	0.00	0.00	0.00	
应付职工薪酬	0.00	0.00	0.00	
应交税费	0.00	0.00	0.00	
其他应付款	18.12	99.98	202.03	
一年内到期非流动负债	0.00	0.00	0.00	
长期借款	0.00	0.00	0.00	
应付债券	0.00	0.00	0.00	

续 表

科 目	2011	2012	2013	说 明
长期应付款	0.00	0.00	0.00	
专项应付款	0.00	0.00	0.00	
其他非流动负债	0.00	0.00	0.00	
股东权益合计	807.98	1 484.89	2 988.68	
实收资本	100.00	100.00	500.00	
资本公积	100.00	100.00	100.00	
盈余公积	0.00	0.00	0.00	
未分配利润	607.98	1 284.89	2 388.68	
少数股东权益				
财务指标				
资产负债率	70.61%	66.88%	52.55%	资产负债率逐年递减
流动比率	140.11%	148.62%	189.74%	
速动比率	127.00%	134.23%	179.21%	
应收周转天数	77.80	132.05	148.70	
应付周转天数	24.44	30.19	24.62	
存货周转天数	17.26	38.28	31.50	

注：短期借款中有一笔600万元的××银行贷款，是该银行对申请人所有中层及以上管理层以房产为抵押的批量授信贷款，贷款期限2年。

根据财务报表及财务指标，其财务运行较为稳健。申请人自2010年成立开始从事医药贸易业务，近三年均实现盈利。申请人近两年（2012、2013年）的销售收入增长率达到了48.68%和44.34%。申请人资产负债率呈逐年降低趋势，2013年底，申请人的资产负债率为52.55%，负债比率合理。

申请人与下游企业相比，体量较小，议价及追账的能力较弱，虽然货物销售量有保障，但应收账款回收期较长。

2. 损益情况

损 益 表 (单位：万元)

科 目	本 部			说 明
	2011	2012	2013	
营业收入	5 042.91	7 497.58	10 821.92	增值税纳税申报表上显示申请人 2013 年按适用税率计税销售额为 11 855 万元。
营业成本	2 688.08	3 269.08	4 517.79	
营业税金及附加	61.62	116.07	176.82	
销售费用	1 664.68	2 937.70	5 009.76	销售费用较高的原因是申请人的医药代表回扣非常高,据申请人内部医药代表称,申请人给出的回扣高于市内同业。
管理费用	0.00	0.00	3.60	
财务费用	73.00	309.07	298.21	
资产减值损失	0.00	0.00	0.00	
投资收益	0.00	0.00	0.00	
营业利润	555.53	865.66	815.74	
营业外收入	68.49	123.82	749.70	
营业外支出	147.30	312.58	461.64	
利润总额	476.72	676.91	1 103.79	
净利润	476.72	676.91	1 103.79	
销售利润率	9.45%	9.03%	10.20%	据××市医药公司的高层反映,申请人可与医疗机构谈到较高的利润。

六、授信用途及还款来源

1. 授信资金用途

申请人的授信资金主要用于支付应付账款、购买已与供应商签订的医药品。目前,上游支付周期是 30～60 天,下游医院应收账款账期平均在 3～10 个月,2013 年底应收账款为 5 542 万元,应付账款、应付票据合计为 428 万元,经营上存在资金缺口。

申请人的上游供应商有50多家，提供了与供应商××生物医药有限公司的长期合同，及××医药有限公司、××医药有限公司、××医药有限公司共计3 100万元尚未结束的药品购销合同证明贷款用途。

2. 还款来源分析

应收账款保理融资是依托买卖双方本来就已经完成的交易，经过双方书面认可，其还款来源相比普通融资业务来说，已经基本落实。

✓ 第一还款来源：申请人主营业务收入。申请人有纳税证明的2013年销售收入有11 855万元。报表显示的主营业务收入为10 821万元。

✓ 第二还款来源：申请人2013年度应收账款5 542万元。申请人提供三甲医院共2 000万以上的应收账款转让给我方。申请人与采购方的货款日常付款周期为3～10个月。根据历史情况，采购方均能按时足额付款，且申请人的采购方均为大型公立医院及医药公司，信用卓著，第二还款来源有充足保障。

3. 保理方案（略）

七、担保分析

本次授信申请的保理融资授信的操作方案为……（此处省略）

该权利转让，实际是以付款方即申请人的采购方的信用作为担保，申请人的主要采购方为大型公立医院，其信誉充分有保障，应收账款回收风险低。且我方拟办理有追索权的保理业务，即应收账款到期后，发生付款方不能及时付款，向付款方追索无效或其他意外情况时，我方仍有权再向申请人公司追索，要求其承担还款责任。

八、授信收益与风险分析

1. 收益分析（略）

2. 风险综合分析

（1）行业风险。

申请人企业是纯贸易流通企业，没有核心生产力，当上游供货商产品质量整体下降时，申请人无法控制这种产业风险，从而可能导致申请人因采购渠道或药品质量原因与下游医院中断交易。

申请人销售量主要依赖下游医院的采购情况，当医疗卫生行业发生政策性变化时，申请人必然受到很大影响。

本次授信采用医院的应收账款，因此该授信最大风险在于医院能否按时回款。应收账款付款人出现经营或财务状况，应收账款未能收回。

（2）财务风险。

该公司经营和盈利能力逐年攀升，负债比例逐年下降，说明企业实际的偿债能力较强，具有一定的抗风险能力。流动比率、速动比率指标较好且保持稳定水平，总体而言，企业整体财务状况良好，财务风险不大。

3. 防范措施

密切关注申请人与上下游的往来交易情况,尤其是与医院的交易。放款前抽查申请人出货情况及医院收货凭证。贷后定期核查申请人各行账户流水以监测医院回款情况、出货单及医院提货单,若发现申请人纯销比率下降明显,应及时收回贷款。

九、授信调查结论

申请人为医药品及医疗器械直销商,通过上游供应商(药厂或流通企业)拿到药品,将药品直接配送至医院/药店终端的模式,终端掌控能力强,毛利率较高,对药品生产企业的价格谈判能力强。申请人上游企业以国内著名药品生产商及上市医药流通企业为主,药品质量有保障。

申请人直销模式符合医改政策导向,未来将成为我国医药流通行业的主流模式。其下游买方以大型公立医院为主,货物需求量大,年销售量有保障,存货量极小。申请人在短短三年时间从100万人民币的注册资金发展到现在1亿多人民币的年销售收入,拿到医院注射类省级总代理药品30多种,并且与各家医院关系密切,申请人的经营及发展趋势较好。

综上,建议授予申请人保理融资额度人民币1 600万元,期限1年,执行我公司保理业务规定的利率及费率,保理融资部分用于支付上游货品采购,担保方式为应收账款权利转让,还款期限以授信期限内应收账款的实际付款期限为准。

第四章 应收账款转让阶段

本章概要
- ◆ 介绍需要客户提供的文件和单据种类;
- ◆ 从应收账款转让与通知的重要性、方式、买方确认等方面介绍应收账款转让通知的办理与确认。

第一节 客户提供的文件和单据种类

一、提供文件和单据的分类

保理业务基于客户买卖双方的真实贸易背景进行,客户提供的有关交易文件和单据是判断和佐证贸易背景真实性的重要依据。此外,合法有效地办理应收账款债权的转让通知手续,是保证保理商对买方拥有货款请求权的基本保障手段。一般而言,客户办理保理业务需要向保理商提供以下三大类文件和单据。

(一) 办理保理融资的融资专用文件

顾名思义,只有需要办理保理融资的客户才需要提供融资专用文件。只需要办理坏账担保、应收账款催收与管理服务的客户则无需提供。

(二）账款转让与通知类文件

通常包括卖方转让应收账款给保理商的《应收账款转让表》，在国际双保理架构下俗称 NTR(Notification of Receivable Transfer)（样本如附表一）；卖方通知买方有关应收账款转让给保理商的《应收账款转让通知书》（样本如附表二），在国际双保理业务中俗称《介绍信》(Introductory Letter)（样本如附表三），只在首次办理业务时提交；以及如果需要每次都通知买方账款转让的《应收账款转让通知书（明细表）》（样本如附表四）等。

(三）交易类的文件

这类文件因业务种类（国际、国内保理）和行业特性，包括客户是否办理融资的不同而有所不同。

对于第一类和第二类文件，各家保理商都有自己专用的模板，只需知道文件的大致用途。第三类文件通常是保理商审核的重点，也是保理商决定是否接受转让、办理业务的关键。本书第五章将对审核单据的要点和发现不符点的处理进行详尽的介绍。

二、交易类单据

交易类单据在国际与国内贸易中有很大的不同，而且国内保理交易使用的单据在各行各业、各地区都存在差异。以下仅以出口保理和国内保理（货物贸易）为例，简单介绍通常会涉及的单据种类。

(一）出口保理

通常情况下，出口保理商会要求客户提供商业发票、货运单据（包括但不限于提单、空运单据、货代收据、快递单据等）、贸易合同/订单、报关单等，个别保理商还会基于贸易合同的约定，要求提供其他单据。例如，公证单位的质检报告、原产地证明等等。

1. 发票

发票(Invoice)通常是指出口商业发票(Commercial Invoice)，它是在货物出运时，卖方开立的载有货物名称、数量、价格等内容的价目清单，作为买卖双方交接货物和结算货款的主要单证，也是进出口报关完税必不可少的单证之一。

出口商业发票并没有统一的格式规定，但主要项目基本相同。出口商业发票主要包括：发票编号、签发日期、合同/订单编号、收货人名称、运输标志、商品的名称、规格、数量、包装、单价、总值和结算条件等内容。在国际保理业务实践中,保理商会要求出口商在发票上记载应收账款转让的有关字句(操作暗保理业务除外)。

发票的作用如下:① 发票是交易的合法证明文件。② 发票是买卖双方办理报关、纳税的计算依据。③ 发票是出口人缮制其他出口单据的依据。总而言之,发票的主要作用是供进口商凭以收货、记账、支付贷款和作为报关纳税的依据。

出口商业发票(参考样本)

ISSUER XXX CO., LTD. xxxxxxxx, SHANGHAI, CHINA	商业发票 **COMMERCIAL INVOICE**	
TO XXX CORPORATION. xxxxxxxx, KOREA	NO. XXX	DATE XX, XX, XXXX
TRANSPORT DETAILS FROM SHANGHAI, CHINA TO BUSAN, KOREA BY VESSEL	ORDER NO. XXX	
	TERMS OF PAYMENT OPEN ACCOUNT (O/A) 90 DAYS FROM B/L DATE DUE DATE: XX, XX, XXXX	

Marks and Numbers	Number and kind of package Description of goods	QUANTITY	UNIT PRICE	AMOUNT
JUN SEOUL C/NO. 1-100	90,000 PAIRS OF BABY'S COTTON SOCKS ART. NO: BCS 003 AT USD1.00/PAIR CIF BUSAN INCOTERM 2000 AS PER S/C NO. 787878.	100 CARTONS	USD 1.00/PAIR CIF BUSAN	USD 90,000.00
TOTAL		90,000 PAIRS		USD 90,000.00
SAY TOTAL	SAY U.S. DOLLARS NINETY THOUSAND ONLY			

REMARKS: WE HEREBY STATED THAT THE GOODS ARE OF CHINESE ORIGIN AND ALL THE DATES ON THE INVOICE ARE TRUE AND CORRECT.
VESSEL: YIXIANG BK9001

2. 货运单据

为了保证进出口货物的安全交接,在整个运输过程中需要编制各种单据,包括但不限于提单、空运单据、货代收据、快递单据等。这些单证各有其特定的用途,彼此之间又有相互依存的关系。它们既能把运输工具(船舶、飞机)、港口机场、货物等各方联系在一起,又能分清各自的权利和业务。实际业务中会遇到以下主要的货运单证。

(1) 托运单(BOOKING NOTE)

托运单(BOOKING NOTE,B/N)俗称下货纸,是托运人根据贸易合同和信用证(如有)条款内容填制的,向承运人或其代理办理货物托运的单证。承运人根据托运单内容,并结合船舶的航线、挂靠港、船期和舱位等条件考虑,认为合适后,即接受托运。

(2) 装货单(SHIPPING ORDER)

装货单,是接受了托运人提出装运申请的船公司、航空公司,签发给托运人的用以命令船长将承运的货物装船的单据。它既能用作装船的依据,又是货主用以向海关办理出口货物申报手续的主要单据之一,所以又叫关单。对于托运人来讲,它是办妥货物托运的证明;对船公司或其代理来讲,它是通知船方接受装运该批货物的指示文件。

(3) 收货单(MATES RECEIPT)

收货单(MATES RECEIPT,M/R),是指某一票货物装上船后,由船上大副(Chief Mate)签署给托运人,作为证明船方已收到货物并装上船的凭证。所以,收货单又称大幅收据或大副收单。托运人取得了经大副签署的收货单后,可以凭此向船公司或其代理人换取已装船通知。大副签署收货单时,会认真检查货物的外表、货物标志、货物数量等情况。如果出现货物外表情况不良、标志不清,有水渍、油渍、数量短缺、货物损坏等情况,大副会将这些情况记录在收货单上。此记载被称为"大副批注"。

(4) 海运提单(BILL OF LADING)

海运提单是承运人收到货物后出具的货物收据,也是承运人所签署的运输契约的证明。提单还代表所载货物的所有权,是一种具有物权特性的凭证。提单持有人可据以提取货物,也可凭此向银行押汇,还可在载货船舶到达目的港交货之前进行转让。

(5) 装货清单(LODING LIST)

装货清单是承运人根据装货单留底,将全船待装货物按目的港和货物性质归类,依航次、靠港顺序排列编制的装货单汇总清单,其内容包括装货单编号、货名、件数、包装形式、毛重、估计尺码及特种货物对装运的要求或注意事项的说明等。装货清单是船上大副编制配载计划的主要依据,也是供现场理货人员进行理货、港方安排驳运、进出库场以及承运人掌握情况的业务单据。

3. 贸易合同/订单

贸易合同又称契约或合约,是进出口双方当事人依照法律通过协商,就各自在贸易上的权利和义务所达成的具有法律约束力的协议。订单相当于一种格式比较简单的合同。二者的区别在于：订单所约定的买卖双方的权利义务基本是约定俗成的,用于买卖不确定因素较少的产品,譬如公司向办公用品供应商下个订单买5箱打印纸。而合同用于有很多条款需要双方约定的产品或服务,譬如公司向系统集成商购买一套财务管理系统,购买的项目可能包括硬件、软件、安装和培训等内容,以上项目的交付、付款和售后服务等条款需要双方订立购买合同来约定。这仅靠一张订单是不能满足要求的。

4. 报关单

进出口货物报关单是指进出口货物收发货人或其代理人,按照海关规定的格式对进出口货物的实际情况做出书面申明,以此要求海关对其货物按适用的海关制度办理通关手续的法律文书。它在对外经济贸易活动中具有十分重要的法律地位。它既是海关监管、征税、统计以及开展稽查和调查的重要依据,又是加工贸易进出口货物核销,以及出口退税和外汇管理的重要凭证,也是海关处理走私、违规案件及税务、外汇管理部门查处骗税和套汇犯罪活动的重要证书。

(二) 国内保理(货物贸易)

1. 增值税专用发票

增值税专用发票是由国家税务总局监制设计印制的、只限于增值税一般纳税人领购使用的,既作为纳税人反映经济活动中的重要会计凭证,又是兼记销货方纳税义务和购货方进项税额的合法证明。增值税专用发票是增值税计算和管理中重要的决定性的合法的专用发票。

2. 货运单据

货运单据通常是证明卖方有实际出货行为的单据。保理商一般会要求提供第三方物流公司出具的货运单据,但各行业、区域并没有规范性的样本。国内铁路货运单不是铁路承运人收到货物的证明,有货运单据并不足以证明确实发货;水路运单则可以证明确已发货。

3. 出库单/入库单/验收单据/结算单/签收单

通常情况下,货运单据往往是第三方提供的运输单据,具有更强的贸易背景佐证能力;如果没有第三方单据,保理商有时也会要求出具出库单、入库单、验收单据、结算单或签收单代替。出库单为卖方提供,入库单/验收单据/签收单等为买方提供。这些单据都是买卖双方自制的单据,没有规定样板。

4. 贸易合同/订单

与国际贸易合同相比,国内贸易合同在规范性方面存在一定差距,也带有较大的随意性,对合同的严肃性认识不足,也不够尊重,给保理的审单工作带来一定挑战。尽管如此,一些基本的必要约定通常不会在合同中缺失,此处就不再赘述。

第二节 应收账款转让通知的办理与确认

一、应收账款转让与通知的重要性

我国《合同法》规定,以下三种情形应收账款债权不能转让:① 根据合同性质不得转让的债权。② 根据当事人约定不得转让的债权。③ 根据法律规定不得转让的债权。应收账款债权的可转让性是保理商开展保理业务的前提条件,如果保理商接受的债权是不可转让的债权,无法对买方取得合法的货款请求权,也就无法以自身名义实现债权的有效索偿。保理融资失去了自偿性,与一般的流动资金贷款就没有本质上的区别了。因此,保理商在办理业务时一定要审慎核查买卖双方的商务合同有没有禁止债权转让的规定。

另外,根据我国《合同法》第八十条的规定,债权人转让债权的,应当通知债务人。未经通知,该转让对债务人不发生效力。债权人转让权利的通知不得撤销,但经受让人同意的除外。换句话说,债权人(卖方)将债权转让通知债务人(买方)后,该转让对债务人发生了效力,债务人对受让人(保理商)就负有清偿债务的义务;同样地,如果债权人转让债权并没有通知债务人,尽管债权人转让债权(给保理商)的转让行为有效,但保理商对债务人并没有要求支付货款的权利,也就失去了保理融资的第一还款来源。上述债权转让通知债务人的要求是国际上主流的规定;也有少数国家(地区)规定,对债权转让必须得到债务人书面同意才确认生效;个别国家甚至还规定,原始债权人或受让人必须在指定部门或平台办理转让登记后,债权的转让才对债务人产生效力。

基于确保保理业务的自偿性为了降低保理融资的风险,依据国家相关法律规定办理应收账款的转让和有效通知的重要性可见一斑。

二、应收账款转让通知的方式

除了明确规定一定要由原债权人通知债务人外,我国对应收账款债权转让通知的形式并没有进行详细规定,保理实践中也就产生了多种不同方式。主要是基于保理商是否参与办理债权通知、债权通知文件的形式、递送债权通知的途径和方式、递送是否有签收回执、买方是否有签章确认等进行不同的组合。以下就常见的通知方式进行介绍。

(一)国内保理的债权转让通知方式

1. 卖方将《应收账款转让通知书》寄发买方

卖方将保理商提供的《应收账款转让通知书》内容,以带有公司完整名称和地址的函头纸,加盖公章,直接寄送并通知买方。《应收账款转让通知书》是一份关于卖方与保理商开展保理业务合作,将现在及将来对买方的应收账款转让给保理商,要求买方将货款支付到保理商指定账户的概括性通知,在首次办理保理业务时使用。通知中通常会注明保理业务和付款安排的起始生效日,如果没有明确地载明日期,就以《应收账款转让通知书》落款的日期为准。这样的通知方式,保理商既没有参与、买方也没有任何签收与确认,在办理手续上最简便。但因为保理商全程没有参与,同时只是将概括性的债权通知了买方,对保理商而言,操作风险也是最高的。

2. 卖方在发票上注记"应收账款债权转让通知"

卖方在给买方入账的发票上注记"应收账款债权转让通知"的字句(参考字句样本如附表五),在国际双保理架构下,一般统称 Assignment Clause(参考字句样本如附表六),于发货时一同送交买方或发货后一段时间再寄给买方。由于发票是买方入账的凭证,理论上只要买方承认有这张发票(例如,显示于双方认可的对账单明细上或买方的应付账款科目明细中),债权转让的通知就可以推定为有效送达到了买方。关于"应收账款债权转让通知"的字句,有些保理商要求卖方直接缮写打字在发票上或预先刻成印章直接盖用在发票上;也有部分保理商将字句制作成可粘贴的标贴,提供卖方使用。由于保理商接收到的转让文件通常是复印件(保理商代替卖方寄送发票原件给买方,在多数情况下是不现实的),所以,无论采取何种方式,必须确保同样的应收账款债权转让通知的字句出现在每一张转让发票的每一联上。这种通知方式对于保理商来说,比第一种通知方式安全性高,诚信卖方的操作成本也不高。不过我国各地交易使用的各式发票规格不一,能够记载转让通知字句的空间有时确实很有限;再则,个别税务机关对于在发票上记载其他文字持反对态度,所以,实务中偶尔会遇到一些执行的障碍。

3. 综合采用第一种和第二种方式

卖方将《应收账款转让通知书》加盖公章后,提交给买方,并在发票上注记"应收账款债权转让通知的字句"。这是第一种和第二种的结合,不再赘述。

4. 采用第三种方式时要求买方签收《应收账款转让通知书》

卖方将《应收账款转让通知书》加盖公章后提交给买方,同时要求签收确认,并在发票上注记"应收账款债权转让通知"的字句。这是在第三种通知方式的基础上,加上要求买方签收确认《应收账款转让通知书》的环节。

5. 卖方将《应收账款转让通知书(明细表)》寄发买方

卖方将保理商提供的《应收账款转让通知书(明细表)》,以带有公司完整名称和地址的函头纸,加盖公章后直接寄送并通知买方。《应收账款转让通知书(明细表)》是在《应收账款转让通知书》的基础上,加上记载每笔转让应收账款的明细,使得转让通知的内容更加明确,也可以起到与买方对账的效果。与《应收账款转让通知书》只在首次办理业务时候使用的情况不同,由于含有应收账款明细,《应收账款转让通知书(明细表)》在每次办理业务时都必须使用。

6. 采用第五种方式时要求买方签收确认

卖方将保理商提供的《应收账款转让通知书(明细表)》,以带有公司完整名称和地址的函头纸,加盖公章后提交买方,并由买方签收确认。这是在第五种通知方式的基础上,加上买方签收确认的要求。

7. 综合采用第二种和第六种方式

卖方将保理商提供的《应收账款转让通知书(明细表)》加盖公章后,提交买方并由买方签收确认,并且在给买方入账的发票上注记"应收账款债权转让通知"的字句。这种转让通知方式是第二种和第六种的结合。

以上七种通知方式基本上都是由卖方自行、单独办理,手续的简便或繁杂程度虽有不同,但设计理念是建立在相信卖方资力与诚信的基础上,比较适用于优质客户。

8. 保理商介入以上各种通知

如果不计算成本,理论上保理商都可以介入以上各种通知的方式,与卖方共同办理;如此,又演变出多种不同的通知方式,在此不再一一列举。

9. 保理商代为寄发债权转让文件给买方

卖方准备加盖公章的相关债权转让通知书等文件,交由保理商直接代为寄发,留存邮局/快递公司回执联正本。保理商可以提前核查债权转让文件是否满足要求,同时将回执证明作为通知的证据。

10. 债权转让文件公证后寄发

卖方准备加盖公章的相关债权转让通知书等文件,由保理商陪同到公证处办理公证送达;债权转让文件经过公证后,由邮局 EMS 或快递公司人员在公证员面前封存与寄送。通过公证送达方式,既可以举证通知的内容,也可以确认债权转让通知的送达。

11. 债权转让文件由买方盖章确认

卖方准备加盖卖方公章的相关债权转让通知书等文件,由保理商陪同卖方直接到买方处所,经由买方盖章确认转让事宜。

12. 签订三方书面协议

保理商通过与买卖双方签订相关协议,明确规定有关应收账款确认和通知的方式和流程,并按照该协议的规定履行相关程序。这是由三方共同参与协商制定,买方用书面做出了明确同意应收账款债权转让的意思,只要按照协议的方式和流程办理,债权转让的通知对买方就产生效力。此处提到的三方书面协议也可以电话或视频会议形式存在,但必须录音录像,留存记录以兹证明。

(二)办理应收账款转让通知注意要点

1. 实地核查与抽查

由卖方单独办理的通知方式中,无论采用哪一种方式,首次办理保理融资前,都应该实地核查原件是否与收到的复印件相符;在以后的配合中,坚持不定期、随机性抽查,防止造假。同时,保理商具体实施核查与抽查的人员,不宜由市场人员单独办理,必须有风险或审单的人员陪同,并且主导工作的进行。

2. 仔细核对债权转让通知文件

无论是卖方单独办理、保理商代为寄送或陪同办理,都必须仔细核对债权转让通知文件记载的收件人名称、地址是否与项目核定的完全相符,避免因使用简称而造成争议或错误。同时,寄送的地址和收件人最好事先商定,不要由卖方单方自由选定,并留下收件人的联系方式。其中,寄件地址应该是以下地址之一:买方法定注册地址、交易合同上约定的联络或发票单据寄送的地址、合同上落款的买方地址(合同没有对联络地址进行约定时)等。收件人一定要标示买方公司名称和部门,不要只是以个人名义为收件人;跟随公司部门名称之后的个人联络人最好至少是财务、会计、采购等部门负责人及以上人员,防止无权人的无效办理(例如,将通知文件寄送给采购部门的普通经办)。

3. 经由公开渠道查询并核实买方联系方式

在办理首笔保理融资前,必须经由公开渠道查询买方联系方式,致电前台接待人员,核实选定的联系人是否是该公司员工、职务是否相符等;如相符,主动联系说明及确认对方是否知悉关于债权转让通知的安排。

4. 先行完成办理公证送达通知手续

无论是邮局 EMS 还是快递寄送方式,都只能起到凭借签收的回执证明转让文件已送达,无法直接证明送达的内容,这点必须清楚。公证送达不但有送达的确认,也事先留存了公证内容,理论上比较稳妥;但由于采取公证送达方式的项目,可能是因为卖方不愿与买方事先沟通或沟通后买方配合度不高,在保理商不接受暗保理的操作情形下,彼此做出的折中安排。实务中,部分买方对于公证送达的文件,在内部规定上有一定的处理程序,或者感到敏感甚至排斥与拒绝接受,所以,一定要在正式转让应收账款债权、办理保理融资的前一段时间,先行完成办理公证送达通知的手续,留下充足时间观察买方的反应。尽管我国法律没有要求债权转让必须取得买方同意,但如果买方接到公证送达的转让通知后,做出明白的意思表示,拒绝接受债权转让,或表现出卖方单方面的债权转让行为与他无关,一副置之不理的态度时,考虑到买方作为保理融资的第一还款来源,在没有进行进一步沟通说明,取得买方的理解前,暂时不宜强行办理保理融资。

5. 买方公章和签字人合规

各种通知方式中,如有涉及买方签章确认的,原则上可以接受的签章应该是公司公章、法人章、财务章,以及买卖双方交易合同约定的往来印章;签字人最好是财务、会计、采购等部门负责人及以上级别的公司领导。

6. 暗保理模式下保理商留存书面通知原件

对于采取暗保理操作模式的项目,保理商最好要求卖方将加盖公章、以其名义通知买方应收账款转让的书面通知原件留存在保理商的处所;在双方约定的暗保理强制转为明保理操作的条件成立时,由保理商自行或联合卖方将留存的书面通知以亲自送达或公证送达方式通知买方应收账款转让之事实,并取得买方确认或签收回执。

(三)国际保理的债权转让通知方式

国际保理是跨境贸易,除非保理商对于卖方(出口商)的资信或担保措施有足够的信心,否则一般都会选择境外的保理商合作,采取双保理模式来进行操作。由于FCI在国际市场上具有绝对统治地位,在此仅以FCI双保理架构进行介绍。

因为在操作安排上,出口商将应收账款债权转让给出口保理商,出口保理商再将债权转让给境外保理商(进口保理商),进口保理商最终会成为债权受让人并拥有债权。为了确保应收账款转让的合法有效性,让进口保理商能够有权对进口商催收账款、求偿债权,国际保理业务的债权转让通知方式的具体流程与内容主要基于进口保理商当地的法律规定来设计,FCI则提供了基本架构,兹介绍如下。

1. 出口商将《应收账款转让通知书》寄送进口商

出口商在与出口保理商签订出口保理合同后,办理首笔出口保理业务前,必须将进口保理商指定的、实务界一般俗称的《介绍信》(Introductory Letter),也就是国内保理中使用的《应收账款转让通知书》,以公司函头纸签发寄送给进口商,通知进口商关于出口商与保理商合作保理业务的安排,提示将来支付货款到进口保理商指定的银行账户及详细信息。部分进口保理商会要求出口保理商(出口商)必须取得进口商的签收回执或直接将《介绍信》原件先寄给进口保理商,由其代为向进口商提交,以确保债权转让通知的到达。

2. 出口商在商业发票上注记"应收账款债权转让通知"

出口商必须在每一笔出货、提交给进口商的商业发票上(Commercial Invoice)明确注记进口保理商所要求的"应收账款债权转让通知"(Assignment Clause)的字句;如果出口商没有记载要求的字句,进口保理商将免除坏账担保的赔付责任,不可不慎。另外,当出口保理业务与多家不同的进口保理商合作时,由于每一家进口保理商制定的《介绍信》和"应收账款债权转让通知"字句的内容不同,千万不能混用。

3. 出口保理商收到债权转让文件并发送发票信息给进口保理商后再转让账款

出口商出口货物后,将前述《介绍信》(首次)和出口保理商要求的债权转让文件,包括但不限于贸易合同/订单、出口商业发票、出口报关单、提单、装箱单、

Notification of Transfer Receivable(NTR)等提交给出口保理商,向出口保理商转让应收账款;出口保理商在通过审核、接受转让账款后,通过EDI电子资料交换平台发送发票信息(Invoice Message)(样本如附表七)给进口保理商,再将账款转让给进口保理商,完成转让流程。

需要注意的是,进口保理商通常不会对进口商是否签收回执《介绍信》或代为提交《介绍信》作出要求或表态,毕竟合法有效完成债权转让通知进口商是出口方的义务,没有做到,进口保理商是可以免除担保赔付的。在这种情形下,出口保理商基于保障保理融资的安全,可以依据出口商的资信,自行增加类似进口商签收确认的要求,也可与进口保理商协商提供确认债权转让的协助。

另外,在FCI制定的《国际保理通用规则》中,有进出口保理商办理禁止转让账款的权利义务的规范条款;也就是说,国际双保理因涉及不同国家,各国法律规定不同,在自负风险的前提下,给彼此留下业务可操作的空间。

由于《国际保理通用规则》(General Rules for International Factoring,简称GRIF)是保理商在办理国际双保理业务时一项非常重要的参考规则,兹作为《附录一》供读者参考。

三、"买方确认"问题

前面介绍了多种债权转让的通知方式,如果再将一些维度进行再交叉或再细化,还可衍生出许多通知方式,在此不再展开论述。既然债权转让的通知方式对保理业务非常重要,究竟应该采用何种方式呢?从客户(卖方)的角度来说,肯定是越简单越好;从保理商的角度来看,一定希望越有保障越好。从买方是保理融资的第一还款来源来说,能起到"买方确认"应收账款的合法有效转让,负有付款义务的通知方式,应该是保理商的最佳选择。这是一个理论上的结论,未必是业务实践中的结果。主要有以下三个方面的原因。

(一)买方确认的意愿

买方配合确认的意愿不佳或不愿配合,这是主要原因。保理业务中,买方与保理商发生的联系仅仅来自于卖方将应收账款转让给了保理商,除此之外,除了买方刚巧也是保理商的客户,否则,在没有任何授信业务往来的情况下,国内买方一般缺乏配合意愿进行债权转让的确认。

(二)买方确认的方式

这是买方不拒绝配合进行确认时,实际配合中经常碰到的问题。就买方立场而言,当然希望简单,不要麻烦;保理商肯定希望最好是盖用公章、法人签字确认,同时留存印鉴、签字式样。现实中,如果买方地位比较强势,或是比较有规模,或是公司制度完善,通常更难进行有效性的确认。试想一家企业可以随意对外用印章吗?多半需要有具体对公司有利的原因,需要一定的审批流程等。所以,常见保理商在关系可及的范围内、在关系人员授权范围内进行确认的现象,例如财务、会计或采购部门主管。

(三)确认"买方确认"的成本

买方确认债权转让对保理商既然非常重要,那么跟买方确认是否真实有效的重要性就自然不言而喻。如何进行确认买方的确认呢?现行可采取的方法中,由保理商人员或保理商授权指定的律师到买方办公处所进行书面确认,可能是最基本、也是最有保障的方式。当然这是在买方愿意配合的前提下开展的。买方的家数、所在地分布、人员可以配合的时间等,都会影响到保理商有形无形的成本;尤其是当保理商倾向于借由操作对多个买家的账款、分散保理融资风险时,更会碰到这样的问题。

应该选择何种债权转让的通知方式,本来就不是有单一标准答案的命题,它会因为不同保理商的风险容忍度、不同客户(卖方)的谈判地位、卖买双方交易地位、买方自身因素的制约、通知方式的操作不同成本考虑等等而存在差异。如果保理商没有制定统一的通知方式要求,每个项目就由客制化,存在随意性的可能,风险容易失控;反之,要求完全一致的通知方式,也容易导致无法落实执行,产生失去优质客户"劣币驱逐良币"的现象。

面对这种两难情形,一些保理商开始制定差异化的管理制度,基本上就从卖方的资信程度、买方的付款实力与意愿、交易应收账款的质量、买方配合确认的意愿和程度等维度来制定评估的标准,同时设计几种债权转让的通知方式,将不同的评估结果与可选择的通知方式进行匹配,尽可能地为评估值高的好项目开启绿色通道,同时对评估值不佳的项目,从严要求操作条件。差异化不是一朝一夕的工作,是一个持续不断的工程,虽然艰巨但绝对值得坚持一直做下去。

复习思考题

1. 国内贸易订立的合同通常不太规范,运输类的单据也存在没有制式统一标准的问题,应该如何判断它的真实性和合理性?

2. 买方配合确认应收账款债权转让的意愿一般不高,你认为主要的原因是什么?

3. 买方愿意确认应收账款转让通知的项目,办理保理融资的风险一定比买方不愿意配合确认的项目低,你同意这样的结论吗?为什么?

4. 在保理单据审核业务中,有观点认为越完美的单据越有问题,你如何理解?

5. 为什么说单据审核做到极致也无法完全防范贸易背景造假?在实务中,单据审核与贸易背景匹配有哪些实际困难?保理产品该如何有效防范贸易背景真实性造假的风险?

6. 如何理解中国式的贸易融资和融资贸易?如何有所取舍、有效防范风险地开展业务?

第五章

文件单据审核阶段

本章概要

◆ 介绍保理销售分户账建立的具体步骤;

◆ 介绍审核文件单据的基本要点;

◆ 介绍工程和租赁等特殊行业国内保理的审单要点;

◆ 介绍单据不符的类型及其处理办法。

第一节 保理销售分户账的建立

一、建立销售分户账

一旦保理商与卖方签署了保理合同,卖方在正式办理转让账款之前,保理商必须为客户建立一个销售分户账,这个账户将作为卖方与保理商往来所有保理业务(转让应收账款)的账户,记载所有相关的转让发票、融资发放、催收回款、利息费用收取(如有)等信息。理论上,建账工作应该是卖方将其现有的应收账款先行并账后,通过将账款一次性地转让给保理商的方式来完成,这样有一个明确的时间和账目明细作为客户开始配合保理业务的分割点,是保理商在未来进行销售分户账管理的基本依据。

保理合同一般会对建立销售分户账有关事宜做出具体的规定,包括但不限于目前应收账款整体转移的具体日期、转移方式以及转移过程中双方必须各自完成的具体工作安排等。在此做简单介绍。

首先,卖方需要将其现有的未结清的所有应收账款进行并账,对于每个不同买方的应收账款填写《未结应收账款清单》或《货款明细表》(样本如附表十二),提供相关账目和原始凭证,将并账处理后的应收账款一次性地转让给保理商。保理商在接到转让后,会对应收账款进行审查,剔除已经逾期的、债权不完整的、存在争议等不合格账款。然后,根据审核后的应收账款在保理系统中为卖方建立相应的销售分户账(含融资账),按照约定办理账款融资、担保,并进行相关的应收账款管理与催收。在我国的保理业务实践中,多数保理商通常不理会客户存量的应收账款,至多只是将其作为参考,同时尽到通知进口保理商(国际双保理架构下)的义务而已,销售分户账主要是从客户在签订保理合同以后新产生的应收账款办理保理业务开始建立。

二、应收账款导入与通知

完成了建账和应收账款一次性导入(如果接受转让)以后,卖方必须用公司的函头纸,根据保理商制定的格式和内容(应收账款转让的通知方式),通知所有已经转让账款及将来转让账款所对应的保理买方,通知买方有关保理商与卖方的保理业务合作安排,以及这种安排会给买卖双方的贸易带来好处,指示将来买方付款的路径与银行账户。由于账款转让的通知涉及之前已经存在的交易(应收账款),所以,通知中必须明白记载之前发生的账款明细或一个明确的分割点(例如,几月几日之后所有产生的发票),这样才不会造成买方付款的混淆。

实务中,保理商有时也会采取与卖方联名的方式(卖方必须加盖公章)制作有关账款转让的通知,向所有保理对应的买方直接寄发。主要的目的在于:① 告知买方通知中所列出的应收账款已经转让给了保理商,从此以后涉及这些应收账款的付款应当直接付给保理商指定的账户。② 可以起到验证对账的作用,便于发现账款不一致的情形,以便及时处理。

以上介绍的建立销售分户账的大致流程和方式,是国际上比较成熟的专业保理商惯常的做法,我国却普遍没有采用这样的做法。国内保理商一般不对卖方已经存在的应收账款提供保理服务,只管理签订保理合同以后新发生的账款。

换句话说，卖方不把以往发生的应收账款一次性地转让给保理商，而是将新发生的应收账款转让给保理商，保理商在办理接受首笔账款转让的同时为卖方建立销售分户账。导致这种情况的主要原因有：

（1）国内保理市场尚未建立整体转让（全部转让）的概念。整体转让是指卖方将对应保理商认可接受的"所有买方的所有应收账款"（包含"现有和将来"）转让给特定的保理商来办理保理业务。但目前国内卖方通常与多家保理商合作保理业务，有的是因为单一保理商无法满足额度的需求，也有价比三家或维护合作关系的考虑（尤其是对于银行保理商）。

（2）保理合同签订之前已经发生的应收账款，因为必须补办转让和通知的手续，加上考虑买方可能未及时更改付款对象和路径，为了避免操作和管理的麻烦，也就直接忽略，不予办理了。

最后要提示的是，在办理国际双保理业务时，由于规定了出口保理商（出口商）必须将同一买方的应收账款全部转让给进口保理商，所以（出口）保理商即使不办理之前已经存在的应收账款，仍然要求出口商将这些账款明细列表；出口保理商必须通知进口保理商关于这些账款将不进行转让（进口保理商也不必负责承保或管理催收）并要求同意确认，如此才可避免违约的风险。

第二节 审核文件单据的基本要点

一、审核单据工作的基本认识

在通过尽职调查、核定额度、确认合作方案、签订保理合同，正式开启业务合作、办理保理业务时，客户会向保理商提交一些材料或单据，包括申请融资类文件、交易和应收账款转让类文件。融资类单据基本上是保理商自身制定和印制的标准版本文件，在此不必进行介绍。本节着重关注交易和应收账款有关的单据的审核。

（一）审单的目的

保理审核单据的目的不外乎是为了核实贸易背景的真实性，应收账款的合法性、有效性、完整性、没有瑕疵或商业纠纷，应收账款转让的合法有效性等，以便确保保理商接受办理保理业务的应收账款后,能够合法、安全、有效获得买方的付款。其实仅凭审核单据的表面信息来达到以上的目的,手段确实过于单一,也存在难度,还必须结合本书第三章尽职调查工作阶段所介绍的内容和方式,全方位地相互钩稽与推敲,才相对可能取得较好的效果。

(二) 审单人员的素质要求

多数人认为审查单据是中后台的工作,只要按照操作手册执行即可,简单而有规律,没有太多的技术含量。保理业务不像信用证业务是建立在银行信用基础之上,有 UCP 标准化的审单规定来参考,保理是初始立足于商业信用,目前没有统一的国际通用的准则(GRIF 在 FCI 的国际双保理架构下,勉强算是;但国内保理目前完全没有),尤其在审查单据方面。此外,国内保理目前涉及的行业几乎无所不包,每个行业都有自己的交易特性;国内贸易行为尚不够成熟与规范;各行业、各地区使用的贸易单据种类很多也缺乏统一的规范或式样。以上种种因素都对保理审单工作提出很高的要求。所以,一个专业的保理业务审单人员不能妄自菲薄,这项工作的素质要求必须是具备金融、贸易、行业、财务分析、系统运用等综合能力,绝不是低端人才的配备标准。另外,有的保理商为了更好地做好审单工作,也会将市场或风险人员安排在审单流程中,让审单的视角更加广阔,更加接地气。

(三) 审单的态度

审核单据虽是为了核实真实性、合法性、有效性等目的,具体审单过程中是在进行某种程度的"证伪";换句话说,保理商可能无法百分百地证明这是真的,但可以尽力推敲"造假"的可能性。① 审单人员必须有"合理怀疑"的精神,依据公司规定,结合既有材料进行审查;不可未经探究或推敲,随意听信客户或市场人员的说法。此处提到"合理"二字,是重点提示不能过于吹毛求疵。例如,买卖交易合同载明"笔记本电脑 S8 型 1 000 台",买方的签收单上描述"S8 型笔电 1 000 台",在型号数量相符,笔电又是笔记本电脑一般简称的情形下,就不必较真单据存在不符点了。② 审单人员还必须具备"接地气"与"勤学习"的态度。由于国内贸易不够规范,审查单据时经常会发现很多不符点,有些确实可能存在造假的风险,有些却是完全基于真实贸易背景产生,这时就有赖于平时多学习、积累经验,依据行业特性、买卖实际交易情况进行判断。实务上,为了比较有效地判别单据的真实性和合理性,审单流程通常会由审单人员先找出单据的不符点,然后再结合市场、风险人员的意见,由有权人作出判断。

二、审核文件单据的基本要点

从前面的介绍可以看出,单据审核是一项注重原则与规定要求的工作,但实践中也必须适应现实环境而保持有弹性,尤其是针对国内保理业务。以下分别就国际保理(出口保理)与国内保理的一些审单要点,按照单据的种类逐一介绍。

(一) 国际保理(出口保理)

1. 商业发票

(1) 发票必须为原件的复印件或复写联。出口发票没有统一格式,一般都是由企业使用带有公司名称和地址的函头纸缮打。

(2) 发票必须为原授信申请人(卖方)出具,并有卖方的签名或盖章。国外企业一般使用签名,没有类似我国的公章,所以,出口企业实务中未必会盖用公章,同时使用的签名通常也是英文名。所以,应该对照商务合同上约定的联系人、签约人或核查以前商业发票的签名式样。

(3) 除暗保理外,每张发票的每一联都必须清晰完整地载明进口保理商所规定的应收账款转让字句(Assignment Clause),不得有任何修改。

(4) 发票抬头必须为进口保理商核定的买方,买方的名称与地址必须与进口保理商在正式额度核准报文上的买方名称、地址完全一致。例如,卖方表示记载的是公司简称或贸易名称,必须立即向进口保理商询问,确认是否核准承保。

(5) 发票上必须标明付款期限与到期日(或可明确推定),付款期限与贸易合同或订单一致,与进口保理商正式额度核准报文上的付款期限一致。

(6) 出具发票日期绝对不得晚于进口保理商核定买方信用风险额度的到期日。

(7) 发票使用币种必须与进口保理商在正式核准报文上载明的一致,如不一致,折算汇率后的总金额不得超过进口保理商核准额度的限额;大写金额必须与小写金额一致;发票中货物、服务的描述必须与贸易合同/订单、运输单据(提单)相符。

(8) 发票上的货物数量、单价必须与贸易合同/订单相符,同一交易批次项下同一货物的发票总计货物数量符合贸易合同/订单约定的数量或计量原则(买卖双方另有约定的除外)。

(9) 是否记载保理商要求的其他条款,如货物留置权条款(Retention of Title)。

2. 运输单据

运输单据包括但不限于提单、空运单据、货代收据、快递单据等。

(1) 必须为正本的复印件复写联,具有船公司、航空公司、货代或快递公司的签章。可以对照尽职调查时留存的样张,检查是否一致;也可以致电出具单据的公司验证出货的事实。

(2) 实际发货人为卖方本人(即提单上的 Shipper)。如果是第三方,必须在商务合同、订单或其他正式往来文件中载明买卖方协商同意由指定的第三方发货。

(3) 通知人(即提单上的 Notify Party)未必是买方本人,但收货人(即提单上的 Consignee)必须为进口保理商核准的买方或买卖双方在合同/订单中规定的其他收货人。

(4) 必须按照贸易合同/订单中约定的时间、地点出运和交货;有时,卖方为了配合船期或航班,会有些微时间差距;最好有买方同意的任何形式的书面证明(尤其是晚于约定时间、变更交货地点)。

(5) 货运单据上的货物必须与贸易合同/订单、发票的货物一致,货运单据上的货物数量必须与同一交易批次项下同一货物的发票总计货物数量一致。

(6) 出运日必须在进口保理商于正式额度核准报文上所载明的有效日期之前。出口货物由于报关、实际出运的流程,提单上显示的日期未必与卖方所理解的出货日期完全一致;如果提单日期凑巧超过额度有效期,必须立即与进口保理商联系,合理说明情况,请其确认承保。

3. 贸易合同/订单

(1) 买卖双方必须为授信审批核准的交易对象,任何关系紧密的子公司、孙公司在未经进出口保理商同意前,不能直接替代使用额度。

(2) 买卖双方签章完整清晰,如是电子邮件的订单,须有邮件正文和附件。

(3) 不存在禁止转让条款或寄售条款。

(4) 不存在交易双方债务抵消条款(如有,必须取得买方同意放弃债务抵消的文件)。

(5) 贸易结算方式/付款期限必须与进口保理商正式额度核准报文上的一致(付款期限如果变长,必须得到进口保理商的同意确认)。

(6) 合同/订单中的货物或服务必须符合授信审批核准的要求。

(7) 合同/订单在有效期限内(如合同/订单已过期,但在合同/订单有效期内产生的应收账款也可接受)。

(8) 注意影响保理商融资风险的其他特殊约定。例如,最终结算的货物价格按照当季末××协会公布的季度市场平均基准价为准;买方付款以终端用户××公司已经支付货款80%以上为前提;卖方提供一年的免费维修服务,如果买方提出要求换货,卖方也必须在一个月内完成换货,运输成本由买方负担等。

4. 报关单

(1) 报关单必须为正本复印件(必须按照时限要求,后补正本)。

(2) 与合同/订单、发票、货运单据货物名称相符。

(3) 与合同/订单、发票、货运单据数量、金额相符。

(4) 报关单必须加盖海关"验讫章"。

(二) 国内保理(货物贸易)

1. 增值税发票

(1) 提供发票(发票联)的复印件,需加盖企业公章;注意发票是否有连号、金额都是完整大数而且一致的现象。

(2) 发票上的购货单位和销货单位必须是合同/订单上的买卖双方。有时卖方的集团公司会与买方签订框架合同,再由子公司(卖方)进行实际交易。无论框架合同如何约定,卖方作为独立的法人必须与买方签订商务合同,或在前述框架合同上签订三方权利义务,或直接承接买方的订单,确保交易的有效性。反之,也可能是买方集团公司出面签订框架合同,再由子公司(买方)进行实际交易,买方就必须直接签订商务合同、直接下订单或在框架合同签订三方权利义务。

(3) 经由税务局网站或企业税控系统查询,发票为销货单位所购买/签发的发票,并提供相关证明文件。有些卖方会先虚开发票,之后再撤销,在初次查询时无法发现。除了融资后通过再查询,及早发现虚开发票被撤销,及早处理风险外(如有),办理保理融资前后与买方的日常联系也会起到一定的验证贸易背景真实性的作用(当然,买卖双方串通勾结的情形也是存在的)。

(4) 发票出具日不得晚于授信审批核准额度的到期日。

(5) 发票必须在合同/订单中约定的有效日期内签发。

(6) 发票或随附的销货清单的货物必须与合同/订单、运输单据/签收单据中的货物相符。

(7) 发票中的货物数量、单价必须与合同/订单相符,同一交易批次项下同一货物的发票总计货物数量符合贸易合同/订单约定的数量或计量原则。

2. 运输单据

（1）出运方和收货方必须符合合同/订单的规定。

（2）按照合同/订单中约定的时间、地点交货。

（3）与合同/订单、发票的货物相符。

（4）货运单据所列的数量必须与同一交易批次项下同一货物的发票总计货物数量相符。

（5）必须是第三方出具的运输单据，并有签章。如果是卖方自己的出运单或买方自行提货的证明，就必须结合尽职调查工作时取得的材料进行钩稽或验证。

3. 出库单/入库单/验收单据

（1）如无法提供第三方运输单据，卖方的出库单、买方的入库单或验收单据亦可代替。

（2）出库单为卖方提供，入库单为买方提供，合同/订单另有规定的除外。

（3）与合同/订单、发票或发票随附的销货清单中的货物相符。

（4）出库单必须有卖方的签章或手签，入库单和验收单据必须有买方的签章或手签；这些签章或手签一般不属于公司的高级别部门或人员，通常事前不会留下印鉴或签名式样，所以必须结合之前尽职调查情况，核查其真实性。

（5）所列的货物数量必须与同一交易批次项下同一货物的发票总计货物数量相符。

4. 贸易合同/订单

（1）买卖双方必须为授信审批核准限定的交易对象。

（2）买卖双方签章完整清晰。注意签名名称是否同时为卖方内部人员（关联关系），笔迹是否模仿、相似，防止造假。

（3）不存在禁止转让条款或寄售条款。

（4）不存在交易双方债务抵消条款（如有，必须取得买方同意放弃债务抵消的书面确认）。

（5）合同/订单规定的结算方式/付款期限必须明确或可以明确推断到期日，同时与授信审批核准的条件一致（如果不一致，除了要求出具买卖双方补充协议或有效的情况说明外，必须特别注意付款期限延长情形）。

（6）交易货物是授信审批核准规定的货物。

（7）对贸易纠纷/争议的解决方式约定清晰。

(8) 合同/订单在有效期内(如合同/订单已过期,但在合同/订单有效期内产生的应收账款也可接受)。

第三节　部分特殊行业的审单要点

所谓特殊行业,是相对于保理传统操作的生产制造业而言的。传统理论认为有些行业不适合操作保理业务,近年来因为客户需求和行业不断尝试创新,涉入的行业领域多元,各具行业特点。此处列举两种保理商经常操作的行业,作为参考。

一、国内保理(工程)

(一) 工程合同

(1) 合同双方必须为授信审批核准限定的交易对象。一些工程标案存在得标方(中标方)将工程分包、转包的情形,所以,必须明确法律概念上实际交易的双方。

(2) 合同中的工程项目符合授信审批核准的规定。

(3) 合同规定的结算方式/付款期限与授信审批核准的一致(如果不一致,出具买卖双方补充协议或有效的情况说明,必须特别注意付款期限延长的情形)。

(4) 合同中对工程纠纷/争议的解决方式约定清晰。

(5) 合同必须约定明确的工程验收、完工时间或期限、款项支付的时间或期限。

(6) 不存在禁止转让条款。除了账款的禁止转让外,特别注意是否有工程禁止转让(转包)的规定。

(7) 不存在交易双方债务抵消条款。如果有,必须出具买方同意放弃抵消的书面文件。同时,如果项目的承包方(卖方)万一发生破产清算情形,施工方有权向业主(买方)主张施工款的清偿。

(8) 合同双方签章完整清晰。

(9) 合同在有效期内(如合同已过期,但在合同有效期内产生的应收账款也可接受)。

(二) 验收单据/工程决算单

(1) 工程项目符合授信审批核准规定,符合工程合同的规定。

(2) 工程进度符合工程合同的规定并按照合同的规定期限进行决算。

(3) 标明详细的工程量和工程进度付款金额、期限。

(4) 具有工程施工方和监理公司的盖章和手签。

(5) 签章完整清晰。

二、国内保理(租赁)

(一) 租赁合同

(1) 合同双方必须为授信审批核准限定的交易对象。

(2) 合同中的租赁物件符合授信审批核准的规定。

(3) 合同中对租赁期限、租金的支付方式、利率约定清晰。

(4) 合同在有效期内(如合同已过期,但在合同有效期内产生的应收租金也可接受)。

(5) 合同中对租赁纠纷/争议的解决方式约定清晰。

(6) 不存在应收租金禁止转让条款。

(7) 不存在交易双方债务抵消条款;如果有,必须出具承租人(买方)同意放弃债务抵销的书面文件。

(8) 合同双方签章完整清晰。

(二) 应付租金明细清单/租赁支付表(或其他租金支付表等)

(1) 租赁物件与租赁合同规定的租赁物件一致。

(2) 载明租赁合同编号。

(3) 明确规定起租日和到期日,租赁期限与合同规定一致。

(4) 明确规定每期租金的支付时间和金额。

(5) 出租人和承租人双方签章完整清晰。

(三) 租赁物件签收单/租赁物件验收证明

(1) 租赁物件与租赁合同规定的租赁物件一致。

(2) 明确承租人收到租赁物件或验收合格的事实。

(3) 承租人收到租赁物件的时间符合租赁合同的规定。

(4) 承租人签章完整清晰。

（四）租赁物件购买合同或租赁物件所有权证明
（1）如无法提供购买合同，原则上要求出租人提供租赁物件的所有权证明。
（2）购买合同或所有权证明中的物件与租赁合同规定的一致。

第四节 发现单据不符的处理

尽管审单的目的基本一致，但保理与信用证在审单方面存在根本差异。信用证是基于银行信用，审单只要"单证相符，单单相符"，理论上开证行就负有付款的义务，相对比较简单。保理是建立在商业信用基础上的，因为国内贸易种类多，又不够规范，出现单据不完全相符的情形并不少见。由于目前没有类似UCP的国际统一准则可供遵循，在面对单据不符时的处理如果过于严格，肯定抹杀了一些具备真实贸易背景、只是贸易单据出现不符的项目；如果管理过于松散，可能就此埋下风险隐患。审单发现不符点只是基本步骤，如何慎重对待、务实探究、正确处理更是重中之重。

一、单据不符的类型

卖方提供给保理商的文件单据一般有两类。一类是申请办理保理融资的"融资类"文件；另一类是关于应收账款转让的所有文件单据。融资类文件完全不允许不符点的存在，没有灰色空间，各家保理商的版本也不同，不予讨论；这里仅就后面一类作介绍。

单据不符是指卖方办理保理业务，进行转让账款，卖方提供给保理商的各类文件单据与保理商授信审批核准的要求或买卖双方商务合同的约定出现不一致。单据不符可能会影响到买方的付款义务，从而影响到保理商为卖方提供融资的风险。单据不符的情形，主要分为以下两类。

（一）实质性不符

实质性不符是指发生的单据不符（单据短少也是不符）实质上直接影响了买方的付款义务（卖方/保理商的收款权利），增加了保理商的融资风险或损害了保理商保障的权益。这种类型的单据不符，从保理商是否直接拒绝接受的角度来看，还可以区分成不可修补型和可以修补型。

1. 不可修补型

不可修补型不符点是指不符点不但会实质上直接影响买方的付款义务（卖

方/保理商的收款权利),增加保理商的融资风险,而且这种不符点无法被修补;或即使被修补完毕,保理商仍然可能存在风险。这包括但不限于以下的单据不符点:

(1) 出货、出具发票日期晚于进口保理商核定买方信用风险额度的到期日。
(2) 没有运输单据(服务业除外)。
(3) 商务合同有应收账款禁止转让条款约定。
(4) 商务合同中有寄售条款的约定。
(5) 存在交易双方债务抵消条款。
(6) 交易货物不是授信审批核准规定的货物。

2. 可修补型

即单据不符点在经过修补的救济措施后,基本可以视为正常的单据;不过,这些救济措施通常需要跟买方或进口保理商协商,并得到确认。这种类型不符点包括但不限于:

(1) 发票没有清晰完整地载明应收账款转让字句(Assignment Clause)。可以使用书面详细记载发票明细,说明转让事宜,由买方确认签回。
(2) 买方的名称、地址与保理商(进口保理商)核定的不同。必须重新更正发送给买方确认签回。
(3) 发票上付款期限与贸易合同或订单不一致。必须重新更正发送给买方确认签回。
(4) 发票上付款期限比进口保理商正式额度核准报文上的付款期限长。这要说明具体情况,请进口保理商额外予以承保。
(5) 发票上的货物数量、单价与贸易合同/订单不符。通过补货、单价与买方再书面确认等手段解决。
(6) 合同/订单不在信用风险额度有效期内。可与通过出口保理商与进口保理商协商延展有效期予以覆盖。

(二) 表面性不符

单据没有完全符合商务合同的要求,有细微的差异或不足,单从单据表面来看,通常没有实质性的风险;但不能就此判定为正常的单据。以下是几种常见情形:

(1) 订单记载煤炭重量 5 公吨,提供的磅秤单显示重量为 4 公吨 999.5 公斤,出现非常细微的重量差距。

(2) A 公司与 B 公司是关联企业,A 是 B 的供应商,厂房相距不到 100 米。A 办理融资,但无法提供第三方运输单据,A 表示距离近,都是自行提货。这是没有第三方运输单据来证明出货事实的情形。

(3) 发票记载付款条件是 90 天,贸易合同约定月结 90 天,付款条件表述有差异。

(4) 买方的验收单没有盖章,只有签名;出现对非买方负责人、财务主管签名的认可问题。

(5) 售后回租项目,租赁公司没有提供购买企业设备的支付资金证明,也没有开立应收租金发票。这是租赁行业操作售后回租,通常遵循的潜规则的情形。

二、单据不符的处理

单据不符的处理,不是要保理商处理单据本身,而是面对单据不符的情形采取何种行动,最终决定接受还是拒绝办理保理融资。单据不符的情况形形色色,一般处理原则如下。

(一) 实质性不符、不可修补型

出现这种类型的单据不符,很多属于违反保理业务的基本要求。所以,应尽可能地回避接受办理业务,毕竟所埋下的隐患太大。

(二) 实质性、可修补型

这种类型的不符点影响大,但不符点明确与定性,多数必须与买方或进口保理商协商,针对性强。保理商处理的原则是,① 要求卖方必须完全按照保理商专业的指示来处理不符点,不要擅自做主;② 出具的指示必须明确,如涉及对外发送书面文字的,最好代为拟定稿件内容;③ 坚持一切必须有书面的确认。

(三) 表面性不符

因为行业太多、国内商业习惯不够规范,可能出现单据不符的情形太多。加上可能存在的道德风险问题,主观地说,这类型单据不符,有些是非常容易处理、简单判定即可,个别情况却也令人陷入两难的境地。先举出一个同样开头、不同结局的小案例加以说明。

A 公司、B 公司都是 C 公司的供应商,都刚从同一家保理商获得同样金额的保理融资额度,其中,融资条件中要求卖方必须取得买方以公章确认的《应收账款转让通知书(明细表)》。当两者提交文件进行转让、准备办理融资时,同时被审查出《应收账款转让通知书(明细表)》盖用的仅仅是 C 公司采购部门章;于是保理商提出单据不符,要求两公司更正。A公司表示落实条件确实有困难,希望变更操作条件,被保理商拒绝,因而无法办理融资。B公司则顺利取得C公司的盖章确认,办理了融资,却在1个月后,出现资金链断裂的风险。保理商之后向C公司催收款项,C公司告知不知道应收账款转让的安排,当保理商提示经盖章的《应收账款转让通知书(明细表)》后,C公司否认曾经盖章,声称公司盖用公章有严格的申请审批使用程序,经查证,并无此项用印记录;并同时指出了印鉴的细微差异之处。最后,鉴定证明印鉴是伪造的。

这个例子简化了一些情景,读者肯定也能得出很多感想;但必须回到一个基本的认识或怀疑:面对同一买家C公司,为何A与B办理盖用公章的结果却是完全相反呢?当情景答案更改为印鉴是真的,但C公司仍否认曾经盖用,那又会引起怎样的思考?

举了上述例子,似乎没有给出任何答案。现在介绍一下处理表面性不符的原则。

(1) 处理表面性不符的问题,首先是要探究什么是真实的情况。在这个例子里面,A拿不到买方的确认,B却办成了,究竟是什么原因呢?

(2) 发现不符疑点后,最好咨询与项目有关的各条线人员意见,获取更多的信息和不同视角的专业意见。例子里面就是把这个问题推给市场、风险人员等,供他们进一步讨论。

(3) 可以使用基础事实材料,进行交叉钩稽。例如提问A,为何B能办到,但你不能?反之,提问B,为何A办不到,你办得到。

(4) 如果条件许可,实地查核真实情况。可以连同A或AB一起拜会C。

 复习思考题

1. 即使卖方不转让在签订保理合同之前产生的应收账款或(出口)保理商不接受账款的转让,在国际双保理架构下,仍然强调要将有关的账款明细通知进口保理商并取得他的同意,这是基于何种原因呢?

2. 在核定进口商的额度并生效后,进口保理商在还没有收到出口保理商转让账款的情形下,收到了进口商的付款,你认为为什么会出现这样的情况?作为进口保理商,你应该采取哪些措施?

3. 保理业务对应收账款生效日期的理解可以分为三个层面:① 交易结算必

须有账期；② 卖方已充分履约，应收账款可确定形成；③ 合同有明确的生效条件，可依此确定生效日期。在国际贸易合同中，付款期限通常为"装运日期后××天"，应收账款生效日期就应当是装运日期。某保理商审单人员在审核一笔出口保理业务中，发现一张发票对应了两张提单，装运日期仅相差一天。客户制作的发票则是以较早的日期作为装运日期，因此，也以该日期作为该发票项下的应收账款生效日期。如果你是该审单人员，你如何看待和处理这个情况。

4. 某保理商办理一笔国内保理业务，合同约定商品为原煤。客户于 10 月 14 日开具单价为 430 元的发票，而 10 月 28 日开具的发票单价有两种，分别为 410 元和 600 元，你对此有何看法？另外一个项目，涉及大宗商品的交易，客户在 7 月签订的合同约定单价为 1 200 元，9 月出具的发票单价为 900 元，12 月出具的发票单价仍然是 900 元，你对此有何看法？

5. 第三节提到了"特殊行业"的审单要点，如果同时从创新和风险的角度来看，你认为保理商还可以对哪些特殊行业进行市场的开发？具体的理由是什么？

6. 审单工作看似单纯，其实以目前的商业环境和工作支持条件来看，保理业务的审单远没有想象中的简单和容易，会面临各种各样的问题和困扰。设身处地想想，审单人员可能遭遇哪些问题或困扰。你如何看待处理它。

第六章

融资放款阶段

本章概要
- ◆ 介绍应收账款转让登记的法源、方法、流程、注意事项及误区;
- ◆ 介绍额度管理的种类和原则;
- ◆ 介绍授信条件落实中常见的操作风险、一般管理要求,以及操作方案落实。

第一节 应收账款转让登记

一、应收账款转让登记的法源

应收账款作为法定的权利质押范围,首次出现在我国《物权法》的第二百二十三条第六项,它将"应收账款"列为可以出质的权利予以规制,明显对盘活社会资源、扩大动产担保融资范围,尤其是对解决中小企业"融资难、融资贵"的突出问题、支持中小企业健康发展,起到积极的法律保障作用。

根据《物权法》等法律规定,中国人民银行制定了《应收账款质押登记办法》(以下简称《登记办法》,附录二),于 2007 年 9 月 30 日公布,自 2007 年 10 月 1 日起施行,在法律上属于部门规章层级。与《登记办法》相配套,中国人民银行征信中心(以下简称"征信中心")制定了《应收账款质押登记操作规则》(以下简称《登记操作规则》,附录三),也于 2007 年 10 月 1 日起施行。虽然《登记办法》及《登记操作规则》规范的是应收账款质押而非转让,但因为:① 应收账款转让与应收账款质押的法律规则存在诸多类似之处。② 应收账款质押登记手续会对保理商权益构成重大影响。③ 央行应收账款质押登记公示系统接受办理"转让登记",实质上是接受保理业务登记[①]。此外,一些地方部门也陆续出台要求银行以及保理公司利用登记平台进行登记的地方性法规或地方部门规章,如《天津市商业保理业试点管理办法》、《上海市商业保理试点暂行管理办法》、《天津市金融工作局、中国人民银行天津分行、天津市商务委员会关于做好应收账款质押及转让登记业务和查询工作的通知》等。同时,保理商基于业务操作风险的考量,多数也在应收账款登记公示系统办理"转让登记"。特别值得一提的是,为了适应应收账款融资业务的发展,更好地提供应收账款融资登记服务,中国人民银行于 2015 年 1 月 21 日对外公布了《应收账款质押登记办法(修订征求意见稿)》(以下简称《征求意见稿》),并对具体修订情况作了如下的说明。

(一) 在《登记办法》附则中增加应收账款转让登记的规定

随着应收账款融资业务的发展,应收账款转让登记实践已经形成。截至 2014 年底,应收账款质押登记公示系统(以下简称登记系统)记载了 59.5 万余笔应收账款转让登记,占应收账款登记总量的 45%。目前,21 家全国性商业银行、300 多家保理公司都是登记系统的主要用户。

应收账款转让登记得到行业管理部门的支持,登记效力也获得地方司法部门的认可。在中国银行业协会发布的有关保理业务的文件,以及深圳、广州、重庆、上海和天津等地保理试点文件中,都有对各类交易主体在登记系统开展转让登记的规定。2014 年 11 月 19 日,天津市高级人民法院印发了审理保理合同案件的审判委员会纪要,专门规定了应收账款转让"登记公示和查询的效力",明确了在征信中心登记系统进行登记与查询可以产生对抗善意第三人的司法效力。此外,国际担保交易示范法和国际保理公约都有应收账款转让登记的规定。

本次修订保持《登记办法》名称和结构不变,在附则中增加条款"权利人在登记平台办理保理业务当中的应收账款转让登记,参照本办法有关规定",引导更

---

① 中国银行业协会保理专业委员会. 银行保理业务理论与实务. 中国金融出版社 2013 年版,第 32 页。

多的主体开展登记与查询,保护交易安全(第三十二条)。

(二)修改完善应收账款的定义

随着应收账款融资业务的发展,实践中用来融资的应收账款类型丰富多样,银行、保理公司等机构对扩大《办法》列举应收账款的范围需求强烈。因此,本次修订对应收账款的定义予以完善,具体修订内容如下:① 将旅游景点收费权、学生公寓收费权、医疗收费权等因服务、劳务所产生的债权纳入《办法》第四条(三)列举范围;将城市基础设施、城市环保、农村电网建设与改造工程电费、水利开发等城市和农村基础设施项目收益权纳入了《办法》第四条(四)列举范围。② 增加兜底条款,即其他以合同为基础的具有货币给付内容的债权。③ 完善排除条款,排除因信用证而产生的付款请求权,以及法律、行政法规禁止转让的付款请求权(第二条)。

(三)取消登记协议上传要求

上传登记协议的目的是为了避免质权人不经出质人同意而进行恶意登记或者虚假登记。但登记协议作为附件上传,增加了登记用户的操作成本,登记机构也无法核实协议文件的真实性。因此,本次修订删除了《登记办法》第八条登记协议上传的规定,并对相关条款作出调整(第八条、第十条)。

(四)若干登记事项的修改

为进一步完善公示的登记事项,修订了如下内容。

1. 增加主债权金额及主债权合同有关登记内容

鉴于主债权合同与质押合同是主从关系,本次修订在登记内容中增加与主债权金额及债权合同有关的其他信息,通过对该信息的适当公示,有助于更好地描述和公示质权。此外,还对登记内容的表述予以完善,将"注册地址"修改为"住所",将"金融机构代码"修改为"金融机构编码",将"工商注册码"修改为"工商注册号"(第十条)。

2. 调整登记期限

由于我国有关收费公路的行政法规规定了部分地区的经营性公路收费期限为30年,此类登记往往需要多次展期,增加了登记当事人的操作风险。因此,本次修订将登记期限由5年增加至30年,并删除登记期限届满登记失效的规定(第十二条、第十三条)。

3. 调整出质人信息变更的有关规定

出质人的法定注册名称或有效身份证件号码是登记系统的检索标准。为避免质权人掌握信息变更不及时，影响其他权利人查询登记信息的真实性，本次修订将质权人变更出质人身份信息的"四个月"调整为 30 日，变更时限从质权人知道或应当知道之日起算。此外，删除"未办理变更登记的，质押登记失效"条款（第十五条）。

（五）修改登记机构撤销异议登记的规定

异议登记的作用在于提醒第三人注意登记文件中所载的异议内容，不能直接否定原登记效力。由于法律未授予应收账款质押登记机构对登记事项真实性的审查权利，登记机构难以做到有效判断当事人是否提起诉讼而主动撤销异议登记。因此，本次修订删除《登记办法》第二十一条关于登记机构根据对当事人起诉情况的判断撤销异议登记的规定。

（六）增加登记费用条款及其他表述性完善

目前，根据国家价格主管部门批准的收费标准，应收账款登记服务是一种有偿服务，本次修订增加登记收费条款（第三十一条）。

此外，本次修订还对以下条款内容及表述予以完善：增加应收账款质押的定义（第三条）；修改关于登记系统的表述（第四条）；修改异议登记通知时限（第二十条）；增加仲裁裁决作为登记机构撤销某笔登记的依据（第二十一条）；增加征信中心负有信息安全及保护义务条款，并删除不可抗力条款（第二十八条）。

本次修订说明中的开头就明确点出在《登记办法》附则中增加应收账款转让登记的规定，也就是第三十二条："权利人在登记平台办理保理业务当中的应收账款转让登记，参照本办法有关规定"，给保理业务办理应收账款转让登记提供了一个明确的法源。

此处顺便补充的是，在《征求意见稿》中修改补充完善了应收账款的定义，使应收账款的定义得到进一步的扩充外延。当然也还存在一些不确定的地方，例如未对市场争议已久的"现有的以及未来的应收账款"概念的核心和外延作出澄清和说明，正式出台办法的内容值得关注。

二、应收账款转让登记方法、流程及注意事项

参见《登记操作规则》及《征求意见稿》规定，结合具体的业务实践经验，对如何办理应收账款转让登记以及注意事项作概要介绍。

（一）中国人民银行对征信中心办理应收账款登记有关活动进行管理

在同一应收账款上设立多个权利的,已登记的权利人按照登记的先后顺序行使权利。法律、法规另有规定的遵照其规定。保理商在办理融资前,通常会先完成应收账款转让的登记,避免企业将应收账款进行重复转让或质押,获取重复融资,保理商权利受损。

（二）应收账款登记通过登记平台办理

应收账款登记由受让人办理,受让人也可以委托他人办理登记。委托他人办理登记的,适用本办法关于受让人办理登记的规定。实务上,保理商作为应收账款的受让人,应该亲自办理登记,不可随意委托他人办理。

（三）当事人应在转让合同中约定由受让人办理应收账款登记

有些保理商在与客户签订的《保理合同》及补充协议中忽略进行约定,导致无法起到对应收账款办理转让登记的效用,这点必须特别注意。

（四）受让人注册登记

受让人办理应收账款登记时,应该注册为登记平台的用户。

（五）登记内容全面

登记内容包括受让人和转让人的基本信息、应收账款的描述、登记期限、主债权金额以及主债权合同有关的其他信息。其中关于"应收账款的描述"一个概略性的理念,保理商在办理应收账款转让登记时,一定要尽可能具体、明确和详细地进行表述,避免诸如：2015年7月到期的账款、商务合同编号123项下的所有账款、买方××公司、金额××万元这样模糊或简单的描述,避免主张权利时产生争议。具体办理登记模板及应收账款的描述,请参见附表十三。

（六）转让人及受让人信息齐全

转让人及受让人为单位的,应填写单位的法定注册名称、住所、法定代表人或负责人姓名、组织机构代码或金融机构编码、工商注册号等。转让人及受让人为个人的,应填写有效身份证件号码、有效身份证件载明的地址等信息。

（七）受让人应将登记内容提交登记平台

登记平台记录提交时间并分配登记编号,生成应收账款登记初始登记证明和修改码提供给受让人。受让人自行确定登记期限,登记期限以年计算,初始登记选择的登记期限最长不得超过30年。在登记期限届满前90日内,受让人可以申请展期。受让人可以多次展期,每次展期期限不得超过30年。

（八）登记内容变更要及时办理登记

登记内容存在遗漏、错误等情形或登记内容发生变化的,受让人应当办理变更登记。受让人在原登记中增加新的应收账款,新增加的部分视为新的应收账款登记。每次办理融资前,转让的账款必须一次全部完成转让登记,否则,再次补登,可能出现融资已经发放但部分账款登记却被占先的不利局面。

（九）受让人及转让人信息变更时要及时办理登记

受让人办理登记时所填写的转让人法定注册名称或有效身份证件号码变更的,受让人应当在知道或应当知道变更之日起30日内办理变更登记。受让人办理展期、变更登记的,应当与转让人就展期、变更事项达成一致。

（十）办理注销登记的情形

有下列情形之一的,受让人应自该情形产生之日起10日内办理注销登记：① 主债权消灭。② 权利实现。③ 受让人放弃登记载明的应收账款上的全部权利。④ 其他导致所登记权利消灭的情形。

（十一）受让人凭修改码办理展期、变更登记、注销登记

转让人或其他利害关系人认为登记内容错误的,可以要求受让人变更登记或注销登记。受让人不同意变更或注销的,转让人或其他利害关系人可以办理异议登记。办理异议登记的转让人或其他利害关系人可以自行注销异议登记。转让人或其他利害关系人应在异议登记办理完毕之日起7日内通知受让人。征信中心应按照转让人、受让人或其他利害关系人的要求,根据生效的法院判决、裁定或仲裁机构裁决撤销应收账款登记或异议登记。受让人办理变更登记和注销登记、转让人或其他利害关系人办理异议登记后,登记平台记录登记时间、分配登记编号,并生成变更登记、注销登记或异议登记证明。

（十二）按照登记平台提示项目如实登记

受让人、转让人和其他利害关系人应当按照登记平台提示项目如实登记。提供虚假材料办理登记,给他人造成损害的,应当承担相应的法律责任。

（十三）应收账款登记信息查询

任何单位和个人均可以在注册为登记平台的用户后,查询应收账款登记信息。转让人为单位的,查询人以转让人的法定注册名称进行查询。转让人为个

人的,查询人以转让人的身份证件号码进行查询。

三、对于应收账款转让登记的误区[①]

《登记办法》将应收账款转让纳入登记范围,虽然还是有些不尽完善之处,但确实给保理商打了一剂强心针。个别保理商因为认识不足或期待过高,反而在实际业务中出现低级错误或走入误区,以下列举常见的情形。

(一) 忽视核实基础交易的真实背景

保理商受让由真实交易产生的应收账款是操作保理业务的根本,但个别保理商误认为办理了应收账款转让的登记,对买方(债务人)就有了绝对收款的权利,因此招致损失。以下案例可供参考。

A公司将其对B公司的应收账款转让给C保理商,C办理了应收账款转让的登记后,提供××××万元保理融资给A。后来C没有收到B的付款,A又无法自行清偿融资,C于是起诉至法院,请求判决A归还贷款、利息、违约金及相关费用,同时,要求判令C对应收账款享有所有权,可以向B要求受偿;B也以第三人身份参与了诉讼。庭审中查明了一些事实,包括:涉及应收账款的贸易合同及单据全是A自行伪造,同时,B直到案发后才得知有所谓的应收账款转让的事情。因此,A被迫自行撤回对应收账款享有权利的诉求,这等于间接否定了应收账款转让登记的效力。

应收账款质押和转让公示登记的主要目的是设定权利及对抗第三人。但是,登记程序由质权人(保理商)登录应收账款质押和转让登记公示系统的网址进行操作,录入转让登记信息内容来完成;征信中心仅负责运行、维护登记系统,并不承担对登记内容进行实质性审查的责任。由此可见,应收账款转让虽然是在征信中心网络平台上完成登记、公示,但登记的账款所涉及的真实性、合法性由质权人(保理商)负责。

保理商作为质权人要让应收账款转让登记发生效力,必须确保用于转让登记的应收账款涉及的基础贸易背景的真实、合法、有效,无效的应收账款自然直接导致转让登记的无效,保理商对应收账款转让登记权利的诉求当然无法获得法律的支持。在案例中,保理商没有严格审查贸易背景的真实性,同时也没有与

[①] 魏安江.应收账款质押登记暗藏陷阱.法人,2014.

买方进行必要的联系,确认买方是否收到应收账款债权转让的通知,过于依赖转让登记的手段,放松了对业务操作的基本要求。

(二)办理未来应收账款的保理业务

从创新的角度出发,如果直接否定保理业务操作未来应收账款的可行性,肯定是不妥的。银监会于2014年4月3日公布《商业银行保理业务管理暂行办法》(附录四),并于同日开始施行。虽然看似监管当局对银行保理商承做未来应收账款基本是持否定态度,予以明文禁止,但作为商业保理公司,如无明确可以承做未来应收账款的支持文件出台,最好目前还是同样遵守。至于如何界定应收账款与未来应收账款,恐怕不是简单下个原则定义就清晰明了,或许需要各行业依据会计准则就各自实际的商务合同、交易流程来决定了(这好像就是创新的空间)。

关于未来应收账款的定义、创新与监管不是这里讲述的重点。由于登记系统没有对办理登记的应收账款做出要求,加上办理应收账款质押融资业务时,保理商通常会要求将现在及未来的应收账款进行整体性质押,作为主债权的担保措施。实务上,通常仅仅存在一个金额较大的主债权,对应着整体质押的应收账款(包含未来应收账款)。而保理业务通常是在产生应收账款后,逐笔(或采用保理池模式)办理融资,之后产生的应收账款(入池账款)对应的是新发放的融资。如果以销售合同或订单为依据,将现在及未来应收账款一次性办理整体账款的转让登记,由于转让登记时没有应收账款的相关明细,届时保理融资的债权与登记的内容很可能就没有明确的对应关系。保理业务实践中,确实发生了具体争议的个案,因此必须谨慎。

(三)忽略应收账款转让登记的约定

依据《登记办法》规定,应收账款登记确实是由受让人(质权人)办理,同时受让人也可以委托他人办理登记。但《登记办法》同时要求当事人应在协议中约定受让人办理应收账款登记的事宜。

保理商通常关注卖方转让应收账款给保理商,以及通知买方有关应收账款的转让等手续,主观上认为办理好应收账款的转让与通知,保理商就拥有了应收账款债权,自然取得办理应收账款相关登记的权利,经常会疏忽在与客户签订的《保理合同》及补充协议中进行关于应收账款转让登记的约定,导致无法起到对应收账款办理转让登记的效用,值得特别注意。

第二节　额度的管理与授信条件的落实

一、额度的管理

(一) 额度的种类

保理商办理保理业务时,会与卖方、买方及合作保理商(双保理业务模式)或信用保险公司发生联系,为了管理交易对手资信可能带来的风险,一般都会设置一些额度限额来管理往来业务的风险敞口。依据交易对手的不同,保理业务可能会涉及以下几种额度管理。

1. 卖方的额度

(1) 保理融资额度。对卖方转让的合格应收账款提供账款融资,包括有追索权融资和无追索权融资额度两种模式。保理商在多数的情况下,一般都是给予卖方单一性质的额度。融资的方式有单笔保理融资和保理池融资。无论何种性质和方式,在保理融资额度限额的有效期内,保理融资额度通常是可循环使用的。

(2) 保理坏账担保额度。这是指对卖方转让的应收账款,予以承担买方信用风险的额度,通常也是循环性使用的。卖方取得对于卖方应收账款的坏账担保额度后,可以"要求"对于转让的应收账款办理融资,也可以不进行融资。反之,保理商是否提供保理融资也未必以坏账担保额度存在为前提。如有保理坏账担保额度,办理融资业务即是无追索权保理业务;若无保理坏账担保额度,办理的融资业务即是有追索权保理。需要提醒的是,卖方即使取得坏账担保额度,保理商还是必须审核其资信,不能单凭坏账担保额度的存在,而忽视了对卖方资信的审核。

2. 买方的额度

买方额度是指保理商评估买方的总体资信,针对它的付款能力所设置的额度。如果保理商依据这个额度向卖方承诺承担买方的信用风险,就成为坏账担保额度;如果没有对卖方作出承担风险的承诺,就是保理商内部的一种参考额度,不附带担保责任。

买方的额度可能是卖方发起申请,也可能是保理商主动授予,也存在买方要求设定额度,以利自身向卖方要求赊销的结算条件。银行保理商在授信的材料要求、开展企业实地调查方面一般都比较严格。因此,对于非银行存量客户的买方企业不太容易设置保理的买方额度。反之,商业保理公司比较灵活,倾向主动核定买方额度。另外,个别保理商也有将买方保理额度当成应付账款融资额度,反向操作保理融资业务的。

3. 合作保理商的额度

合作保理商额度也称为同业往来额度,通常是指在双保理架构下,(卖方、出口)保理商设定的,给合作的(买方、进口)保理商可以承担卖方转让的应收账款对应的买方信用风险的最高限额(如保理商通过信用保险公司进行再保险,信用保险公司就比照买方、进口保理商)。有些情况下,(卖方、出口)保理商会要求合作的(买方、进口)保理商对其转让的账款,在有追索权的基础上提前贴现融资,这是涉及反向设定的融资额度。

(二) 额度管理的原则

保理商对风险的容忍度各有不同,使得对额度进行管理的指导原则也多有差异,以下介绍一般通用的额度管理准则。

1. 例外情形

这是指仅提供应收账款催收或应收账款管理服务的,保理商无需设置额度进行管理。

2. 设置最高限额

无论对何种对象设置何种性质的额度,如果授信对象资质非常良好,原则上可以设置很高金额的额度,但不能无限制,一定要有最高限额。可以进行调整、提高最高限额,但绝不能超过核定的最高限额操作业务,这是额度管理的最基本底线。

3. 无追索权保理融资额度可根据买方坏账担保额度的 80% 上下浮动

给予卖方的无追索权保理融资额度,一般是买方坏账担保额度的 80%,可以依据卖方的资信、应收账款的品质,进行一定幅度上下调整。如果采取额度上浮,原则上不宜超过买方坏账担保额度。需要特别提醒的是,即使给予卖方与坏账担保同等金额的保理融资额度,每次发放应收账款的融资比例(单笔或保理池)仍然不能达到 100%,必须有一定比例(5%~20%)的账款数额被留置。

4. 有追索权保理融资额度可根据应收账款的 80% 上下调整

给予卖方的有追索权保理融资额度,原则上是应收账款金额的 80%,可以进行上下一定幅度的调整。与前一点不同的是,即使卖方资质再好,也只可以细微提高融资比例和额度,不能随着对应买方的账款金额不断调升。

5. 保理池应收账款设置合格应收账款计算比例

卖方保理融资额度如果是采用保理池的方式进行管理,原则上对于入池的应收账款应该依据有无坏账担保或不同买方的支付能力,设置不同的合格应收账款计算比例,避免品质较差的账款占据多数,影响整体还款的可靠性。

6. 设置的额度可以大于设定的坏账担保额度

对于应收账款对应的买方,无论是否承担风险,原则上都要设定额度来管理。实务中,在没有承担买方信用风险的情况下,设置的额度可以大于设定坏账担保的额度。

7. 对反向保理设定虚拟额度

以反向保理的营销模式进行业务推广,即使核心企业(债务人)没有书面承诺担保付款的责任,也必须对其设定一个框架额度(虚拟额度),对其应付账款余额控管。

8. 保理商计算额度前必须设置不同的风险权数

企业作为保理商的客户,可能同时存在以下全部或部分不同性质的额度:卖方有追索权融资额度、卖方无追索权融资额度、(作为付款方)买方坏账担保额度及参考额度等,计算客户的总额度时必须全部纳入,不能超过可以核定的最高限额。基于保理商对于不同性质额度承担的责任不同,不同性质额度的风险程度本身也不同,保理商在计算加总额度前,必须设置不同的风险权数,才不至于发生制约业务往来的情形。例如,有合作保理商承担买方信用风险对应的无追索权保理融资风险权数理应最低,不宜全额纳入总额度计算。

9. 保理额度管理高度重视异常情况

保理额度的管理非常重视异常情况的发生。例如,间接回款、商业纠纷、核查发现造假行为、买方经常性严重拖欠款、卖方资信评级变差等。考虑异常情况的性质以及对风险影响的不同,保理商通常会制定相应的应对措施,包括冻结额度使用、调减甚至取消额度等。这是额度管理工作最大的挑战。

10. 保理额度实行动态化管理

保理额度的管理工作是日常性工作,几乎每天发生;是动态的工作,不是久久不变;是多元性质的,不是单纯的融资或担保;是多维度交叉影响的,不要拘泥于无追索权保理业务占用买方额度后,要不要占用卖方额度的这种零和思维模式。

以上仅仅介绍了一些基本原则，业务实践中的额度管理工作是各项原则交叉运用，结合系统科技手段的支持来实现的，所以只有现场模拟各种业务流程、异常情况的发生，借助操作保理系统进行演示，才能贴切地表达额度管理的重点。

二、授信条件的落实

保理业务是授信业务的一种，在正式对卖方办理融资或启动对买方的坏账担保责任前，都必须落实一些额度审批核准时所要求的授信条件。内容包括但不限于：担保品的抵质押、连带保证人（企业、个人）、价格、保证金、操作方案（限定买方、通知方式、付款期限）等。其中的大部分情况与其他的授信业务大同小异，可以直接借鉴，主要的差异是在操作方案的落实方面。

(一) 常见的操作风险

1. 取印、核保、面签阶段的操作风险

这主要表现为：未按公司制度要求进行取印、核保、面签，造成虚假印章、虚假担保等风险；合同签署过程中，未按规定要求核对签字人的授权，导致越权签署文件风险；未经法律合规的部门对格式合同附加补充约定条款的审查，出现合同的法律风险。

2. 授信材料的真实性审查阶段的操作风险

这主要表现为：伪造工商登记信息或打印工商登记信息不及时；收集的公司股东会决议、董事会决议系伪造；收集的交易合同、增值税发票为伪造或变造等风险。

(二) 一般管理上的要求

1. 规范工商登记信息查询和审查要求

工商登记查询应注重时效性，办理额度启用之前15日内查询的工商登记信息为认可的有效查询结果。首次额度启用时，为确保工商登记查询信息的真实性，由风险或融资管理部门配合市场人员到工商管理部门进行实地查询；如当地不提供实地查询或有专业网站进行查询的，可采取市场人员查询并打印工商登记信息，风险人员或融资管理人员在进行审查时，网上核对真实性的方式进行处理。

2. 落实合同、协议双人面签要求

首次办理授信业务的合同签订和取印、首次提供担保的担保合同的签订和取印、各类承诺函的签订等必须有风险人员参与,双人面签。其他合同、协议的面签,也必须双人面签。需要对格式合同进行特别约定的,特别约定条款需要经过法律合规部门审查,并签署审查意见。

3. 加强对董事会(股东会)决议、授权书等文件的真实性审查

除对授信合同类文件开展取印、核保、面签等手续按公司相关制度执行双人面签的管理要求外,以下情况应视同核保手续,由风险或融资管理部门人员协同市场人员面签与核实。① 企业为公司股东或者实际控制人提供担保时所出具的担保决议。② 由政府出具的同意为企业的受信行为,提供具有担保意思表达的承诺函、安慰函。

(三) 操作方案的落实

1. 核实保理业务贸易背景真实性

市场人员必须协同其他条线人员对购销合同的真实性进行调查、核实;审查要结合企业营业范围、业务规模、交易内容、交易金额、交易时间等,与营业执照、业务报表、交易合同、发票、货运单证等逐项对照审查。对存在疑点的发票,可通过查询税务网站或比对发票印章、密码区等方式核对其真实性,审单人员对形式上不合理的购销合同、单据不符的情形,必须提出讨论,进行必要的补充调查、核实,防止虚构交易背景套取保理融资。

2. 核实应收账款的可转让性

这包括但不限于:① 购销合同中是否有禁止应收账款转让的约定。② 卖方是否办理应收账款转让通知的手续,相关单据、签收回执等是否齐备。③ 在中国人民银行征信系统(目前限于银行保理商)以及应收账款质押登记系统查询应收账款未被登记质押或转让,确认应收账款为合格应收账款后,须办妥应收账款转让的登记手续。

复习思考题

1. 本章节谈到应收账款的登记,很容易就联想到应收账款质押融资业务。尝试从客户的角度出发,想象客户会如何在应收账款质押融资与保理这两种业务中进行选择。为什么?

2. 为什么办理了应收账款的转让登记,却无法实现对债务人(付款人)主张应收账款债权的权利?

3. 提到额度的管理,通常都是从保理商自身的角度出发来进行,偶尔也参照竞争同业的态度。在业务实践中,经常会听到同一客户提到某竞争的保理商加大对他的支持力度,提高了融资的额度,要求你同样比照办理。对此,你会如何处理。

4. 在可以核定买方坏账担保额度情形下,为什么还会出现无法给予卖方融资额度的情况?

5. 为什么没有承担买方的信用风险,原则上还要对买方设定额度来管理呢?

6. 买方坏账担保额度增加时,卖方的融资额度是否可以按照同样的增长幅度来核定? 请说明具体原因。

第七章

应收账款及贷款管理阶段

本章概要
- ◆ 介绍应收账款的催收；
- ◆ 从付款的方式和间接付款的处理等方面介绍买方的回款管理；
- ◆ 介绍商业纠纷原因、影响及其处理方法；
- ◆ 介绍应收账款管理的主要范围和日常管理。

第一节 应收账款的催收

应收账款的催收严格来讲包含了两个阶段：到期的收款（Collect Payment）与逾期的催收（Overdue Payment）。保理实践中，保理商不太会刻意去做区别，一般统称为应收账款的催收。个别保理商觉得"催收"二字的直观字面意义，显得不太正面，就用"收款"替代。无论何种称呼，对外都是应收账款管理的重要环节。

一、应收账款的到期收款

实务上，保理商会每个月定期地向买方发送《应收账款对账报表》（在明保理模式下），有些保理商会列出所有对买方的应收账款，有些则标明尚未到期但即将到期、已经到期(含逾期未付)的应收账款。报表可以起到对账的作用,如有异常情况,可以提前发现风险,及早进行处理;并可提示买方提前妥当安排付款的资金,这在一定程度上有预先催收的性质。

通常情况下,保理商负责账款管理的部门会根据即时的《应收账款对账报表》在账款到期前一周内提示买方付款,尤其是对于大额到期或集中到期的账款应尽早做出还款的时间安排。注意提醒并监督买方付款至保理商指定的账户,避免出现间接付款情形,给卖方挪用资金的机会。这里提到的间接付款是指,如果买方没有将款项直接付到保理商指定的账户,而是付给了卖方或其他第三人的情形。发生间接付款对于保理商提供的保理融资(如有)会产生较大的冲击,必须予以特别关注,这将在下一节买方回款的管理中进行介绍。

现代保理收款的记账工作一般是通过保理系统(有些银行保理商是通过"应收账款融资业务管理系统")来实现的。当保理商收到了买方的付款,账款管理的部门会输入买卖双方的编号、收款金额等信息,系统会自动识别卖方与买方的账户并做出相应的账务处理。一般情况下,系统会比对发票编号进行核销,如果买方付款时没有提供发票编号,会进一步询问付款的冲账明细,如果仍然无法取得冲账明细,通常会依据账款到期的先后次序进行处理。

二、应收账款的逾期催收

经过前期对账、提醒付款的阶段,如果应收账款到期(或到期几天,通常一周内)没有收到买方的付款,保理商就进入应收账款的催收阶段。保理商对于应收账款催收的方式以及催款的周期,通常会制定一套操作流程,但实务上有时也会考虑当地的交易与行业习惯、卖方的主动要求、买方的资信和付款记录、买卖双方的往来记录与关系、事态的发展状况等多种因素,决定对不同的买方采取不同的催款方式和周期。此外,关于催收态度的掌握,一般应该考虑卖方的意愿,而卖方通常会希望采取温和方式,不要影响买卖双方之间的生意关系。必须提醒的是,诚信是一切生意关系长久发展的基础,对于卖方和保理商都是一样的。如果买方没有正当理由却长期拖欠不付款,强硬的催收态度是必须的,否则,最终会伤害保理商和卖方的权益。

如何进行催收的工作?有些保理商确实会以事先与卖方商定的方式来处理,但这只限于重要的客户。每一家保理商对逾期账款的容忍度不同,以下按照比较通行的原则进行介绍。

（1）发票到期（或逾期一周内）而买方仍未付款时，向买方以电邮或传真的方式发出一份《逾期发票付款提示函》（样本如附表八），列明已到期的发票明细，并使用恰当的文字提示买方应及时进行付款。

（2）在发出第一份提示函后的一段时间（例如7~10天）内，如果买方仍未付款，也没回应正在准备付款的安排，保理商会发出第二份提示函。第二份提示函所使用的文字和语气肯定会较之前加重，以进一步催促买方付款。

（3）如果发出第二份提示函约一周后，买方仍未付款的话，保理商会即刻发出第三份提示函来进行催款。除了书面催收的动作外，保理商通常还会根据具体情况，进行电话催收或必要的实地走访。

（4）在保理商连续发出三份提示函或账款已经逾期超过一个月时，如果买方仍未付款的话，保理商会动用各种渠道和方式与买方协商，同时考虑借助法律手段进行收款。

（5）在友好协商没有得到预期结果或根本无法进行协商以后，一般情况下，保理商会由内部律师或法务人员起草一封最后的提示函（此时称之催收函比较贴近实际情况），在采取具体法律行动之前发出。特别需要注意的是，在发出最后的提示函之前，保理商通常会事先将内容知会卖方，如果卖方反对保理商即将采取的法律行动的话，绝大多数保理商会将该应收账款反转让给卖方（有追索权情形下），同时要求卖方偿还对应的保理融资（如有）。

（6）如果卖方没有反对发出最后一份提示函，而在进行最后提示后买方依然不付款，多数保理商会评估对自身权益的影响程度，如是否承担买方的信用风险、是否存在保理融资风险敞口等，决定最后是否真正启动法律程序的追讨。

需要特别强调的是，无论是在有追索或无追索权保理业务中，由于应收账款债权已经转让给保理商，真正的合法债权人已经不是卖方。当催收手段发展到需要采用法律手段的时候，买卖双方的客户关系对保理商而言将不再重要。如果保理商承担了买方的信用风险，基于保护自身的正当权益，即使卖方反对采取法律行动，保理商仍必须果断执行（除非卖方同意保理商可以进行反转让，免除担保赔付的责任）。

应收账款的催收有时是一种艺术，尤其是在一些商业信用体系不够规范的环境中。但是，无论环境是否特殊，保理商对日常买卖双方的付款情况必须进行动态监控，以便尽早发现并处理异常情况。在业务实践中，及时与买卖双方沟通，分析问题，既要保障自身的权利，也要恰当地把握催收的态度与方式，协调好三方之间的关系。有时因为催收接触买方，有机会介入提供买卖双方更多的服务，使得三方的合作关系更加紧密。

应收账款的催收不仅仅是债权清算的问题，其实还涉及对买方的信用管理和买卖交易关系管理等，成为企业赊销管理的一个重要组成部分，是保理商专业程度的重要体现。保理商必须高度重视，积极建设高效的保理系统和训练有素的专业队伍。

以上对应收账款催收的介绍是以国内保理业务为背景，对国际保理而言，道理是相同的。在双保理合作架构下，出口保理商通常经由进口保理商向买方（进口商）进行催收，这就等同于进口保理商的国内保理业务催收，催收的原则和流程与上面的介绍内容大体相同，有区别的仅仅是个别法律规定和商业习惯的不同（例如，英国保理商通常不会对于逾期两周内的账款进行催收）。所以，作为出口保理商，在进行出口应收账款的催收时，一定要事先了解合作的进口保理商的催收程序，避免无效联系，甚至引起不必要的误解。进口保理商的催收程序，一般会在它提供的《进口保理商信息表》（Import Factor Information Sheet，IFIS）中揭示（样本如附表九）。

第二节　买方的回款管理

一、付款的方式

保理商在催款后，买方进行付款。买方付款的方式一般以电汇为主，安全而且可以及时入账，部分采用银行承兑汇票、商业承兑汇票或商业支票。如果买方支付银行承兑汇票给保理商，因为是使用银行信用，除了个别资信非常一般的地方性城市商业银行、村镇银行、农（渔）村信用合作社外，安全性高，一般约等于现金。保理商通常会持有到期托收兑现，或提前向银行要求贴现，灵活调度资金。如果保理商收取的是商业承兑汇票或商业支票，使用的则是企业的商业信用。在票据到期兑现前，严格来说，保理商不能当成回款入账，直接将发票予以冲销，必须等到票据到期兑现。在 FCI 国际双保理的架构下，也有关于票据支付的规定。即使进口保理商对出口保理商发出了付款的信息（Payment Message）（样本如附表十）并汇出相关款项，但发送的信息中又同时注明是票据付款，一旦票据到期没有兑现(俗称的跳票、空头票据),进口保理商有权利要求出口保理商返还之前的汇款,这点必须特别注意。所以,当境外买方使用票据付款时,出口保理商在通知出口商关于收到进口保理商汇入款时,必须作出同样的保留声明。

二、间接付款的处理

(一) 间接付款的定义与风险

当买方对保理的账款进行付款时,却没有将款项直接支付到保理商指定的账户,而是付给了卖方或其他的第三人,这种情形被称为间接付款。尽管保理商通过受让了卖方转让的债权而成为买方的实际债权人,一旦买方向其他人(包含卖方)进行了付款,理论上,保理商有权要求买方对账款进行第二次付款,但这也必须是在明保理的模式下;如果是暗保理,保理商并没有权利要求二次付款。即使是操作明保理,毕竟保理商没能收到买方支付的款项,如果之前为卖方办理了保理融资,在失去控制回款清偿融资的情形下,保理商就完全暴露在融资风险的敞口下。必须特别提醒的是,一般在保理业务开展初期,由于各方配合生疏或买方来不及更改付款的路径,难免有间接付款的情形发生,此时应提示买方注意保理业务的安排,避免这种情况的再次发生。但是,如果配合保理业务往来已经有段时日,突然发生间接付款的现象,就必须引起保理商的高度重视,这通常是卖方有潜在风险的先兆。

(二) 间接付款的表现形式与处理

依据上面的定义并结合业务实践的经验,在操作保理业务的过程中,常见间接付款的情形有:

(1) 买方签发商业支票、汇票或用银行承兑汇票等票据的方式交付卖方进行付款。

(2) 买方直接将货款汇入卖方在非保理商指定的银行账户中。

(3) 买方的关联公司代替买方支付保理对应的账款给卖方。

(4) 非关联的第三人代替买方支付保理对应的账款给卖方。

(5) 买方的关联公司代替买方支付保理对应的账款给保理商。

(6) 非关联的第三人代替买方支付保理对应的账款给保理商。

(7) 买方将对应保理账款的货款支付给非保理商和卖方的第三人。

发生第一种和第二种情形,保理商应该要求卖方立即将收到的票据背书转让给保理商持有或将收到的货款支付到保理商的账户用以清偿保理融资款项,同时,联合卖方主动再联系买方重申保理付款的安排。

发生第三种和第四种情形,除了要求卖方立即返还货款、清偿融资外,还必须深入了解为何买方的关联公司或非关联公司的第三人会代替买方付款给卖方,连接卖方/买方、买方/第三人或直接三方之间是否存在上中下游的买卖关系或三角债的互相支付冲销的约定。由于这种情形增加了第三方,导致保理商受让债权,对买方直接付款的期待落空;再则,一家独立的公司不会没有缘故地对外进行支付。所以,无论卖方给出何种的解释,一定要求提交能够合理、合法地说明相关各方关于付款安排的书面文件,再进行判断与处理。

如果发生第五种和第六种情形,保理商因为收到了付款,明显降低了融资的风险,但对于前述调查第三方付款安排的合理性与合法性仍然不能忽略,否则,一旦第三方主张保理商不当得利,在没有对应的债权债务基础下,只怕保理商还是得返还款项,不得不慎重。

第七种情形下的保理商与卖方都失去了对货款的控制权,除了保理商是刚刚承接卖方从其他保理商移转过来的项目,买方尚未更改付款路境外,基本属于最危险的间接付款情形。这种结论的基础是,作为债务人,买方不会无故地将货款支付给卖方以外的其他人,除非是卖方的指示。卖方指示买方将原属于自己的货款(转让后已经属于保理商)支付给他人,通常原因无非是:积欠了其他债权人的债务即将到期或已经逾期(如其他保理商也办理了保理融资、金融机构贷款、民间借贷、供应商货款、员工薪资、股东借款等),但支付现金能力存在严重不足;另外就是为了进行脱产。无论以上何种原因,卖方一般都有资金链断裂的风险,保理商都必须快速果断地进行处理。

(三)间接付款的管理

对间接付款的管理主要分为预防和发生后的处理两个方面。

1. 采取预防措施防范和避免间接付款的发生

(1)督促卖方真实签发《应收账款转让通知书》(如有),确保买方充分知悉卖方与保理商的合作安排,提示买方对于转让的应收账款必须支付给保理商之后才能解除债务上的法律责任。

(2)卖方每次转让应收账款时,都应确保卖方向买方发出《应收账款转让通知书(明细表)》,除了是履行有效的转让通知,还必须明确买方应该采取的付款方式和保理商的收款账号(保理商可能会依据不同项目采取不同的通知方式而调整)。

(3) 保理商应该与买方建立固定的联系窗口,经常保持联系,特别是在与客户合作初期及应收账款临近到期之时,若有异常或不利信息,可以尽早得知。

(4) 根据保理系统生成的对账报表或催款报表,定期对账。必要时,采取随机性地抽样对账,及时发现间接付款。

(5) 对于大额账款、集中到期账款或突然大幅增加的账款,除了应提前一周提示买方事先作出资金安排外,必要时向对账人员了解交易情况的变化。

(6) 对于付账的记录,应该逐笔检查原始凭证,确保由买方直接付款的真实性,这是发现间接付款最直接的手段,绝不能因为收到了付款,就忽视了付款的来源。

2. 迅速处理已发生间接付款的情形

(1) 对于发现间接付款现象,无论属于哪一种类型,必须立即在保理系统中记录,并通知有关人员协商处理,不能轻视或拖延。

(2) 保理商同时必须督促卖方将款项转付至保理商的账户内,或自行划款清偿融资,并要求卖方与买方进行协调(保理商最好陪同协调),确保今后应遵循保理商的要求支付,不出现类似现象。

(3) 进行深入的调查,确定发生间接付款的原因。检查付款的原始凭证及入账凭证是基本手段。切记,包含卖方转账的情形都属于间接付款,必须要求卖方提供买方付款给他的原始入账凭证。① 考虑正常的结算期限、付款时间与进入保理商账户时间是否接近,核查卖方在收到货款后是否存在挪用资金的违规情况。② 核实买方是否有实际付款;如果没有进行付款,必须查核原因;如果有商业纠纷,是还没到达买方统一对外支付货款的日期,还是根本就没有存在交易。

(4) 对于发生在账款到期时或到期后的间接付款,保理商通常有机会发现并进行处理。但如果买方是在账款到期日之前将款项直接支付给了卖方,由于保理商通常习惯关注到期(逾期)账款,这种间接付款就具有很强的隐蔽性。所以,对账动作除了关注到期(逾期)的支付情形,也必须关注总账款余额,以便尽早发现异常。提示:这种类型的间接付款通常反映卖方的资金流确实非常紧张,保理商处理的态度必须更加积极。

第三节　商业纠纷的处理

在实际的贸易行为中,买方与卖方因为基础商务合同的履约情况发生争议是十分常见的现象。在保理业务实践中,如果发生争议,也就是商业纠纷,将会影响应收账款原先预计的价值,也影响到保理商融资的安全性。因此,如何妥当地处理商业纠纷,成为保理商控制风险和实现有效收款的一个重要因素。

一、商业纠纷发生的原因

商业纠纷是指买卖双方对双方履行的行为产生了争议。在保理业务实践中,商业纠纷的范围更大。常见的情形有以下八类。

(一) 卖方没有完全履行基础贸易合同项下的要求

比如:没有按期交货,通常是延后;货物的品质存在质量缺陷,包括但不限于功能、规格、颜色、耐用性等;货物的种类与约定不符,就像预定 iPhone 6,交付了 iPhone 5 或其他品牌;交货的数量与合同不符,一般是短缺;缺少约定提供的各类证明文件,如产地证明、检验证明等。

(二) 交易条件约定引发的争议

这通常起因于合同条款的不公平,当具体履行时,就容易产生争议。比如:验收条件过严,很难满足;授予买方单方面变更条件(如交货地);结算条件设定了参考基准,但基准可被人为操纵等。

(三) 卖方内部管理不当造成文件的错误

比如商业发票的金额、买方名称与地址、付款期限缮写错误;出货批次与单据种类不匹配;文件准备不完整等。

(四) 行业或商品自身特性导致容易出现争议

比如:运送储存过程中容易变质商品,如水果蔬菜、肉类和河海鲜;容易过时或过季的时尚潮流消费品或季节性商品,如流行服装、冬夏装。

(五) 因为法律规定变动或误解造成的争议

比如:我国实施的"三包"、欧美对进口商品实施的各类必须符合环保要求的规定。有的是卖方确实没有达到标准,个别则因为法律规定的实施,买卖双方未及时调整因应而产生损失时,承担损失的争议。

(六) 恶意虚假的商业纠纷

买方提出争议作为拖延付款的借口,就属于恶意虚假的商业纠纷(Sham Dispute)。

(七) 因债务抵消引发的商业纠纷

买卖双方互相存在债权债务,因债务抵消引发商业纠纷。

(八) 其他特殊的商业纠纷情形

包括但不限于:不论哪一种形式的间接付款都算商业纠纷、买方拒绝接收货物(信用保险一般予以承保)、买方没有收到发票、买方没有收到应收账款转让通知等。

二、发生商业纠纷的影响

商业纠纷虽然看似买卖双方之间的事情,但由于债权已经转让给了保理商,从保理商的角度来看,最直接的影响就是动摇了对保理业务的融资及保理商的坏账担保责任;除此之外,也会增加保理商对未来买卖双方交易产生的应收账款品质的忧虑程度。

(一) 关于保理融资方面

保理商对卖方进行保理融资的基础是合格的应收账款,通常会按照转让给保理商的合格应收账款整体余额的一定比例(一般是80%)来控制融资风险。发生商业纠纷时,应收账款就会从合格变为不合格,使保理融资的基础受到动摇,进而影响到保理商融资的资金安全(尤其是纠纷的金额超过了保理商保留的应收账款余额,也就是没有提供融资的部分,一般是20%)。因此,在实际业务中发生商业纠纷,适合于融资的合格应收账款变为不合格,使得合格的应收账款余额减少。如果此时融资余额所占合格的应收账款余额的比例仍在可控制或约定的融资比例限额内,保理商一般会观察后续的发展,不会立即要求卖方偿还保理融资。但如果融资比例超出了可控制或约定的融资比例,保理商就必须采用一些方法来维持正常的融资比例,以确保保理融资的安全。

1. 停止继续向卖方进行融资

由于融资比例已经超出了可控的范围,当然没有理由继续向卖方发放融资,以免扩大风险敞口(除非判断不再提供融资,卖方会立即发生资金链断裂,同时危及保理商已经发放的保理融资的安全)。

2. 逐渐降低融资比例

从买方收到的付款将不再向卖方进行任何全额或部分的支付，全部付款转而直接归还保理融资款，这样逐渐降低融资的比例，直到回落到正常的融资比例范围内。

3. 要求卖方转让新的账款

要求卖方转让新的账款（可以包含对应新增的保理买家的账款），以补充合格的应收账款余额，从而达到降低融资比例的效果。

4. 要求卖方归还融资款

要求卖方直接以现金形式归还一定比例的融资款。

商业纠纷的成因很多，每个卖方的情况也存在差异，还有一些现实上必须考虑的客观因素，保理商不必拘泥于单一手段的运用。有时，适度地采用组合方法和灵活调整比例，更能解决因为商业纠纷引发的融资风险困局。

（二）关于坏账担保方面

发生商业纠纷的应收账款会从已核准承保的应收账款身份转变成未核准的应收账款。如果发生商业纠纷的应收账款本来就属于未经核准的，保理商原本就没有对该应收账款承担坏账担保责任，商业纠纷发生时，保理商通常会视有无办理融资及卖方当时的清偿能力，再决定是否将该应收账款反转让给卖方。如果应收账款已经被核准承保，在发生商业纠纷之后，会立即变为未被核准承保的应收账款，等待商业纠纷的解决。在商业纠纷等待解决期间，保理商是暂时免于承担坏账担保责任的。但是，如果卖方解决了商业纠纷，而且结果是确认了卖方的权益，解决的过程或结果也没有损害保理商的权益，那么保理商就有义务重新对该应收账款承担担保付款的责任。

（三）关于与卖方的保理业务的合作方面

在保理业务实践中，发生商业纠纷其实是一种难以避免的正常现象，但保理商不能因此而疏忽大意。由于纠纷的成因很多，所以分析它的影响至关重要。有的商业纠纷可能只是简单的作业疏忽，如买方表示在1亿元的账款中，缺少了一张500元的发票。有的纠纷性质就需要详细探究，如发生买方间接付款给卖方的账户；买方声称卖方的产品有严重质量问题，不能付款等。小问题反映的可能是管理方面需要提升，但类似后者这类商业纠纷也可能预示卖方或买方的经营活动出现了某种危机，或双方的合作产生了裂痕。例如，买方式卖方资金是否短缺、卖方的产品是否不再被买方市场接受、卖方生产技术水平是否下降、买卖方是否将不再紧密合作准备拆伙等等。保理业务是一个发生频率高、具备连续配合的特性,不是一锤子买卖。因此,保理商不能只关注眼前单笔的业务,必须对商业纠纷的性质进行细致的探究,做出准确的判断,以便在保障授信风险的前提下,准确有效地发展客户合作关系。

三、商业纠纷的处理

前面介绍了商业纠纷对保理商的权益(尤其是已经提供保理融资的安全性)有很大的影响,保理商在处理商业纠纷时的态度必须积极与谨慎。由于卖方是纠纷的主角,能否有效顺利地解决商业纠纷,卖方的态度就起到了绝对性的作用,所以保理商一定要确定卖方的责任义务、采取措施敦促行动。一般原则如下。

(1) 对发生纠纷的账款(已经核准承保)立即转为暂时不予承保,等待商业纠纷的解决。

(2) 采取前面介绍的包括不继续提供融资、回收货款的全部进行冲销融资款等措施。

(3) 要求卖方无论采用何种方式来解决争议,都必须积极努力地去解决并及时(不得超过要求时限)向保理商通报解决纠纷的进展情况。

需要特别提醒的是,依据FCI《国际保理通用规则》规定,出口保理商在收到进口保理商发送的商业纠纷通知后,必须及时向进口保理商通报解决的进展情况,如果超过60天仍没有进行任何通报,进口保理商有权直接反转让应收账款给出口保理商。参照这样的精神,保理商通常要求卖方应当按照一定的时间间隔通报纠纷解决的进展情况,用来证明卖方确实努力地作为,积极地解决商业纠纷。如果卖方没有履行这种积极作为的义务,或没有及时履行通报进展的告知义务,保理商可以反转让账款,彻底免于担保付款的责任。这项要求主要就是为了防止卖方出现懈怠,督促其能够积极作为,让纠纷能够尽速得到解决。

关于商业纠纷的处理解决,实务上有些通用的惯例或流程。

(一) 保理商发出《商业纠纷通知书》

保理商发出《商业纠纷通知书》(样本如附表十一),将纠纷的原因告知卖方,并提示卖方在一定的期限内解决纠纷,及时(不超过要求回复的期限,视纠纷性质而定,一般为7天)告知保理商有关纠纷解决的进展情况。同时,追踪卖方签收回执《商业纠纷通知书》,确保纠纷通知的送达。

(二)内部采取必要措施

内部讨论是否采取一些必要措施,如暂停发放新的保理融资、要求转让新的应收账款债权、要求买方自行以现金清偿涉及纠纷账款的融资及将所有回款进行冲销保理融资等。

(三)协商解决和通过法律途径解决

一般而言,卖方解决纠纷的方式有协商解决和通过法律途径解决两种。

1. 买卖双方和平协商解决

(1)保理商给予买卖双方和平协商解决纠纷的期限各不相同。《国际保理通用规则》的规定为180天,国内保理商在国内无追索权保理业务模式中,对于这个期限的设置一般不会过长,主要是为了督促卖方能够积极努力地尽快解决所面临的纠纷问题。

(2)如果卖方没有在要求的时限内告知保理商关于纠纷解决的进展,或在规定的时间内没有解决纠纷,也没有开始采用法律行动来解决纠纷,保理商会将有关纠纷的应收账款进行反转让给卖方,由卖方自己直接向买方收款,保理商不再对该笔账款承担任何责任。

(3)如果卖方明确表示已经解决纠纷或纠纷根本不存在,卖方需要向保理商提供相关细节,尤其是书面材料;保理商还将继续向买方进行收款。但没有得到买方的确认(国际双保理业务时,得到进口保理商的确认)前,应收账款依然处于纠纷状态,保理商并不承担有关的担保赔付责任。

2. 采用法律手段解决争议

(1)无论是采用仲裁还是诉讼的方式来解决纠纷,都被视为法律手段。如果买卖双方的商务合同有明确具体的约定,肯定要参照执行。

(2)参见《国际保理通用规则》规定,采用法律方式解决的期限为3年。这主要考虑了跨国贸易涉及的司法程序和效率,同时可能也是亚洲出口保理商群体在FCI发挥的影响力。保理商在办理国内保理业务时,通常会对仲裁和诉讼的纠纷处理期限进一步区分。显而易见,采用仲裁的方式效率要高得多,成本也更节省。

规定法律手段解决纠纷的期限,主要还是为了督促买卖双方尽快地解决纠纷。只要在规定的期限内解决了纠纷,保理商就必须按照仲裁或司法判决的结果就已经确认解决的账款部分履行相应的坏账担保责任;同时也可以将未被确认的账款反转让给卖方。如果在规定的期限内没有完成仲裁或诉讼,则保理商对纠纷的账款不再承担担保付款的责任。

第四节　应收账款的日常管理

一、应收账款管理的主要范围

在保理业务中,对应收账款进行日常管理是整个保理业务的核心之一,是保理业务与一般贷款业务的根本区别,也是商业保理公司有别于银行保理商的优势之一。保理商的日常账款管理工作,主要包括但不限于以下几个方面。

(一) 详细记录应收账款金额与状态的变化情况

围绕卖方转让的应收账款,全程详细正确地记录卖方与保理商、保理商与买方之间应收账款的债权债务金额与状态的变化情况。

(二) 审核应收账款的转让情况

审核应收账款的转让情况,向卖方提供保理融资;账款到期时,进行催收;发生纠纷时,协助或督促卖方解决。

(三) 协助卖方进行账户管理

定期或不定期地向卖方提供各类报表,协助进行账户管理。例如,未结清应收账款明细、融资情况、买方付款以及争议情况等多种分析报告。

(四) 出具保理账款分析报告

出具各种与客户保理账款有关的分析报告,作为保理商管理客户风险和扩大开展业务合作的判断基础。

需要特别指出的是,以上工作的有效执行除了专业人员外,一个高效的保理系统是绝对必须的。系统是必备的基础工具,人是运用科技的主角,缺一不可。另外,本节只是针对应收账款的管理作重点介绍,对保理融资的贷后管理必须结合对企业日常经营活动的了解,才能更加全面管理相关风险。

二、应收账款的日常管理工作

为防范客户潜在的经营风险,确保保理融资的安全性,保理公司在融资发放后,必须做好一些贷后管理工作。通过应收账款的管理工作,关注企业经营管理方面的变化、行业政策及竞争环境、总体经济的发展情况等,判断企业未来的发展趋势,并对整体风险进行评价。这是一项连续性工程,不仅仅是某个阶段的工作(虽然从内部操作流程来看似乎是特定阶段),尤其是应收账款的管理方面;同时体现了动态与及时的特质。

保理商在办理保理融资后,从管理风险的角度,对应收账款管理的工作主要包括四方面。

(一) 与卖方对账

定期按月出具对账单,列明应收账款的总额及未结清账款的明细,至少应该包括发票号码、发票日、金额、到期日、对应的买方等,交付卖方进行对账,检查双方的记录是否一致。如果双方出现不符的情形,必须详细记载不符的金额与原因,进行必要处理(例如,是否有间接回款、对债权债务进行了抵消、提供商业折扣、发生商业纠纷导致发票减值等,卖方却没有知会保理商的情形)。这种对账工作,平常是以电邮、电话或传真方式进行,但每季度或半年应该至少进行一次现场对账,同时对存在怀疑或不符的账款进行现场核查。

(二) 对发票进行二次核查

保理商办理融资前一般会通过税务局网站或企业税控系统查询发票是否为销货单位所购买/签发而事实存在。为了预防卖方先虚开发票再撤销或使用红头发票进行对冲,在办理融资后的次月必须再一次进行同样的查询动作,确认发票是否依然完整真实存在。这样的核查动作必须把握一些要点,例如,不定期、不预告(可以说是顺道经过)、自行抽样选定等。如果企业以各种理由搪塞或拒绝,在告知是监管机关的规定要求后,仍无法进行任何的抽样核查工作,必须将本项目列入严重观察名单,采取必要的措施。

(三) 与买方对账

目前,在我国进行与买方的对账工作通常不会很顺利,但还是必须努力不断地沟通。有些采用反向保理营销方式的保理商,会比较容易有效地进行对账。同样地,对账时无论是使用账款总余额的核对方式,还是按照业务发生额来核对,都必须注意:① 必须定期对账。可以及时发现错账,予以处理,防范风险;同时有助于了解买卖双方交易的动态,有效管理风险或把握商机。② 针对对账不符结果,找出原因。例如,是否存在入账的时间差、是否已经支付销账、是否有商业纠纷造成扣款等。③ 对于没有纠纷但逾期较久的账款,与买方进行协商安排付款。若短时间内得不到解决,必须决策是否采取强硬的措施,例如法律手段。

(四) 对应收账款进行总体评价

对于应收账款的总体情况,进行各种维度的分析,至少可以从以下几方面着手。

1. 产品的平均单价变化

从产品的平均单价变化情况可以分析企业产品组合的变化、可能对利润产生的影响、行业的发展概况；比对同业价格，评价企业在市场的地位。

2. 应收账款的总量、发生次数（频率）以及发票的平均金额

除了关心客户的业务贡献度外，从应收账款的总量、发生次数（频率）以及发票的平均金额中可以看出平时交易的情况。特别要注意一些异常情况，例如，是否存在卖方更换发票，或突现大笔金额或大量交易的异常情形。

3. 买方的回款情况

买方使用何种付款方式，是电汇还是票据；是否按照账款转让的通知将款项付至指定账户；是否曾有间接回款情形，类型与解决结果；催收过程中是否存在障碍，买方是否足够配合；买方是否积极履行付款义务；付款的记录和趋势等。

第五节　客户运营风险的监控与评估

客户运营情况的好坏直接影响了保理业务的风险程度，以及未来合作关系的进一步拓展，监控与评估客户运营风险的重要性不容置疑。本章第四节已对加强应收账款原理、防范、潜在风险作了详细分析。这里从财务信息、比对分析、企业经营管理评价和异常征兆监控等方面进行介绍。

一、对近期财务信息分析比对

由于企业的财务报表是过去经营结果的表象，现时的状况存在一定的滞后性，因此尽可能要求企业每个月定时提供报表。同时要求任何时点的审计报告完成时（季度、半年度、年度），也必须主动提供给保理商。如果个别客户比较强势不提供，保理商也可以通过公告的财务信息进行了解与分析。

对于财务信息的分析不能每半年甚至一年才做一次，在瞬息万变的商业环境中，信息价值的存续期间很短，必须及早利用才能发挥效用。财务分析一般应遵循以下三个原则。

（一）特别关注企业的偿债能力

客户的销售额、利润总额、总资产等绝对数当然要关注，但不必过于强调。

一般人习惯关注企业的赢利能力,但对于保理商而言,更需要注意企业的偿债能力,即通过正常的经营活动,企业是否能按时、足额的偿还融资款(即使报表出现了亏损)。因此,关注的重点集中在:负债总额与结构的变化(尤其即将到期的债务金额和时点、长短期负债的配置、应收账款及其他应付款的变化和结构)、应收账款周转速度、存货周转速度、现金流量分析等方面,以推估企业的长短期偿债能力、流动资产的变现能力等。

(二)推估客户实际经营情况和未来走势

报表数据有虚高的可能性,必须对报表进行同期比较,详细了解变动的原因;同时进行不同科目的交叉分析,推估客户实际的经营情况和未来走势。例如,应收账款同比增长50%,销售额却只增加10%,是否货款回收速度慢,甚至有发生坏账的风险;金融借款总额、借款利率和市场利率基本持平,财务费用支出却大幅增加,必须考虑民间借贷之类非金融贷款的可能性和冲击。

(三)关注审计报告中附注事项的变化

例如,主要股东结构、供应商和采购商、金融借款和种类等,尤其是主要往来金融机构的变化。即使金融机构的授信额度或借款金额增加,也不宜直接推定企业资信更佳,仍然必须咨询减额或退出的金融机构,详细了解关于减额或退出的原因或判断。

二、对企业经营管理情况进行评价

有些保理商对这方面的工作简单理解为对企业进行回访,跟企业的经营管理人员交流企业的经营情况和未来发展战略,然后在企业管理人员的引导下视察工厂的运作情况,就可以进行总结评价。严格地讲,以上是基本步骤,一定要具体执行;同时最好能辅助以下要点或工作,应该可以得出更接近实际的评估结果。

(一)随机性拜访企业

通常情况下,如果保理商与企业已经建立了业务往来关系,之后保理商的拜会难免会出现企业欢迎领导莅临指导的排场;这可能是客户热情主动,也不排除是保理商人员的蓄意安排。既然是一种刻意的安排,尽管不是造假,也难免多少失真。所以为了评估企业目前的经营管理情况,还是采取突然拜访比较好,只要企业管理层中有人接待即可。

（二）实地考察生产制造和装运情况

实地回访考察厂房生产情况时,除非因为生产安全因素的限制,尽可能不要完全按照企业带领路线进行参观;同时着重考察保理买方的商品生产制造和装运情况,随机与现场人员进行交流,实地了解保理涉及的交易背景情况。

（三）与企业基层人员建立友好关系

借由平时业务上的联系,与企业基层人员建立友好关系。日常多走动、勤攀谈,除了维护发展客户关系外,通常也能从基层人员处获悉一些企业提供的书面材料之外的重要信息,有利于对企业的评估工作。

结合以上要点,实地访谈和考察公司的情况进行评价,重点了解企业经营管理、发展策略和方向是否有变动。例如,重要股东管理层、新产品技术开发、销售模式和赊销政策、金融往来配合对象和金额、同业竞争情况、与保理买方交易的规划等。

三、监控异常征兆

平时注意对一些表面的异常征兆加以监控,对企业进行运营风险的监督与评价可以使用以上多种技术手段,同时通过对平时有些现象的关注,经常也能给保理商在管理或处置风险上起到预警的作用。以下补充一些实务操作中常见的情形。

（1）客户的主要股东、关联企业或担保单位等发生了重大的经营管理变化（如改制、频繁复杂地进行关联交易）或涉及司法诉讼。

（2）大量进行对外投资,且投资项目与主营业务关联性不大或无关联。

（3）管理层的核心人物突然死亡、患病不起、辞职、下落不明或卷入经济或刑事案件。

（4）接到许多非客户往来的其他金融机构的咨询调查,客户以扩张业务为由,向多家金融机构申请融资。

（5）突然变更结算金融机构的账户。

（6）会计师事务所出具了保留意见的财务审计报告,或客户更换会计师事务所。

（7）实际负责人很忙碌,却不常在企业的办公处所办公。

（8）实际负责人常混迹各种圈子、拉拢各式关系(尤其政商圈、时尚娱乐圈)。

（9）出手阔绰,谈论企业发展从来只说好的,不说隐患。

（10）公司内部大小事,员工一问三不知,表示只有老板知道。

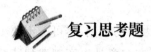 **复习思考题**

1. 不少人认为在我国对应收账款进行收款或催收是一件不太容易的工作,你认为主要存在哪些困难? 可以运用哪些方法去解决?

2. 如果买方没有将货款直接支付给保理商,而是支付到保理商指定的第三人的账户,这样的情形算不算是间接付款? 你的理由是什么?

3. 如果保理的买方一直准时支付货款到保理商指定的账户,有一天忽然发生了间接付款情形,作为保理商,你将如何处理?

4. 实务中,有些保理商专门针对一些持有银行承兑汇票的卖方提供保理融资,在这种情形下,保理商还有风险吗? 产生这类保理业务商机的背景成因可能是什么?

5. 有些企业认为商业纠纷的风险太大且不可控,而应收账款如果发生了商业纠纷,它就不在保理商提供的坏账担保的承保责任范围内,因此,保理规避坏账风险功能并不能真正保障客户。对于这样的看法,如果你是第三方,你会如何看待呢? 如果作为保理商,你又如何回应客户的想法呢?

6. 承续上一题,部分保理商也认为商业纠纷的风险太大,因此只提供有追索权的保理业务,对于无追索权保理业务或只提供信用风险担保类的业务,采取敬而远之的态度。你如何看待这样的策略?

7. 当已经办理融资的保理账款发生了商业纠纷后,有些保理商并不会立即要求卖方马上清偿融资款项,为什么?

8. 如果保理商有一套强大高效的保理系统支持应收账款管理工作,可以分析各项数据,以及出具各种对账和分析报表。那么,应收账款管理工作是由市场人员直接负责执行,还是设置专职部门和人员负责处理比较好呢? 你的看法和主要理由是什么?

9. 对企业经营风险的评估与监督是个连续不间断的过程,而且是多层面多角度、不分前中后台、全员参与的工作。如果客户有任何发生风险的前兆,得及早发现与处理。本节介绍了一些异常征兆的现象,但这只是一部分,请再认真思考一下进行补充。

10. 从提供保理服务到进行股权投资,对保理商而言,有哪些有利或不利的影响(如有),为什么?

11. 有人说相对于产品风险防范来说,保理业务贷后比任何业务的贷后管理更有效,你如何理解?

12. 保理业务的应收账款贷后管理无法解决客户的信用风险,你如何理解?

13. 近些年,银行、商业保理公司都暴露出很多保理风险,有人认为这是在中国目前的法律和信用环境下,保理产品存在很多发展缺陷导致;也有人认为任何保理产品都无法防范企业的信用风险、道德风险,如何公正、全面地理解这些观点?

第八章
保理业务的产品与模式创新

本章概要

- 从保理合作产品、目标客户定位、风险管控、实务操作、理赔时点把控等方面介绍保理与信用保险的结合;
- 分析保理在供应链融资中的作用;
- 介绍保理在电子商务平台的应用;
- 介绍证券化基础资产的选择,以及保理资产证券化流程;
- 介绍保理在交易撮合和资金撮合中的应用;
- 介绍保理与 P2P 结合的背景,以及 TRE。

第一节 保理与信用保险的结合[1]

出口信保保理业务,本质上是指在出口保理业务中引入中国出口信用保险(以下简称"中信保"),其目的是在交易背景真实的情况下由中信保承担进口商信用风险,进而在贸易自偿性的基础上,管理与进口商付款直接相关的进口商信用风险。这种业务模式为众多中小型出口企业提供了一条有效的资金解决途

---

[1] 项毅、孔焰,中国民生银行相关业务资料。

径,也有助于推动国际保理业务的发展。

以下从中信保公司的基本情况、保险产品、目标客户定位、风险把控、实务操作和理赔时点把控等方面进行介绍。

一、中信保概况介绍

(一) 公司简介

中国出口信用保险公司是由国家出资设立、支持中国对外经济贸易与合作、具有独立法人地位的国有政策性保险公司。成立于2001年12月18日,总部设在北京,目前已形成覆盖全国的服务网络。公司的经营宗旨是:"通过为对外贸易和对外投资合作提供保险等服务,促进对外经济贸易发展,重点支持货物、技术和服务等出口,特别是高科技、附加值大的机电产品等资本性货物出口,促进经济增长、就业与国际收支平衡。"

根据中信保最新发布的数据显示,2013年,中信保实现总承保金额3 969.70亿美元,同比增长14.80%。其中,出口信用保险承保金额达到3 274.4亿美元,占我国同期出口总额和一般贸易出口总额的比重分别上升到14.80%和30.1%。全年服务客户4.4万家,增长22.90%。其中小微企业2.80万家,增长32.20%,占到中信保全部客户数量的60%以上。全年共支持企业通过出口信用保险获得融资超过3 700亿元人民币,向企业和银行支付赔款13亿美元(约占承保金额的0.4%),增长10.40%(这同时也反映了外部国际环境的风险加剧)。

随着中信保业务广泛而深入地开展,中信保在积累国别风险信息、行业信息以及海外进口企业、海外银行等经济主体各类信息上的优势将愈发明显。这些优势有助于出口企业在与中信保的合作中,大大降低出口收汇与境外投资的风险。

(二) 主要产品

中信保的主要产品包括短期出口信用保险、中长期出口信用保险、海外投资(租赁)保险、国内信用保险等。

(三) 经营原则

与国际信用保险巨头科发斯、安联等不同,中信保的经营原则是保本经营和非营利性。

（四）职能定位

中信保的主要任务是积极配合国家外交、外经贸、产业、财政和金融等政策，通过政策性出口信用保险手段，支持货物、技术和服务出口，特别是高科技、附加值大的成套设备和机电产品等资本性货物出口，支持中国企业向海外投资，为企业开拓海外市场提供收汇风险保证。

（五）三大核心职能

中信保的三大核心职能是为外贸营造良好环境促进出口、改善中小企业融资环境和主权信用评级。

二、与保理合作产品介绍——短期出口信用保险

1. 短期出口信用保险

保障一年期以内出口商以赊销（OA）、承兑交单（D/A）、付款交单（D/P）、信用证（L/C）方式从中国出口或转口（军工除外）贸易的应收账款以及银行、保理商在出口贸易项下受让的应收账款或未到期债权的政治风险和商业风险。

2. 政治风险

（1）进口商或开证行所在国家、地区禁止或限制进口商或开证行向被保险人支付货款或信用证款项。

（2）禁止进口商购买的货物进口或撤销已颁布发给进口商的进口许可证。

（3）发生战争、内战或者暴动，导致进口商无法履行合同或开证行不能履行信用证项下的付款义务。

（4）进口商付款须经过的第三国颁布延期付款令。

3. 商业风险

（1）进口商破产或无力偿付债务。

（2）进口商拖欠货款。

（3）进口商拒绝接收货物。

（4）开证行破产、停业或被接管。

（5）单证相符、单单相符时开证行拖欠或在远期信用证项下拒绝承兑。

4. 赔付比例

由政治风险和商业风险造成损失的最高赔偿比例为90%（由于要留存足够的保理业务手续费及融资利息，并预留汇率波动可能造成的损失，保理商融资比例原则上不高于剔除预付款后合格应收账款金额的80%）。

5. 短险业务保费

视不同国家和地区及期限等因素有所不同，可申请政府保费补贴，部分城市和地区可同时向市、区级行政单位申请保费补贴，另可申请融资贴息。

三、目标客户定位

保理商在营销客户时会面临一个问题，就是如何确定目标客户群体，简单地说，就是"去哪儿找和怎么找"的问题。在这里，提供三点实务经验作为参考：① 通过中信保公司介绍（中信保公司存量客户推荐）。② 走访出口加工区企业（中信保客户在此类区域客户覆盖面广，区域集中度较高）以及方兴未艾的自贸区企业。③ 以保理商或合作的融资银行现有的客户资源为目标群体，加大对出口信保保理业务的营销力度，适度引导银行汇入汇款、出口押汇等业务项下优质客户开展出口信保保理业务。

同时，经由实践经验的研究分析可知，对出口信保保理业务有需求的客户一般具有以下几个特点：① 主要以自有资金周转，进口商主要以即期结算及信用证为主，当企业发展遇到瓶颈时，需要通过改变结算方式或承接国外大买家的OA订单来扩大销售规模，增加市场占有率的中小型企业。② 从行业特点来看，适合出口信保保理业务的出口商主要集中在纺织、服装皮革、鞋类、自行车、电子元器件及成品等传统出口产业中的中小企业。此类中小企业的国外交易对手（即进口商）较为强势，在整个贸易过程中处于主导地位。进口商为加速资金周转、创造更大效益，要求通过赊销达到远期付款的目的。③ 已在金融机构同业中配合了信保业务的相关融资业务，由于合作（银行）保理商信贷资金投放趋紧、信保的融资政策调整，或因行业限制等原因被同业取消或调减授信额度，需要通过更换或增加合作机构来满足资金需求的中小型企业。

另外有两点需要特别说明：① 符合上述第一点和第二点的目标客户可以正常开展营销工作，一旦遇到类似于第三点的目标客户，保理商要对企业进行深入了解，查看客户的生产经营情况、上下游结算情况、企业的信用记录等是否有异常情况发生，做到"缓一缓，想一想，再行动"。② 虽然以上所提到的目标客户主要是中小企业，但中小企业不代表其出口额就不大。例如，大量分布在珠三角、长三角的电子通讯类生产企业的应收账款金额一向就不低；同时，中大型企业一样有相当的出口保理（出口信保保理）融资需求，不宜忽略这方面的商机。

四、风险把控建议

（一）引入订单或发票核实、应收账款管理和催收等工作

在开展出口信保保理业务时，建议通过引入进口保理商进行贸易背景项下的订单或发票核实、应收账款管理和催收等工作，虽然会增加些许费用，但对于加强风险防范是一项重要的措施。

（二）授信前保理商详细调查出口关联交易情况

在开展出口信保保理业务时，避免对间接付款客户授信，防止关联企业通过信保融资套取保理商的资金[出口商通过代理商或关联公司间接地与境外（含保税区、出口加工区、自贸区）进口商交易的背对背业务模式除外]。一般情况下，中信保对关联交易免保免赔（背对背业务模式除外），但只在出险后才会去核实客户的关联关系，因此在授信前保理商需对出口是否存在关联情况做详细调查。在具体业务中，交易背景真实性至关重要。业务中的操作过程管理能有效地起到监控作用，操作中如间接付款，保险公司自动免责。

（三）与保险公司共同控制风险

在开展出口信保保理业务时，认清业务的本质和风险把控点，做好业务及客户的风险把控；同时做好与保险公司的分工合作，共同控制风险，做到"保理商主内，信保主外"，通过与保险公司的合作，开拓市场，共担风险，共享收益。不能因为有信保业务就放松对授信主体经营情况的调查，在处理实际业务中，还需对客户履约能力及销售真实性进行核查；对公司实际控制人从业经历、经营理念等方面进行了解；有条件的话，应尽量对客户管理水平尤其是出口业务员及财务人员的业务能力进行考察。

（四）关注出口商的自身信用状况和经营情况

在开展出口信保保理业务时，应充分认识到保险不完全等同于一般的信用担保，信保的作用只是有效管理进口商的信用风险，在一定程度上转移进口商的信用风险。为规避卖方的经营风险、进口商付款的操作风险，保理商应充分了解自己的客户（出口商），特别关注出口商自身信用状况和经营情况。

同时，须通过对下述资料的审查，深入了解买卖双方交易流程、交易习惯等重要信息：

（1）最近一次已经完成销售及回款的全交易流程的贸易资料（包括但不限于商务合同、订单、发票、运输单据、回款单据/银行水单等）。

(2) 客户电脑系统中所管理的与买方最近一年往来交易的报表(内含出货日期、金额、到期日、收款金额、收款日等)。

(3) 最近一年的审计报告及近期财务报表。

(4) 进出口交易合同或代理协议等商务合同。

(5) 近半年银行对账单。

(6) 近一年海关报关记录。

总而言之，在开展出口信保保理业务时，如同其他授信业务一样必须牢记3K 原则：① Know Your Customer（了解你的客户：了解客户的商业模式、核心竞争力、生产经营情况、上下游结算情况、企业的信用记录、实际控制人的从业经历和为人等）。② Know Your Production（了解你的产品：了解出口信保保理业务的操作流程、原理和风险点等）。③ Know Your Partner（了解你的合作伙伴：了解中信保的商业模式、产品情况、业务流程等）。

五、实务操作建议

(一) 保持与当地中信保的密切联系

保持与当地中信保的密切联系，建议与中信保前中后台尤其是客户经理及理赔法务部的员工建立畅通的沟通渠道，在单据和承保情况难以把握的情况下，多征求理赔法务岗位员工的建议，最大限度地降低信保的免赔、拒赔风险。

(二) 注意保存有效性文件

注意保存贸易背景真实性、交易存在证据、应收账款转让等有效性文件，包括但不限于合同、发票、报关单、装箱单、运输单据、质检文件、能显示付款人名称的银行回款凭证、经进口商有效签回的介绍信、进口商向保理商保理专户或客户保证金账户付款的单据。尽量要求保理商融资的出口单据通过保理商寄单。

(三) 加强额度管理

对于出口信保，其额度管理须遵循以下三个要点。

1. 设定保理业务的融资比例

出口信保保理业务的融资比例原则上不超过合格应收账款的 80%，且不得超过中信保提供的进口商信用赔付比例。

2. 设定保理融资额度

对于单一进口商的融资余额不超过该进口商的保理融资额度。对单一进口商的保理融资额度原则上不超过中信保提供的该进口商信用限额的 80%。

3. 跟踪了解理赔和信用限额情况

如果中信保的保险单项下对应多个进口商,保理商应每月通过中信保了解出口商是否发生理赔现象,同时掌握保险单项下对应的所有进口商的信用限额,并区分下列情况办理具体融资:① 如果申请人将保险单对应的所有进口商的应收账款转让给保理商,则保理商对申请人的融资余额不得超过中信保对其核定的最高赔偿限额。② 如果申请人只将保险单对应的部分进口商的应收账款转让给保理商,则保理商对申请人的融资余额不得超过"保险单核定的最高赔偿限额"减去"在其他金融机构办理融资的其他进口商的信用限额之和"。③ 如果将在其他金融机构办理出口信保融资业务的申请人营销至保理商办理出口信保保理业务,该申请人的融资余额不得超过"保险单核定的最高赔偿限额"减去"在其他金融机构融资未结清的进口商信用限额之和"。

(四) 应收账款转让通知的方式

按是否有进口保理商介入进行贸易背景项下的订单或发票核实、应收账款管理和催收等工作,应收账款转让通知的方式可分为两种:按出口保理商格式将介绍信邮寄通知并要求进口商签回,按进口保理商格式将介绍信邮寄通知并要求进口商签回两种。

进口商的签回形式分为纸质签回和电子邮件签回两种。

1. 纸质签回

出口保理商在寄送纸质版介绍信后,要求进口商在介绍信回执处签章(使用与贸易合同相同的签章式样),寄回保理商。

2. 电子邮件签回

出口保理商在寄送纸质版介绍信后,还需通过出口商的邮箱将电子版介绍信发送给进口商,要求进口商通过邮件签回,并将进口商的回复邮件打印归档。进口商邮箱为可以显示进口商名称字段或在贸易合同中明确约定的办公邮箱。

(五) 介绍信及寄单地址

按照中信保信用限额审批单列示地址寄送。如果进口商实际经营地址与中信保信用限额批单列示地址的不同,应该在贸易合同中明确进口商的实际办公地址,并严格按照该地址寄送。

(六) 出口信保保理业务应注重大数原则

尽量要求出口商将全部或多数下游客户的应收账款转让给出口保理商,做到将在出口保理商办理融资业务的进口商的全部应收账款转让给出口保理商，以降低单一进口商出险对出口保理商融资造成的风险，做大基础客户规模，降低单一出口客户出险对经营单位造成的经营压力。

（七）融资币种尽量与客户保持相同

在《应收账款转让协议》下，中信保按照基础交易币种直接赔偿给出口保理商，如融资币种与基础交易不同，获得赔偿后及时申请结汇。

（八）贷后管理

每月核对出口商在中信保的出运申报记录，对于漏申报的，应及时与中信保沟通，并要求出口商进行补申报。建议出口商在申请信保保单时争取按月申报，以降低漏申报造成的信保免赔风险。

六、理赔时点把控

（一）应收账款逾期 45 天内（含）

在应收账款逾期发生之日起 45 天内（含），或者出现保险单条款规定须提前报告可能损失情况的（包括获悉进口商破产、拒收货物等风险发生，即便尚未超过应收账款到期日），出口保理商应当立即向中信保提交《可能损失通知书》以及中信保要求的其他相关材料。

（二）应收账款逾期 60 天内（含）

出口保理商必须在应收账款逾期 60 天内（含）整理备齐包括介绍信、发票、货运单据、订单/商务合同等在内的全套债权凭证，向中信保提交《索赔申请书》以及中信保要求的其他单据。若申请人未在要求的期限内配合出口保理商提交申请索赔所需的资料（不包括业务受理时所提交的资料），出口保理商必须要求申请人于融资期限到期前先行偿还出口保理商保理融资款项，并办理应收账款反转让手续。

（三）理赔等待期内

中信保在受理出口商的索赔申请后，一般会在 4 个月内（即理赔等待期内）核定损失原因，并将核赔结果书面通知出口商。由于在核赔结果出来前，我们对于申请索赔的业务能否得到理赔、理赔金额能达到多少等信息不得而知，故建议在理赔等待期内，出口保理商可根据出口商的实际情况按照即将印发的管理办法进行催收追偿融资或合理办理展期。

第二节 保理在供应链融资中的作用[①]

自 2008 年全球金融危机爆发之后,国内外贸易环境愈发复杂多变,为了保持业务发展的同时有效控制风险,供应链金融的服务概念得到金融机构的高度重视。其中,供应链融资无疑是供应链金融服务中最核心的业务,应收账款融资更是核心的供应链融资产品。盘活企业应收账款,成为解决供应链上中小企业融资难题的重要路径。保理业务经过近几年的快速发展,已成为应收账款融资产品中最重要的角色,是供应链融资不可或缺的关键业务。

一、供应链金融

(一) 供应链金融的发展

我国的"第十一个五年规划(2006~2010)"把加快实现经济发展方式的转型作为"十一五"经济工作的主线,而供应链生产模式的发展,正是经济发展方式转型的基本内容之一。2008 年发生的全球金融危机,凸显了转变经济发展模式的重要性,也反映了发展供应链生产模式的重要性。在此背景下,金融机构为了更好地服务企业,拓展业务创造利润,供应链金融(Supply-Chain Finance,简称 SCF)在国际银行业界应运而生。供应链金融是商业银行站在供应链全局的高度,为协调供应链上的资金流,降低供应链整体财务成本而提供的系统性金融解决方案。

对商业银行而言,供应链金融掌握供应链生产过程中产生的信息流、物流与资金流,利用动产或权利作为担保,将核心企业优良的信用能力进一步延伸到供应链上下游企业。体现在营销模式上则是以中小企业为市场导向,借由解决中小企业的融资缺口,攫取广大的基础客户市场。如果上升到国家竞争力层面,供应链金融由于能够降低供应链整体财务成本,增强供应链创新能力与运作效率,可以提升国家经济的整体竞争力。

(二) 供应链融资

1. 供应链融资的内涵

供应链融资从核心企业入手,一方面,有效地将资金注入处于相对弱势的上

---

① 百度文库. 保理在供应链融资中的作用.

下游配套中小企业,解决因资金压力导致的供应链失衡问题;另一方面,将金融机构(一般更多的是银行)信用融入上下游中小企业的购销行为,使供应链成员逐步建立起长期协同关系,提升供应链的竞争能力,促进整个供应链的持续稳定发展。

供应链融资跳出传统金融机构的信贷角度,从专注于对中小企业本身信用风险的评估,转变为对整个供应链及其交易的评估,这样不但评估了业务的真实的内在风险,也能将更多的上下游中小企业纳入金融机构的服务范围。

2. 供应链融资的主要方式

作为供应链条中最大群体的上下游中小企业,它的财务调度问题经常会影响整条供应链的运作。如何转变融资模式,改善对中小企业的金融服务,降低整个供应链的财务成本,便成为供应链运营的重要挑战。

从生产型企业生产周期的资金需求来看,可能的融资需求事实上贯穿了全流程,直到回收货款。在接受订单时,原材料、零配件采购的预付款可能会超过企业的自有资金。在生产阶段,企业一方面持有原材料等投入性库存,另一方面持续生成半成品和成品库存,资金需求继续上升。在企业向下游发货阶段,通常会产生应收账款,应收账款回款前,资金压力无法解除,直到应收账款变现回流,企业的资金需求才随之回落。

从供应链过程来看,企业融资的切入点可以分三个阶段:即采购阶段的预付款融资、生产阶段的动产质押融资,以及销售阶段的应收账款融资。目前这几种融资模式已被商业银行广为接受与运用,三者在具体运用和运作的过程中存在一定差异,分别适用于企业在不同条件下的融资活动。概括起来,具体差异如表8-1所示。

表8-1 三种融资模式的差异比较

	质押物	第三方参与	融资的用途	融资企业在供应链中的地位	融资企业所处的生产期间
应收账款融资	应收债权	无	购买生产所需的原料或其他用途	上游、供应商	发出货物、等待收款
动产质押融资	存货	第三方物流企业	购买生产所需的原料或其他用途	任何节点上的企业	任何期间、有稳定的存货
预付款融资	欲购买的货物	仓储监管方	分批付货款,分批提货权	下游、制造商、分销商	欲购生产资料进行生产

作为供应链金融切入点的应收账款融资类业务,是供应链上的重要组成部分。应收账款是由赊销产生的,而赊销的基础在于卖方对回款有信心,允许买方在付款前取得货物;卖方需要有机构为其提供坏账担保和融资等服务,而保理业务恰恰是解决这类问题的有效方式。

二、我国中小企业状况与保理的必要性

(一) 赊销与应收账款风险

我国中小企业融资难的深层次原因之一,在于应收账款的积压和现金流的不畅。

企业应收账款风险发生在企业的销售过程中,处于竞争性市场的企业都无法避免。对于任何企业来说,"现金为王"是不变的真理,但在市场激烈竞争中,中小企业除了提供高品质的商品外,通常还不得不向客户提供销售信用,允许其在提货以后的一段时间内付款;这种方式可以扩大企业销售、增加利润,但应收账款的增加同样也造成企业流动资金压力,加上应收账款有无法正常收回的风险,这就使得中小企业的发展存在较大的瓶颈。

同时,银行传统的风险控制机制对中小企业基本采取回避态度,融资方式主要以不动产抵押为主。尽管银行现在也认识到发展中小企业、小微企业的重要性,但除了个别理念创新、勇于先试先行的银行外,现行的金融产品难以满足中小企业的融资需求。保理业务正是适合中小企业解决应收账款问题的一种金融服务。

(二) 资金缺口问题

通常,企业在支付应付账款和收到应收账款之间会存在一定的时间差,这就使企业出现了现金缺口(见图8-1)。赊销有利于企业扩大经营规模,应收账款也会相应增加,赊销的期间越长,金额越大,企业的资金缺口就会越大。中小企业在贸易结算中往往处于弱势地位,通常是现金支付原材料款项,即使取得赊销,但相较于赊销给客户的条件,往往期间较短,企业依然面临资金周转的压力。

企业在现金缺口期面临着流动资金不足的问题,对于订单增多、销售迅速增长的成长型企业来说,这种问题更为突出。因此,如何缩短现金缺口期就非常重要。从图8-1可以看出,降低现金缺口期可以通过缩减产品生产及存货周期、延长企业应付账款周期和缩短应收账款周期来实现。但是,与大型企业相比,中小企业在缩短现金缺口期方面明显处于劣势。

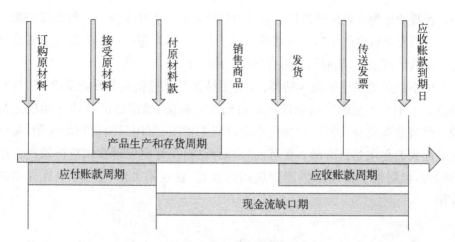

图 8-1 现金缺口图

由于外部经济环境及自身信用能力的限制,中小企业无法像大型企业那样以低成本取得必需的生产资料,获得优惠的结算条件。这些因素都使得中小企业自身很难去缩短现金流缺口期。

保理业务可以很好地解决企业应收账款的问题,企业可以通过保理业务将应收账款转让给保理商,提前收到大部分货款,这在一定程度上可以缓解企业资金需求压力,加速企业资金周转速度,为货款回笼周期过长的中小企业扩大规模提供条件,同时润滑了供应链的运作效率。

(三)中小企业的信用问题

我国在市场经济开始的前期阶段,企业之间交易的付款条件基本以现金为主。随着市场的发展开始采用赊销的方式进行结算,由此产生的坏账风险迄今仍是企业的一大隐患。

中小企业由于其资产规模小和缺乏内部控制等原因,造成信用管理严重滞后。多年来,我国企业之间三角债问题得不到根本有效的解决,社会信用体系遭到极大破坏,不少企业蓄意逃避银行债务,更进一步恶化了我国的社会信用状况。中小企业由于其自身的特点,很难像大型企业那样开展有效的信用管理。① 中小企业缺乏甄别客户资信状况的能力。② 中小企业的精力和资源有限,很难有专业的专职人员去进行信用评估、货款的跟踪与催收。③ 中小企业财务管理能力普遍不足。这些问题都严重阻碍了我国中小企业开展有效的信用管理。

保理业务为上述问题提供了有效的解决方案。中小企业可以借助保理服务在一定程度上解决信用风险和账款管理的问题,同时还可以借助保理业务建立起自身的信用记录,从而构建起自身的信用体系。

中小企业是供应链最大的群体,信用结算是供应链运作的必要条件,只有供应链上中小企业的应收账款问题得到有效解决,供应链的运作才能稳定高效。保理业务充分发挥了解决中小企业资金积压、信用风险管理的问题,对供应链起到的作用是巨大的。保理商(金融机构)在肯定保理在供应链发挥作用的同时,也创新了保理在供应链应用的模式,这在第九章的内容中有详细的介绍。

第三节　保理在电子商务平台的应用[①]

一、我国 B2B 电子商务市场概况

广义上的电子商务是指通过互联网以电子化方式在企业间进行的交易。我国的 B2B 电子商务主要是指通过第三方 B2B 电子商务平台在企业间进行的交易。近年来,我国 B2B 电子商务模式呈现多元化发展趋势,电子商务市场整体交易规模及渗透率稳定增长,不仅实现了企业信息流的展示,而且还实现了与物流、资金流的三者统一;同时,掌握信息流、物流、资金流形成闭环式的运作,恰恰是贸易融资与电子商务结合的基础。B2B 业务目前已成为我国商品交易市场上不可忽视的力量,但大多数 B2B 业务的支付平台都采取现金支付(此处所谓的现金支付是相对于信用证、承兑汇票等远期支付手段而言的),支付方式单一化,这是制约其业务发展的瓶颈之一,需要丰富结算方式,进一步激活 B2B 的线上交易。

二、保理与 B2B 电子商务交易

(一)保理业务对 B2B 电子商务的影响

由于 B2B 电子商务交易的支付方式一般为现金交易,或多或少制约买卖的

---

① 中国贸易金融网. 保理业务介入 B2B 电子商务交易,2014 - 05 - 07.

交易量，如果导入保理机制，就可以推广赊销交易和保理融资的方式。卖方可以提供 30 天或 60 天的账期，甚至更长时间赊账给经过保理商认可的买方来扩大市场规模。因为买方是经过保理商认可的，卖方就可以控制应收账款的风险，加大销售的力度；同时，卖方还可以从保理商处获得融资，不必担心资金的积压。对买方而言，有了一定的赊账期，资金运用更灵活，更有意愿通过 B2B 进行线上采购。对行业垂直的 B2B，根据上下游供应链关系，可提供供应链保理服务。另外，保理业务所能提供的买方坏账风险担保、融资、应收账款管理和催收等功能，使在线担保、在线融资申请等成为可能，这些对网上买卖双方来说都具有很大的吸引力。

(二) B2B 电子商务对传统银行和保理商业务的影响

电子商务的最大优势就是实现了信息流、资金流与物流的高度整合。随着 B2B 在电子交易环节上的逐渐成熟，传统银行提供的各类金融服务（包括融资）将更多地借助电子手段来实现，这就是所谓的金融互联网（阿里巴巴、腾讯等互联网企业介入金融领域，则称作互联网金融）。随着电子商务逐渐取代传统贸易，在银行结算中占绝对比重的传统贸易结算量也将随之减少，取而代之的则是日益成熟的在线支付服务。第三方支付对于保证保理业务项下买方付款来说意义重大，不仅能将贸易回款与保理业务项下的应收账款进行电子化跟踪匹配，更能实现对贸易过程中资金流的封闭监管，从而有效地降低保理商的业务风险。

目前，不少商业银行积极探索和实践 B2B 项下的新型贸易融资服务，即以线上的 B2B 网为载体，贯穿联系上下游企业，运用信用证、商业承兑汇票、银行承兑汇票，还有保理等产品工具，通过类似厂商银三方协议、动产质押、网络实时监控物流等风险控制手段，达到贸易融资业务的流程管理和过程控制。与传统的人工手段相比，通过电子商务网，能够对物流、资金流、信息流进行全过程的实时信息监控，可即时查询到仓储公司的货物数量、质押变动等全程信息，使贸易融资中最关键的货物质押监管实现专业化、电子化和规范化。

(三) 保理业务切入 B2B 电子商务交易的注意要点

利用保理业务切入 B2B 电子商务交易，看重的是日益壮大的市场交易规模和能够实现信息流、物流和资金流全程的实时监控，在扩展业务的同时，保证业务风险可控。由于电子商务毕竟不同于传统贸易，保理商对电子商务市场提供保理服务，还必须把握以下要点。

1. 控制保理商的风险与成本是关键

为了吸引比较多的企业通过电子商务平台进行交易，大多数的 B2B 平台对交易企业的准入条件相对比较宽松，而且线上交易的企业大多数属于中小企业。如果保理商过分依赖于 B2B 平台对企业资质的审核，将面临较大风险；但如果完全坚持自己原有的传统授信标准，往往和 B2B 平台现实在线的企业结构大相径庭，无法有效推进业务。所以针对这种特定的交易模式和交易群体，保理商必须有一套特定的风险控制措施。对保理商而言，此类的第三方平台因为掌握了信息流、物流、资金流，更多的是可以实现对双方贸易背景真实性的确认，这点是很重要的授信融资的参考；但不能完全取代保理商自有的授信审批机制。保理商可以与电子商务平台先行协商，在原先交易准入条件下，提高要求制定保理客户准入标准，选定一批客户纳入开发对象。同时必须将电子商务平台的系统与保理商自身的授信审批系统实现有效对接，才能真正实现批量开发、在线审核、在线融资。

2. 采用电子化手段完成操作流程

保理商既然要进入电子商务市场，就必须清晰认识操作的流程必须尽量通过电子化手段来实现，包括但不限于：在线申请、在线审批、在线转让、在线审单、在线拨款、在线催收与回款等，这样才能既符合交易特性，又能降低自身的操作成本。需要强调的是：一定要与电子商务平台系统完成有效对接，充分运用有关信息控制操作风险。此外，尽量使用电子化手段在线上操作业务，但不等于全然放弃实地、书面材料的核查。通常，除了首次办理保理业务前须实地调查客户的经营情况外（如果有平台提供的大量数据作为分析的基础材料，可以重点调查即可，简化手续），有往来经验后仍须不定期地抽查有关的书面材料（如有），保证线上线下贸易背景一致。

3. 审慎选择配合的电子商务平台

审慎选择配合的电子商务平台，这是基础，但却最为重要。平台本身是轻资产，为了扩大平台上交易商家数量和交易规模，肯定比较"市场导向"，如果过于追求数量与规模，就会造成平台上交易的商家资质严重的参差不齐，甚至出现鱼目混珠的情形；保理商涉入这样的市场存在潜在的高风险。另外，平台系统提供的交易信息是保理商办理业务时非常重要的基础材料，必须确保它的准确性和真实性。基于这两点，保理商必须审慎选择合作对象，对其诚信度、市场策略平台系统和商家的管理等进行全面考察。

第四节　保理的资产证券化[①]

一、保理资产证券化的背景

近年来,为了满足对资本充足率的监管要求,银行一直在进行资产证券化的探索与实践,希望通过将信贷资产予以证券化的方式,降低对资本的占用,腾出规模来发展更多业务。对于商业保理公司而言,商务部规定了商业保理公司可以在 10 倍的金融杠杆范围内发展业务。但在实践中,除了一些大型国有、银行系和上市公司背景的保理公司之外,商业保理公司普遍存在"融资难、融资贵"的问题。大部分商业保理公司很难从银行获得授信,也无法与银行合作再保理业务获得融资的支持,因此很多商业保理公司转而与 P2P 平台合作或者自营 P2P 平台来寻求民间资金的支持。除此之外,保理业界谈论最多的融资方式就是资产证券化了。

2014 年 11 月 19 日,中国证监会正式公布了《证券公司及基金管理公司子公司资产证券化业务管理规定》及配套《证券公司及基金管理公司子公司资产证券化业务信息披露指引》《证券公司及基金管理公司子公司资产证券化业务尽职调查工作指引》,随后,上海证券交易所于 2014 年 11 月 26 日公布了《上海证券交易所资产证券化业务指引》,中国证券投资基金业协会于 2014 年 12 月 24 日公布了关于发布《资产支持专项计划备案管理办法》及配套规则的通知,明确了关于资产支持专项计划备案管理办法及负面清单。

资产证券化系列法规的出台,将资产证券化由原来的审批制改为备案制,这对于商业保理的再融资来说是个利好信息。根据《资产证券化业务管理规定》第三条的规定:"本规定所称基础资产,是指符合法律法规规定,权属明确,可以产生独立、可预测的现金流且可特定化的财产权利或者财产。基础资产可以是单项财产权利或者财产,也可以是多项财产权利或者财产构成的资产组合。""基础资产可以是企业应收款、租赁债权、信贷资产、信托受益权等财产权利,基础设施、商业物业等不动产财产或不动产收益权,以及中国证监会认可的其他财产或

[①] 林思明.保理资产证券化的基础资产选择.保理法律研究网,2014.12.18.

财产权利。"

保理业务的核心是保理公司受让企业(债权人)的应收账款,而为原债权人提供应收账款融资、应收账款管理、应收账款催收、信用风险担保的其中一项或以上服务。显然,保理业务的核心标的物即为企业应收账款,保理资产实为应收账款。根据资产证券化的管理办法,企业应收账款属于可以作为资产证券化的一种"基础资产"。因此,保理公司的资产是可以进行资产证券化的。

二、资产证券化简介

(一)资产证券化的定义和现状

资产证券化一般是指将缺乏流动性,但是能够产生可预见现金流量的资产转化为在金融市场上可以出售和流通的证券。保理公司的核心资产就是从卖方受让的应收账款,所以,保理资产证券化就是保理公司将持有的应收账款资产进行证券化的安排。通过证券化的安排,保理公司的应收账款由金融中介机构买过去,然后做成证券化产品卖给投资者。应收账款证券化产品的购买者支付款项给金融中介机构,金融中介机构把钱支付给保理公司,这样,保理公司就实现了将应收账款变成现金。证券化产品的购买者也相应得到一定的收益(购买的价格会低于应收账款的面值)。

从严格的定义来说,当投资者购买了应收账款证券化的产品之后,保理公司原本持有的应收账款的所有权利以及风险就全部转移给了投资者,实现了资产(以及风险)的真正剥离。对于保理资产证券化产品的购买者而言,承受的风险和收益就取决于应收账款是否能全额获得支付。

在保理资产证券化的实践中,由于应收账款具有回收时间点灵活、回收金额容易变动及回收形式多样化等特点,使得保理资产证券化面临着重重的技术壁垒;此外,项目审批时间较长、产品流动性相对较差和投资人对此类产品的认识不足,导致贸易项下(保理)应收账款证券化的产品一直未能出现在公开市场上挂牌交易。2014 年 12 月,五矿发展股份有限公司(贸易项下)的应收账款资产支持专项计划的成立与发行,号称是国内首单应收账款证券化的产品。该专项计划通过发行资产支持证券的形式从资本市场募集资金,该资金将用于向五矿发展购买符合预定标准的贸易应收账款。所购应收账款的回款将作为向投资人支付资产支持证券本息的对应资金。该专项计划产品发行总额为 29.41 亿元,其中,优先级评级为 AAA,占比为 90%;次级未进行评级,占比为 10%。专项计划的预期存续期限为发行之日起3年。该专项计划的初始基础资产为192个债务人对应的11 172笔应收账款,债务人分布在30个省、自治区和直辖市,债务人行业包括建筑业、批发和零售业、制造业、房地产业和仓储业等等。

目前,一些银行保理商或商业保理公司宣称实现了将保理资产证券化,从保理商证券化就是为了融资的目来看,应该对于付出的努力予以肯定;如果从严格的资产证券化定义来审视,确实不好说是满足实质的要求。为了让投资者能够容易接受、出资购买,不少保理商都为证券化产品的风险进行了"托底",没有真正地实现风险剥离。无论如何,保理资产证券化肯定是保理商在业务发展上终究必走的道路,值得坚持探究与实践。

(二) 资产证券化的基本流程

狭义的传统资产证券化交易结构主要包括四个主要的设计交易程序。

1. 构建基础资产池

资产证券化的发起人将能够产生预见现金流的资产(应收账款)进行剥离、整合,形成资产池。这时候,基础资产的原始持有人(保理商)需要挑选合适的债权资产项目作为资产证券化的基础资产。

2. 组建特殊目的机构

组建特殊目的机构(Special Purpose Vehicle,简称"SPV")后,将选定的基础债权资产转移或出售给SPV;SPV将基础资产进行重新组合与配置。

3. 发售并支付

SPV在中介机构(一般是证券公司或投资银行)的协助下发行债券,向投资者进行销售与融资活动。等到销售完成,SPV把发行所得的款项按照事先约定好的价格支付给发起人,同时支付整个证券化过程中产生的所有相关服务费用。

4. 对资产池在存续期间实施管理和到期清偿结算工作

资产证券化成功之后,将由专业机构来对资产池进行管理,主要的工作包括收取资产池的现金流(应收账款的回款)、账户之间的资金划拨以及相关税务和行政事务。到了到期结算日,SPV根据约定进行分次偿还和收益兑现。实务上,为了保证投资者能够及时地获得证券化债券的本息支付,在资产证券化交易中都会安排专业的资产服务机构来负责从债务人处收取本息的工作,最常见的安排是由债权资产的原始持有人(保理商)来负责此项工作。

需要补充的是,在资产证券化的流程中,为了确保证券在上市后的市场接受度及流动性,各种类型的外部服务机构通常会参与其中。例如,信用评级机构、信用增信机构、承销机构及其他中介服务机构等。在国内保理证券化的发展中，信用增信和信用评级，是不可或缺的关键环节。

(三) SPV 的定义和功能

SPV 代表投资者承接债权出售者的资产并发行证券化的收益凭证或证券，是整个证券化产品名义上的发行人。所谓的特殊目的机构(SPV)，是指它的设立仅仅是为了发行证券化产品和收购资产，不再进行其他的投融资或经营活动。SPV 有信托、公司等多种组织形式，一般会视税收或法规的限制情况而定，但通常以信托形式居多。

需要注意的是，在资产证券化的存续过程中，基础资产的管理和运营工作是交由受托机构来管理的，SPV 本身并不参与。受托机构不仅要负责向投资者支付本金和利息，而且需要保证整个交易过程中投资者利益不会受到侵害。就法律组织形式而言，SPV 有信托型和公司型两种，但在实践中，还有更加简化的有限合伙模式。

信托型 SPV 又称为特殊目的信托(Special Purpose Trust，简称"SPT")。在这种形式下，原始权益人将基础资产转让给作为受托人的 SPV，成立信托关系，由 SPV 作为资产支撑证券的发行人发行代表对基础资产享有权利的信托收益凭证。在这种信托关系中，委托人是原始债权的权益人；SPV 则是法律规定的营业受托人；信托财产为基础资产的资产池；受益人则是受益凭证的持有人，也就是投资者。在信托关系的法律构造下，原始权益人将其基础资产信托给 SPV 后，这一资产的所有权属于 SPV，原始权益人的债权人就不能再对不属于原始权益人的基础资产主张权利，从而实现了基础资产与原始权益人的破产隔离。我国目前银行信贷资产的证券化采取的就是这种信托模式。

公司型 SPV 又称为特殊目的公司(Special Purpose Company，简称"SPC")。在这种形式下，原始权益人将基础资产真实销售给 SPC，即将基础资产的所有权完全、真实地转让给 SPC，SPC 向投资者发行资产支撑证券，募集的资金作为购买基础资产的对价。真实销售旨在保证在原始权益人破产时，出售给 SPC 的资产不会被列为破产财产，从而实现破产隔离。

有限合伙制模式最为简单，参与的成员较少，权责分明，合伙人通过购买基础资产后，再和其他合伙人融资，把 SPV 和投资者结合在一起。这种模式实现了真实出售，但风险比较集中。

作为资产证券化中的核心组成部分，SPV 主要扮演以下三方面的角色：

① 代表投资者拥有基础资产,并且是证券或受益凭证的发行主体。在资产证券化过程之初,资产原始权益人必须将旗下具有稳定预期收入的资产出售给 SPV,后者必须代表投资者承接这些资产。这个资产出售过程结束之后,SPV 才具备发行证券的资格。② SPV 持有基础资产后能够起到隔离资产、保护投资者收益的作用。由于 SPV 代表投资者已经获得了资产的所有权,所以,当资产出售人发生财务困难时,其债权人无权对已证券化的资产提出索偿权,由此使证券化产品投资者的收益与原资产持有者的破产风险相分离。③ 税收优惠。证券化过程中的一个重要原则是保持税收中性,即证券化本身不会带来更多的税收负担。

三、证券化基础资产的选择

（一）作为基础资产的应收账款必须是合法的

应收账款必须是客观存在的,保理业务的最大风险是虚假贸易。因此,保理公司作为资产证券化中的"原始权益人",必须对应收账款的真实性和合法性负责;证券公司和基金子公司必须对基础资产的真实性和合法性进行审查;资产证券化的律师事务所必须对基础资产的合法性进行尽职调查并出具独立的法律意见。

（二）作为基础资产的应收账款必须能够"真实出售"

该资产必须能够转让给 SPV。在保理业务实践中,首先必须确保保理公司受让的应收账款是可以转让的,而且保理公司在受让应收账款之后,必须再转让给 SPV,并且办理应收账款转让通知,使 SPV 成为新的债权人,享有到期向债务人进行追偿的合法权利。因此,所谓"暗保理"业务,理论上是无法做资产证券化的。

（三）应收账款的账期应当与资产支持专项计划的期限匹配

通常来讲,应收账款账期较长的基础资产(例如,租赁保理资产)是比较适合做资产证券化的;如果账期比较短,则可以选择循环购买的应收账款,通常是基于特定的交易,由双方循环交易而形成的应收账款,通过保理资产池(保理池)做资产证券化。这种情况下,保理公司必须对每笔新形成的应收账款以及回款进行跟踪管理(前面提及的五矿公司的应收账款证券化,宣称突破了期限较短的技术壁垒,但涉及商业机密,尚无公开的设计方案可供借鉴)。

（四）选择不易发生商业纠纷的应收账款

适合做资产证券化的基础资产应当是选择不易发生商业纠纷的应收账款。

因此，有必要对保理业务的行业进行选择，对保理业务的基础交易合同的法律风险进行评估，对具体保理业务交易双方的历史交易记录进行调查。

（五）注重应收账款债务人的主体信用

适合做资产证券化的基础资产，从主体评级的角度看应更看中应收账款债务人的主体信用。SPV 从其法律地位来看，其在受让了保理公司的应收账款之后，享有了应收账款这种基础资产的所有权。保理的基础资产有别于其他资产，保理资产是应收账款，而应收账款的第一还款来源为债务人的到期付款。因此，SPV 必须关注债务人的偿还能力与付款信用。债务人的主体评级非常重要，它将直接影响基础资产的信用评级，因而适合做资产证券化的往往是买家（债务人）为大型国有企业、上市公司或大型民营企业集团的应收账款。

（六）必须具有一定的规模

适合做资产证券化的基础资产，必须有一定的规模。保理公司将其优质资产打包做资产证券化，这种资产可以是特定的交易双方连续发生的应收账款，也可以是多个交易主体形成的应收账款。但是，考虑到资产证券化过程中需要证券公司（基金公司）、会计师事务所、律师事务所、评级公司、增信公司等机构的配合，累加的成本较高，如果规模太小，可能并不符合证券化的经济效益。

四、保理资产证券化的流程

资产证券化是一种相对专业和复杂的过程，需要许多不同领域的专业机构合作办理。此处仅做一些概念上的介绍。下面以国内租赁保理（售后回租）为例，选择 SPT 模式，概括一下简易的流程，作为参考。

（一）融资租赁公司选择优质项目办理融资租赁业务

融资租赁公司经过内部审批，选择优质项目为其办理融资租赁业务。业务办理完毕后，租赁物所有权归租赁公司所有；在租期内，承租人以租金的形式向融资租赁公司支付融资本息；租赁期到期后，承租人以低价对资产进行回购。在租赁期间内，若承租人无法按要求归还融资本息，融资租赁公司有权终止合同，并将资产进行处置。

（二）保理商选择优质项目办理保理业务

保理商在融资租赁公司办理的融资租赁业务中，经过内部审批，选择保理商认为优质的项目，针对融资租赁公司应收承租人的租金收入，为其办理保理业务，同时办理相关资产的抵押等工作。在办理业务前，融资租赁公司通过投保保险公司的应收租金保险产品,为其应收账款的还款来源起到增信的作用。

（三）保理商与信托机构签署信托协议

保理商确认拟进行资产证券化的基础资产（保理池）后,与信托机构签署协议,将拟办理资产证券化业务的资产作为基础资产,通过信托协议的方式,信托给信托机构。

（四）信托机构发行、投资人购买信托收益凭证

受托的信托机构以信托资产未来的现金流作为基础发行信托收益凭证,并将发行收入支付给发起人（保理商）,作为基础资产转移的对价。投资人购买信托凭证,获得相应的投资收益权。

（五）信托机构委托保理公司收取本息后分配给投资人

受托的信托机构在发行证券后,委托发起人（保理公司）收取上述进行资产证券化业务资产（应收账款）的本息,扣除相关费用后,再分配给证券投资人。

第五节　保理在撮合交易中的应用

从本书前几章节的介绍中可以了解到,如果保理商真正地做好了保理业务各阶段的工作,将能够相当程度地掌握客户的经营情况和各种交易信息；在积累了足够的客户群体后,保理商除了扮演融资、担保、催收、账款管理等角色以外,在现实的商业环境中,还可以为客户的贸易提供信息的中介服务,依据客户的具体需要,进行撮合交易。

保理商可以进行的撮合交易模式,基本上分成以下两种。

一、交易的撮合

保理商（中介人）拥有足够的客户群体,他们可能分布在不同的行业,但也可能是上下游关系。例如,A客户生产电子通信产品,B客户生产纸箱,C客户经营物流运输。依照行业分类,B客户和C客户肯定和A客户不属于同一行业,但也非常清楚明白A客户生产完的产品绝对需要纸箱包装和物流运输的配套。换句话说,B客户和C客户所属行业就是提供A客户产品和服务的上游行业,有发生交易的基础条件。如果客户属于同一行业,很可能就是供应链上下游的关系。例如,生产面板的厂商供应产品给手机制造厂商,交易的基础原本就存在。那对于竞争的同业

之间,例如都是手机制造厂,还存在交易的可能吗?答案绝对是肯定的。企业因为产能的调剂和代工与自有品牌并行的战略是促成竞争同业进行合作交易的主要因素。从这一段的介绍大致可以推定,保理商的客户群体之间都有存在交易的可能。但要真正达成交易,首先是要建立起联系;其次也可能是更重要的,必须促成彼此信任;此保理商就可以起到非常重要的作用。

保理商的客户从事于不同的生产或服务领域,例如,电子科技、工程建筑、能源、化工、医药、农业、材料、物流运输等。基于保理商对客户的了解,A公司的产品或者服务需求可以通过保理商向其所有保理客户传播,保理商替A公司寻找能够提供产品或服务的B公司,扮演着贸易中介的作用。由于是保理商推荐的企业,A公司和B公司心理上一般会比较信任,缩短彼此交流沟通的时间成本。尤其当双方协商的结算条件是赊销时(一般情形很可能会发生),保理商提供的账款融资和信用风险担保支持,可以直接打消彼此的顾虑与困扰,助力双方快速达成合作。

二、资金的撮合

简单地说,资金的撮合是把保理商需要资金的客户与有闲余资金但追求较高资金收益的客户联系在一起,各取所需。通常的操作模式有以下三种:

(1)卖方客户(融资需求方)将应收账款转让给保理商,由保理商对应收账款提供信用风险担保;然后,由事先安排的另一客户(资金提供方)在基于保理商担保账款的前提下,对卖方客户的应收账款收益权进行融资;最后,保理商将收到的货款或担保赔付的款项支付给资金提供方,冲销之前提供的融资。

(2)由保理商先向资金提供方确认担保卖方的应收账款的信用风险之后,卖方将应收账款转让给资金提供方获得融资,资金提供方再转让应收账款给保理商来叙做有坏账担保的保理业务;最后,保理商将收到的货款或担保赔付的款项支付给资金提供方,冲销之前提供的融资。

(3)也可以由保理商先对转让给它的应收账款提供融资给卖方;然后,保理商再将应收账款以有追索权的性质转让给事先约定的资金提供方,取得融资。这样既满足卖方客户的融资需要,也不占用自身的资金规模。

明显地,无论何种模式,有闲余资金的客户愿意提供融资的基础还是建立在保理商的信用上。保理商的信用是进行撮合的基石。

无论是交易的撮合还是资金的撮合,保理商进行撮合交易是保理商在传统保理服务之外的增值服务内容。对于参与的各方至少有以下好处：

（1）促进保理商客户之间的交流与互动，创造各方在生产、交易、资金等各方面的合作机会，得以扩大彼此的业务规模，有效运用资金动能，提高在市场的竞争力。

（2）通过信息中介、撮合交易等过程，保理商能够更清楚地了解保理商客户的生产经营状况，从而对现有的保理服务提供信息参考和判断依据。

（3）通过类似撮合交易这种增值服务，保理商可以扩大保理的服务范畴，能够更好地抓住现有存量客户，稳定客户基础。

（4）相对于传统保理服务内容，撮合交易服务能够增加保理商的业务量和收入，提高保理商的综合收益业绩。

（5）资金方面的撮合在满足融资需求方和资金提供方各自需求的同时，也解决了保理商可能面临的融资规模不足问题或希望进行资产优化配置的需要。

可以说，保理商基于保理业务积累的大量信息来中介安排的撮合交易，是传统保理服务的进一步延伸，其重要性在于使得保理商从一个简单的保理服务商变成一个在生产、渠道、贸易、资金等方面的资源整合者，不但提高了自身的综合服务能力，扩大了服务范畴；也能够更加稳定客户基础，加强客户的黏性，这对于保理商来说，是一举两得的好事。特别是在互联网金融快速发展的今天，信息的交互、交流、传递显得非常重要。有效信息的快速传递，对企业生产力的提高、业务规模的扩大起到至关重要的作用。这也是传统保理业务走向智能化、互联网化、信息化的根本要求和体现。所以，传统保理商可以在现有的数据平台上搭建信息中介平台，包括网站、手机客户端、微信公众号，推送相关客户的需求信息，在保理商信用的支持下（这是关键点），促进保理商客户之间的信息交流和合作，形成由保理商主导运作的朋友生意圈。

第六节 保理与互联网金融的结合

一、保理与互联网金融结合的背景

保理与P2P（Peer to Peer）的结合与其说是一种主动的创新，不如说是迫于现实需要的无奈。自从2009年在天津诞生了第一批保理公司迄今，商业保理的发展也有6年时间了，而且在2013～2015年涌现了大批的商业保理公司，截至

2015年底总数已经超过两千家。在商业保理公司一窝蜂成立的背景下,大多数保理公司并未开展业务,或者开展业务的规模有限。其中主要的问题除了事前没有精心规划的营业计划,缺乏保理专业的经营团队等基础原因外,最大的制约因素就是融资难。保理商自身尚且融资难,又该如何去解决中小企业融资难的问题呢?

除了少数银行系的商业保理公司以外,鉴于宏观经济下行和商业保理公司良莠不齐,绝大多数还是近两年成立,银行等金融机构在短期内确实很难给予商业保理公司足够的信用授信或者合作再保理来提供支持。在这种融资规模受限的情形下,商业保理公司的业务规模必然受限,商业保理行业的发展碰到极大的瓶颈。为求生存与发展,商业保理公司必须寻找其他的融资渠道,而P2P的诞生与发展正好对接上商业保理发展的再融资需求。

P2P 平台(Peer to Peer Lending)是一种网络借贷平台,指的是借贷过程中,资料与资金、合同、手续等全部通过网络实现,它是随着互联网的发展和民间借贷的兴起而发展起来的一种新的金融模式。P2P平台在2014~2015年遍地开花,新成立的平台数不胜数;另一方面,P2P平台倒闭、老板跑路的新闻也是层出不穷,整个行业在争议中发展。

2014年,不少新成立的P2P平台看到商业保理公司受制融资规模的现实,于是着手开展P2P与保理的结合来帮助保理公司快速实现再融资,开展融资类的保理业务。由于我国对P2P还没有明确的相关立法(截至2014年底),加上保理与P2P结合的操作模式多样,但个别模式可能有法律方面的合规性问题存在,有待时日加以明晰。此处着重介绍国外的例子,参考借鉴其好的经验,打造合乎我国国情的保理P2P模式。

二、TRE 介绍[①]

应收账款交易(The Receivables Exchange,简称"TRE"),是美国最大的P2P应收账款交易市场。TRE平台上的交易过程是双向达成的,一方面是卖家想要通过拍卖自己的应收账款来筹措资金,另一方面是买家通过寻找合适的应收账款来投资。

TRE公司成立于2007年4月,在路易斯安那州注册经营,总部位于新奥尔

---

① 零壹财经. 国外 TRE 应收账款交易. 中国贸易金融网,2015.1.8.

良,用户在平台上的买卖行为受该州法律监管,其他地区的用户参与平台交易则需符合自身所在地的法律。TRE 在 2008 年 11 月推出实时交易平台,卖家可以通过该平台将其应收账款单进行拍卖,快速获得低成本的资金,买家则通过投资应收账款资产获得低风险收益。

(一)平台交易的特色

1. 卖家准入门槛低

卖家想要在 TRE 平台上挂牌交易,首先必须满足以下标准:2 年以上的经营历史,在美国注册经营,年营业收入大于 500 万美元。这个准入门槛明显不高,也方便解决中小企业融资的难题。

2. 个人的应收账款被排除在外

挂牌交易的应收账款必须是企业对企业(B2B)或企业对政府(B2G),对个人的应收账款被排除在外。

3. 作为买家参与平台交易必须是"可信赖投资者"

实际运作中多为机构用户,包括跨国银行、社区银行、对冲基金等,可以容易满足上述条件。我国 P2P 市场目前还是以个人投资者居多。

4. 用户有较大的自由度

新加入的用户需要注册和条件认证,卖家的批准速度取决于申请材料的提交过程,该过程一般在 1～2 周内即可完成;买家的注册及认证则相对简单快速。除了注册需要花费一笔固定费用外,在平台上只有交易才会产生费用,这增加了用户的自由度和平台吸引力。

5. 卖家拥有最后的选择权

TRE 平台上的交易过程是双向达成的,但从程序上来看,卖家拥有最后的选择权。一个典型的交易过程开始于卖家将应收账款上挂到平台进行拍卖,每次上挂的应收账款不限数量,但总金额必须大于 1 万美元,同时到期期限不大于 90 天。然后通过设置拍卖时长、愿意接受的最小预付款数额和最大贴现费用等(卖家计算实际获取的资金数额)。卖家还可以预先剔除不合意的潜在买家(竞标者),在拍卖中选择出价最高的竞标者达成交易。一般而言,卖家的信用或交易活跃度、应收账款买方的信用状况、应收账款剩余期限等因素都会影响竞标的结果。

6. 融资速度快

根据 TRE 揭示的数据,99.7%的拍卖都能成交,平均拍卖费时约为 11 个小时,88.2%的拍卖在24小时内完成,如果这数据是真实的,则证实TRE平台的融资速度非常快速,这也是P2P平台一项非常重要的竞争优势。

7. 平台交易非常活跃

达成拍卖平均预付比率在85%～93%之间,折现率在0.5%～1.5%之间。如果没有买家参与竞标,为了避免流标,卖家可以修改上述条件来增加标的的吸引力。数据显示,TRE平台平均每月能达成700次拍卖,每次拍卖平均能吸引5次竞标,平台交易非常活跃。

(二) 平台竞争优势解析

卖方上挂应收账款和买方竞标投资是TRE平台交易的基础。TRE平台的优势主要表现在以下四方面。

1. 方便

卖家不需要与TRE平台、买家有长期的合作关系,这为卖家提供了很大的方便性。这一点是其他融资的金融机构相当看中的。

2. 自由

TRE平台不需要个人保证和全资产留置权,且融资无限制条件,给予了融资者更大的资金运用自由度。这也是其他金融机构很难做到的。

3. 快速

TRE平台资金最快可以24小时到账,这对使用应收账款融资的卖方(尤其是中小企业)来说是非常重要的。

4. 真实

路易斯安那州的法律安排对TRE平台的竞争优势也有所助益。当一个企业将应收账款卖给第三方,同时承诺当应收账款的买方在规定时间不付款将无条件回购该应收账款时,通过TRE平台的这个交易究竟属于应收账款的销售还是一种融资行为呢?

美国不同的州立法对这个问题有不同的定义,但路易斯安那州将其定义为真实的销售行为,而非融资行为(我国对买方承诺无条件回购的,认定是融资行为)。这样的定义使平台上的交易争端不能适用贷款或融资等方面的法律条款,买方避免了可能存在的资产所有权争议,而且有利于卖方优化财务报表,对买卖双方都具有相当的意义,因此,有助于促进交易达成。

(三) 平台交易的风险问题

现实世界里,很多事就像铜板的两面。TRE平台早期发展阶段是倾向于吸引大量卖家积累平台客户基础的,所以在致力于达成快速融资吸引卖家的同时,也相对牺牲了一定的安全性。而根据 TRE 的法律文件规定,发生风险是由买家独立承担的,与 TRE 无关,这是一个关键问题。

1. 中小企业财务管理系统成熟度不够

对平台上卖家的尽职调查和应收账款的核实是由 TRE 自己独立完成的。由于平台上的卖家大部分是中小企业,大多不具备成熟的财务管理系统,提供的财务报告也多是没有经过审计的,平台所能提供的卖家的信息准确度有限。另外,出于数量和速度的追求,很难将核实应收账款的工作真正做到实处,这就可能给投资者带来风险。

2. TRE 平台与最终付款人之间没有直接的法律联系

TRE 平台与最终付款人(债务人)之间没有直接的法律联系。因为卖方并不向 TRE 或应收账款的买家提供关于交易真实性和债务人付款能力的直接保证,这明显大大增加了欺诈和违约的可能性。

3. TRE 只要求卖家对在 TRE 平台交易的账款进行 UCC 备案

在美国,一般的应收账款融资要求对卖方的所有应收账款进行 UCC[《美国统一商法典(Uniform Commercial Code)》]备案,但 TRE 只要求卖家对在 TRE 平台交易的账款进行 UCC 备案。如果出现其他相关方对卖方非 TRE 交易账款具有第一留置权,且又占据了卖方资产很大的比重,就会严重限制平台的买家要求卖家履行回购责任的能力。

为了降低这些风险,TRE 就像保理商的角色,采用多重手段保障应收账款的真实性和投资买家的权益。例如,调查卖家与付款人之间的历史交易记录来考察是否存在合同关系;联系付款人内部人士来证实应收账款是否"在系统内部备案待支付";雇用调查专家侦察是否有潜在欺诈交易及对卖家资金流动进行初步监控等。

TRE 虽然也存在风险,但交易的活跃和快速已经是一个应收账款交易平台成功的展现,肯定有值得借鉴之处。当然,TRE 的成功绝对脱离不了美国相对成熟的法律制度和社会信用体制的保障与支持,这可能恰恰是国内目前保理与互联网金融结合在实务运用上所面临的最大难题。

虽然保理与互联网金融结合的操作模式有好几种,而且还在不断创新,但基本的背景还是为了解决卖方(尤其是中小企业)和保理商的融资问题。2014~2015 年对于互联网金融来说是一个跌宕起伏的一年,一方面是互联网金融平台如雨后春笋般地出现,相对地,平台倒闭和老板跑路已经不算是新闻,让市场感到极度恐慌;而多数商业保理公司可以创造出低风险的保理资产,却一直处于融资难所导致业务难拓展的困境,两者的结合可以使市场出现新的契机和动力。若能以应收账款的网上交易为契机,逐步完善相关的法律和信用体系,降低交易的风险,同时再利用互联网技术和思想打造一个"应收账款交易和流转"市场,将给解决中小企业的短期融资难题带来很大的助益,同时也给商业保理公司业务的发展提供巨大支持。个别的操作模式只是一时性的手段,建立一个公开透明安全的"应收账款交易和流转的市场",才是保理业者要共同致力推进的宏大目标。

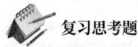
复习思考题

  1. 互联网金融的兴起给保理业务发展带来什么样的契机?保理业务如何与互联网金融结合?互联网+保理的方式实质是什么?互联网究竟能提供给保理什么?互联网+保理的交易结构中,各方保理主体如何防范风险?

  2. 保理或应收账款哪些特质适合资产证券化?它在中国的资产证券化的发展有何特点?资产证券化对于保理商来讲有何好处?如果说它是一把双刃剑,那么什么样的保理商适合资产证券化,又该如何舞好这把剑?

  3. 保理产品在中国的创新有何特点?保理有哪些基础产品和创新产品?中国的银行保理商和商业保理公司在产品创新上有何区别和联系?

  4. 信保保理能解决所有买方端的风险吗?它和买方保理商提供的信用风险担保上有何不同?其无法覆盖的风险如何防范?

  5. 应收账款质押、发票贴现与保理有何本质区别?对保理业务来说,哪种方式控制项目风险最好?为什么?

第九章

保理业务在产业链中的运用[①]

本章概要
- ◆ 介绍保理业务在产业链中的运用前景；
- ◆ 介绍以上游供应商和核心企业为业务主体的上段"N+1"保理模式；
- ◆ 介绍以下游销售商和核心企业为业务主体的下段"1+N"保理模式。

产业链保理是指保理在产业链上的应用，是一种开发与运用的模式。本案例不谈论单一保理业务品种的使用，而是在进行产业链的开发中运用保理业务的指引。保理业务是产业链中产品或业务运用的核心，但不是唯一，通常也会搭配使用到其他的非保理业务品种。为了扩大产业链开发的格局，本案例从银行保理商的角度出发进行说明。尽管商业保理公司目前可能受到业务范围限制，个别业务未必能办理，但不宜画地自限。充分理解与借鉴本指引的精神，通过与银行合作或自行创新也可以大有作为。

第一节　保理业务在产业链中的运用前景

所谓产业链，是指各个产业部门之间基于一定的技术经济关联，并依据特

[①] 张乐乐．中国民生银行相关业务资料．

定的逻辑关系和时空布局客观形成的链条式关联关系形态。产业链中大量存在着上下游关系和相互价值的交换，一种或几种资源通过若干产业层次不断地向下游产业转移直至达到消费者。这是一个大而抽象的概念，而在产业链中的若干以企业为载体的供应链/交易链，则将其具体化、形象化。交易链通常表现为围绕核心企业（多数为易获得银行授信的优质生产型企业），相关上下游配套企业与之紧密相连，通过商业关系而构成一个完整的链式交易结构。

在链式交易结构中，上游企业包括部件、原料等各级供应商，除具备行业地位与优势的供应商外，一般核心企业比较强势，对上游供应商有一定程度和不同形式的资金占压，而较多偏好纯信用的赊购方式，这样，供应商就持有赊销项下对核心企业的应收账款（即核心企业赊购项下对供应商的应付账款）。下游企业包括制造商的直接销售办事处/直销处、区域代理商、下游渠道商以及终端用户企业和个人用户等，强势的核心企业会采取现款结算，但有时出于销售支持等各类因素，会给予一些下游企业或长或短期限的赊账销售，这样，核心企业就持有对下游的应收账款（即下游对核心企业的应付账款）。赊销/赊购的结算形式提升了产业链运转效率与竞争力，被越来越广泛采用。

随着大量应收/应付账款在交易链上产生，企业也就面临着资金占压、账款管理、收款等系列问题，其中最重要的是账款的存在给交易链上的主体，尤其是给弱势的上下游企业带来资金占压问题，这样也就给以账款转让为基础的保理业务在交易链融资中广泛运用提供了空间。从传统授信角度，如果单独考察上游或者下游某个企业，银行很难给予授信，因为这类企业虽然资金需求旺盛，但资质相对较弱，也很难拿出银行认可的抵押担保。

上述问题的存在给保理业务的运用提供了广阔的空间，围绕产业链进行业务开发，通过整合产业链资源，实现向产业链要客户、要存款、要利润的目标，是保理业务借势发力的重大机遇。

本章介绍的"N+1"和"1+N"的保理业务模式，旨在突破传统单一授信与融资的理念，通过依托核心企业及其与上下游交易对手之间的关系，有效控制资金流、信息流和物流，为交易链上的企业，尤其是不易获得融资的上下游非核心企业提供保理融资及金融服务，从而让保理业务促进产业链的优化，同时增强银企合作关系。

第二节　上段"N+1"保理模式

上段"N+1"保理模式是指针对上游供应商向核心企业销售或核心企业向供应商采购的环节而设计的保理模式。

一、以上游供应商为业务主体

供应商向核心企业销售货物、提供服务等产生有贸易背景的真实应收账款，由于买方付款能力强而较为优质，转让给银行办理保理业务，第一还款来源回款性较好。如果银行能通过一定方式获得核心企业对业务的支持，如账款付款/转让确认、提供担保、允许额度占用等，这在一定程度上捆绑了核心企业来对供应商做出授信或融资，会大大提升业务的可行性与安全性。如此就攻克了资质一般的供应商难获得授信的难题，获得了业务机会，而供应商也通过此项业务安排，解决了其被核心企业赊账交易挤压营运资金的融资需求。

（一）国内有追索权/无追索权（卖方保理业务）

1. 营销要点

对核心企业来讲，希望将现款结算改为赊购或者赊购结算可适度再拉长一些账期，从而节约财务运作成本，但上游供应商将因此资金占压加大，所以，实现起来较难，也不利于双方合作关系。银行可以此需求作为营销契机，向核心企业表明，如果其配合银行进行账款付款/转让确认或允许供应商占用其授信额度等，银行可以向供应商提供保理融资，解决资质一般的供应商融资难题，这样核心企业帮助供应商获得银行信用及资金支持，供应商会愿意接受适当的账期延长，核心企业也就可以实现其财务运作的目的，增大财务弹性，节约财务成本，由此实现核心企业与供应商双赢的局面。

2. 操作模式与流程

Z集团是一家国有大型建筑骨干企业，对其上游钢铁、建材等多数供应商具有较高谈判能力，受整体经济形势资金面以及建筑业工期拉长影响，Z集团逐步对供应商开始延长账期，供应商资金压力增大，尤其是部分材料行业情势恶化，供过于求，在许多银行收紧对此行业部分企业授信的情况下，供应商融资需求更加迫切。

银行介入客户需求,在获得核心企业支持保障项目安全的情况下,提出如下方案。

在核心企业Z集团的综合授信中,专门核准一部分作为供应链保理额度,可由上游供应商提用,具体保理品种为国内有追索权保理(卖方明保理模式),通知方式为买卖双方对应收账款转让通知书盖章确认,利息和费率由上游供应商承担,同时,Z集团承诺不晚于融资到期日前3天将应付款项付至上游供应商在银行开立的指定账户。

操作流程如图9-1所示。

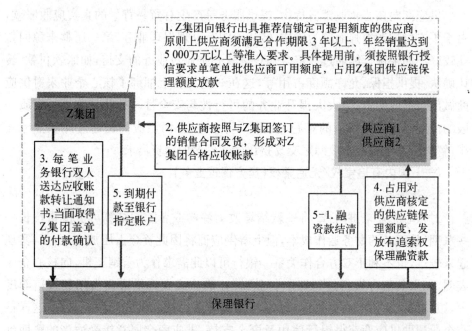

图9-1　以向核心企业销售的上游供应商为业务主体模式下卖方保理业务操作流程

3. 业务要点

(1) 银行内部通常有"供应链/交易融资业务批量开发模式",可借以进行批量的上游供应商的开发立项与授信上报,简化业务授信上报的流程。

(2) 在额度批复与使用形式方面,可基于核心企业支持与担保责任而对上游核定融资额度,也可像上述案例中基于核心企业配合切割占用其授信额度而支持上游融资。

(3) 在项目风险控制上,力争抓住核心企业的配合与保证。例如,核心企业向银行推荐合作好、资质好的供应商,对账款付款责任及转让进行确认,保证回款付至银行指定的账户,与银行进行对账,银行被允许可以登录供应商 ERP 系统对货物流转及付款等情况进行查看,以及核心企业对供应商的某种形式上的担保等等。根据项目风险控制情况,银行可以向供应商提供无追索权保理业务(尤其在核心企业提供付款确认或担保前提下),以及融资时点前置的订单组合保理融资业务(见下文所述)等等。

(4) 结合供应商需求,可以根据项目情况让其选择多样化保理融资出账方式。例如,提供信用的结合银票/商票出账、开立信用证出账等,以及提供资金的各类保理表内外出账方式。

(二) 国内订单组合保理融资业务

1. 营销要点

在上述"国内有追索权/无追索权卖方保理业务"模式基础上,许多供应商基于承接的核心企业订单,有前期采购铺货或者采购材料生产的流动资金需求,而此时债权尚未形成,不能发放常规保理融资。但对于核心企业配合核实或担保订单的情况,如果供应商资质尚可,订单量稳定,银行可以抓住此需求,采取订单组合保理融资业务,将融资时点前置到接单后出货前解决供应商从备货开始的融资需求,这样可以提高银行融资方案在同业间的竞争力。

2. 操作模式与流程

X 集团是技术设备生产的大型骨干企业,与其上游采取先货后款方式结算,供应商采购原材料一般现款结算,并根据 X 集团订单生产备货。备货期 1~2 个月左右,之后发货至 X 集团进行安装及检验,周期为 1.5~2 个月,合格后,供应商开具发票,形成应收账款,之后 X 集团确认应付账款,并月结次月末支付货款。由此,在 X 集团确认应付账款前,供应商备货阶段时间相对较长,占款导致的资金需求较为迫切。

银行针对此需求,提出如下方案:

给予 X 集团及其控股子公司综合授信 20 亿元人民币,包括流动资金贷款及商票贴现;给予 X 集团及其控股子公司的上游供应商产业链融资额度 15 亿元人民币,采取有追索权保理融资或订单融资模式操作,订单融资不超过 8 亿元人民币,订单融资与保理融资不能重复发放(除非发放保理融资冲销已发放的订单融资)。订单形式放款只限于生产型企业,其额度测算与单笔放款额度确定以 X 集团所提供情况测算的历史实现订单量及当前订单量为依据。与银行合作的供应商由 X 集团推荐确认,并与其业务往来一年以上,年销售收入 300 万元人民币以上。供应商与 X 集团签订的合同及订单回款账号定为银行保证金账户,银行登录供应商系统进行订单下单、生产、发货、货物验收、账款确认、付款等环节的跟踪核实,并定期与 X 集团对账,查询并确定每笔订单形式放款对应的合同/订单为真实并可执行的,货物单价、月供应量、订单总价值、付款条件和方式等要素齐全。

操作流程如图 9-2 所示。

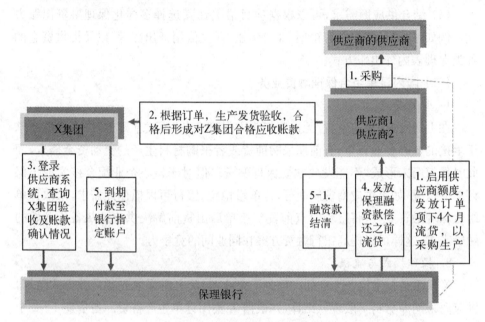

图 9-2　以向核心企业销售的上游供应商为业务主体模式下国内订单组合保理融资业务操作流程

3. 业务要点

上述流程采取的是先发放流动资金贷款,再发放保理融资替代流动资金贷款的方式,也可直接发放期限为流动资金贷款加保理融资期限的订单形式贷款,其间在债权形成时,进行账款转让即可。

二、以核心企业为业务主体

这是以向上游供应商采购的核心企业为业务主体的保理模式。核心企业凭借自身实力容易获得授信额度,但由于其处于供应链强势地位,一般日常营运资金需求不会特别旺盛,即便有短期资金需求时,其议价能力也较强,各行竞争激烈，额度易闲置。因此，可以按照下述模式，抓住需求与机会，营销核心企业。

(一) 国内应付账款融资(买方保理业务模式)

1. 营销要点

基于自身暂时资金周转需要，或为了扶持无法获得融资或者暂无融资额度的配套供应商，核心企业可以进行应付账款融资(在核心企业接受自身报表体现融资借款的前提下)，将资金通过受托支付方式向供应商支付货款，供应商从而间接获得货款提前回笼，核心企业达到融资目的后，可以通过提前支付货款获得一定现金支付折扣/货款减免。通过此安排，供应商获得流动性资金补充，愿意承担核心企业融资相关费用。

2. 操作模式与流程

X集团的C类供应商虽有较强的融资需求，但不符合银行供应链额度审批使用的条件；同时，X集团近期财务报表应付账款科目较大，打算向银行借入20天短期融资用于支付货款，并且对于提前支付的款项可获得C类供应商货款减免。

基于X集团上述需求以及供应商提前收货款获得流动性补充的需求，银行提出如下方案：

X集团占用在银行授信额度，申请国内应付账款融资，融资款项定向受托支付于贸易合同中供应商。供应商与银行签订保理服务合同，向银行转让债权，从而向银行支付保理项下的手续费及融资利息。

操作流程如图9-3。

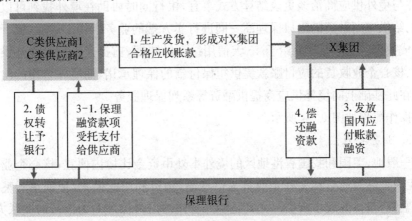

图9-3 以向上游供应商采购的核心企业为业务主体
模式下买方保理业务操作流程

3. 业务要点

对于供应商较难直接获得融资，核心企业愿意在财务报表上体现短期借款的，可采取核心企业应付账款融资、卖方付利息费的模式。

(二) 进口保理业务

1. 营销要点

核心企业一般希望将对外采购改为信用结算或者延长结算账期；而一般商品类的境外供应商，考虑希望扩大销售，与核心企业合作尚可，如果核心企业建立了一定信誉度，才会逐步采用信用赊销方式结算，但需要解决由此带来的最重要问题是融资需求。我们可以借此需求，通过占用核心企业在银行额度，提供对外坏账担保，利用境外丰富的保理商网络，找到合作的境外保理商，让其基于银行坏账担保向境外供应商提供保理融资。

另外，对于本来双方采用赊销结算，同时境外供应商/出口保理商向银行寻求信用风险担保(境外银行从而向卖方融资)，那么银行可以冻结核心企业额度来向境外做付款担保。核心企业一般无需配合银行做任何手续，银行可向境外赚取手续费收入，且只要额度在期限内循环使用，每次接收境外债权转让，无需做任何额外的动作，业务流程简便。

2. 操作模式与流程

T集团在银行有大额闲置授信，之前与某一境外供应商采用即期信用证结算，银行利用延长账期、信用结算等好处对T集团进行营销。T集团表现极大兴趣，并与境外供应商洽谈更改结算方式事宜，银行同时协助在境外找到可以协办业务、给供应商融资的出口保理商一同进行卖方端的业务营销。最后，就下述方案达成共识：境外保理商给予45天信用结算的账期，前提是银行给境外供应商发货、核心企业收货的应付账款提供担保付款的保理承诺，而境外合作的出口保理商在此基础上向境外供应商提供融资等系列保理服务。

操作流程如图9-4所示。

3. 业务要点

一般地，美国和我国香港地区的境外本外币资金比境内便宜，核心企业在美国、我国香港等地有其关联企业且为供货商，则可利用此模式，帮助集团整体在境外融资，获得低成本资金。尤其是境外合作的出口保理商为银行的关联方时，更是将客户资源、存款与结算等业务都聚集在银行系统内部，抓稳客户，获得多方收益。

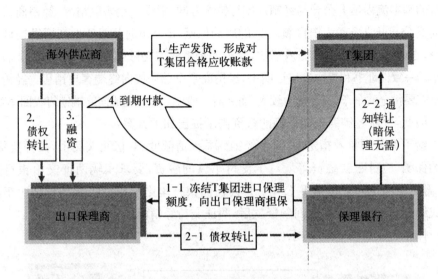

图 9-4　以向上游供应商采购的核心企业为业务主体
　　　　模式下进口保理业务操作流程

第三节　下段"1+N"保理模式

下段"1+N"保理模式是指针对核心企业向下游销售或下游向核心企业的环节设计的保理模式。

一、以下游为业务主体

即以向核心企业采购的下游企业为业务主体的保理模式。这是买方保理业务模式的国内应付账款融资。

1. 营销要点

核心企业需要畅通的销售渠道以及下游稳定的付款,下游经销商实力相对较弱,采购与货款支付环节具有较强的融资需求,但较难获得银行授信。如果获得核心企业的支持,让下游的定向采购获得资金保障,则会满足双方需求,达到双赢。

2. 操作模式与流程

F 公司是世界著名的汽车龙头企业,通过各地经销商将车辆销售给终端客户。

销售的基本流程是F公司与经销商签订销售合同,根据年销售额情况,经销商请银行向F公司开立金额为销售额20%的履约保函,F公司向其国外生产厂发送订单指令,之后,车辆生产并向国内运输,到港前经销商需支付车款给F公司,到港后办理车辆一致性证书和货物进口证明书,经销商拿车并完成向终端客户销售。经销商由于需要付全款拿车,资金压力较大,而之后一般要2个月完成向终端销售收回车款。

因此,针对经销商采购车辆的融资需求提出如下方案:

给予F公司推荐指定的10个经销商总授信额度10亿元人民币,品种流贷、履约保函、应付账款融资等。对于支付车款的融资,要求车辆两证交由银行监管,融资款项定向支付给F公司。F公司向银行承诺承担销售调剂责任。车辆完成终端客户销售银行收回融资款后,两证交与经销商。

操作流程如图9-5所示。

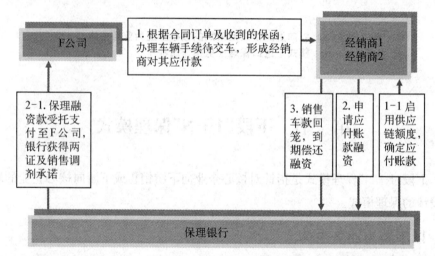

图9-5　以向核心企业采购的下游为业务主体模式下国内应付账款融资操作流程

3. 业务提示

核心企业的配合方式也包括提供担保等形式,但出于财务考虑,很少愿意提供。因此,也可以寻求核心企业的关联方等其他第三方提供担保(关联方与核心企业需要报表合并,此项也难以实行)。

二、以核心企业为业务主体(针对核心企业向下游的销售)

即向下游销售的核心企业为业务主体的保理模式。

(一) 国内无追索权保理业务

1. 营销要点

核心企业很多为上市公司,因为要在季末、半年末、年末披露财务报表,会在此时间点有优化财务结构的需求,无追索权保理正好可以满足这个需求(不同于其他类融资,虽然企业应收账款减少,现金增加,但借款负债不增加),并且保理的此功能是包括应收账款质押在内的其他交易融资产品所无法实现的。

2. 操作模式与流程

Z集团通过其租赁公司向终端客户以设备租赁形式完成销售,终端客户按36期历时3年向租赁公司支付款项,租赁公司产生大量应收账款。为改善其报表以及现金流,银行提出如下方案:

向租赁公司提供无追索权保理融资业务,Z集团出具设备回购承诺,承诺如果终端承租人无法按期支付应付租金,则无条件回购设备,回购款项用于偿还设备融资租赁款。因此,Z集团等于向银行承担终端承租人付款的风险,银行向租赁公司提供无追索权保理融资,承租人各期租金回款至银行指定账户。

操作流程如图9-6所示。

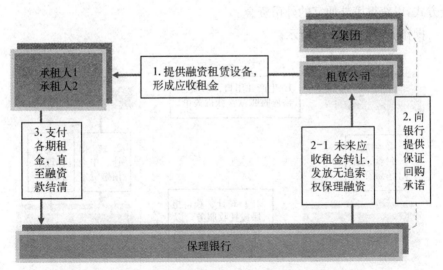

图9-6 以向下游销售的核心企业为业务主体模式下
国内无追索权保理业务操作流程

3. 业务要点

如果业务主体自行回购应收账款,审计师一般会认定此类为有追索权业务;

假定其他的第三方承诺可以在买方不支付时购买应收账款,则如果此第三方与卖方为关联企业,且有合并报表需要,则也无法被认定为无追索权业务;由第三方回购设备较为隐性,一般问题不大(少数情况可能受到报表合理性质疑)。

(二)出口保理业务

1. 营销要点

一些核心企业在采用赊销方式出口时,有时会担心买方付款资质,希望资金能安全收回,有时也有希望提前收汇结汇的融资需求以及外汇避险需求,出口保理融资便可满足这些需求。利用银行保理商网络资源,找到境外进口保理商担保付款、提供收款服务或者提供融资等,便可在核心企业将出口债权转让给银行及境外保理商时,提前收汇结汇(有追索权或无追索权融资),并且在账款到期前有保理商确保收款安全。

2. 操作模式与流程

G公司是知名的电子部件生产企业,产品销往我国台湾、美国、欧洲等各地。为保证安全收汇,并及早实现外币回笼以便及时地对外采购,银行提出如下方案:

向G公司发放出口保理融资,并采取由境外合作的进口保理商提供融资资金方式,以获得境外便宜的外币资金。

操作流程如图9-7所示。

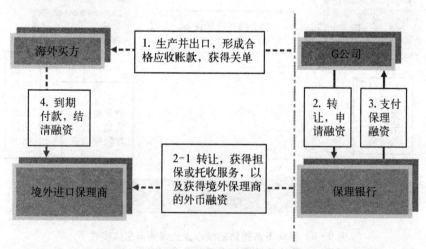

图9-7 以向下游销售的核心企业为业务主体模式下出口保理业务操作流程

3. 业务要点

对于核心企业通过境外关联公司或者代理商出口的销售业务模式,可以用背对背保理业务服务其出口需求,即通过将核心企业向关联公司的应收账款转让予银行,将关联公司再向终端买方销售的应收账款转让予银行或者与银行合作的保理商,控制终端买方回款及关联企业公司付款流程,来向核心企业提供出口保理相关服务。

本指引是产业链保理运用的基础框架与模式的指引,保理商有必要细化针对特定领域/区域、行业、业务模式的应用规划,如此才能确定出重点行业、客户与项目,有计划、有针对性地跟踪与开发产业链保理项目。

在业务实际推动与应用中,模式并非一成不变,应注重发挥保理自身各类产品组合以及保理与其他产品的组合优势,这样才能满足客户多样化需求,建立差异化的核心竞争优势。

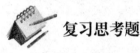
复习思考题

1. 保理业务的什么特质适合应用于产业链融资?
2. 保理业务有哪些主要模式可以应用在产业链融资上?
3. 以核心企业为出发点,向其下游开发保理业务与向上游开发相比,有哪些受限之处?又该如何嫁接保理业务?
4. 如果核心企业提出不能体现为有息负债,但可以适当分担财务成本,有哪些保理方式服务于它和它的上下游?
5. 保理如何与其他金融产品结合,共同服务于产业链金融?

第十章

案例导读与思考

案例一 出口背对背保理案例

一、案例背景

无论是基于市场原因开展业务的需要,还是为了资金调度所做的财务安排,我国出口商(母公司)通过在境外设立关联公司负责对外接单、对市场进行销售的情形愈来愈普遍。这种贸易模式的共同点是国内母公司的出口是关联方交易,以赊销条件来进行结算,账期一般是 90～180 天;然后,境外关联公司通常也是给予买方赊销结算条件,等待境外关联公司从买方收回款项再支付给境内的出口母公司。由于母公司的出口是关联交易,银行通常比较关切,提供融资支持的意愿不高;加上全程都是赊销交易,周期较长且有买方付款的信用风险,国内母公司对如何控制境外应收账款风险及加速资金回流的问题就会特别关注。

背对背保理模式(Back-to-Back Factoring)(也有保理商称之为回流保理),是指境内出口企业(以下简称"卖方")以赊销方式通过境外代理商或关联公司(含自贸区、保税区、出口加工区)(以下统称为"代理商")间接地对境外(含自贸区、保税区、出口加工区)终端买方(以下简称"买方")销售,在国外进口保理商负责催收账款、控制买方回款的前提下,出口保理商对卖方提供融资、账款管理等保理服务。

背对背保理模式下通常有两段应收账款:第一段卖方与代理商的应收账款(以下简称 AR1)、第二段代理商与买方的应收账款(以下简称 AR2)。原则上,对于卖方和代理商之间的应收账款,出口保理商提供卖方有追索权保理服务;代理商和买方的应收账款由进口保理商提供催收、买方信用风险担保服务。对于两段的应收账款,保理商均采取明保理模式进行操作。同时,进口保理商在出口保理商必须有同业往来的授信额度,如此将买方信用风险转化为对进口保理商的授信风险。

背对背保理模式的核心之一是出口保理商获得代理商对买方的应收账款债权保障,并且该债权由进口保理商提供坏账担保。根据进口保理商与代理商是否处于同一国家(地区),分如下三种具体操作模式。

(一)代理商与进口保理商属于同一国家(地区)

当代理商与进口保理商都位于同一国家(地区)情况时,AR1 由出口保理商办理国际双保理业务,AR2 由进口保理商叙做单保理业务(以下简称"双+单"保理模式),如图 10-1 所示。

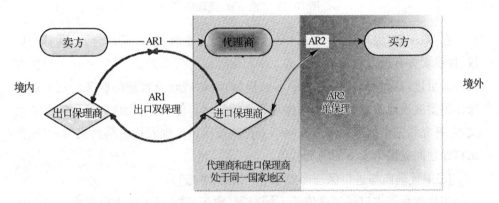

图 10-1 "双+单"保理模式

"双+单"保理模式下,出口保理商与卖方签署《出口保理合同》和补充协议,提供卖方有追索权保理的服务。进口保理商与代理商针对 AR2 共同签署相应保理合同,由进口保理商提供坏账担保、账款催收及管理的服务。基于业务操作需要或当地法律要求,进口保理商如需与出口保理商、代理商签署三方协议文本,补充约定进口保理商有权将买方付款按出口保理商指示路径支付,以冲抵出口保理商提供给卖方的融资款项。

(二)代理商与进口保理商不在同一国家(地区)

当代理商与进口保理商不在同一国家(地区)时,AR1 由出口保理商办理国际双保理业务,代理商所在国家地区保理商(以下简称"中间保理商")作为 AR1 的进口保理商,同时作为 AR2 的出口保理商,与 AR2 的所在地进口保理商开展国际双保理业务(以下简称"双+双"保理模式),如图 10-2 所示。

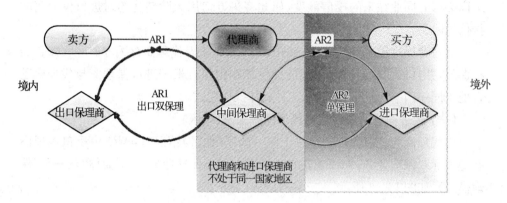

图10-2 "双+双"保理模式

在"双+双"保理模式下,出口保理商与卖方签署《出口保理合同》和补充协议,提供卖方有追索权保理的服务。中间保理商与代理商签署另一份《出口保理合同》,由进口保理商提供买方的坏账担保、账款催收及管理的服务。基于业务操作需要或当地法律要求,中间保理商如需与出口保理商、代理商签署三方协议文本,补充约定中间保理商有权将买方付款按出口保理商指示路径支付,以冲抵出口保理商提供给卖方的融资款项。

(三) 代理商与进口保理商位于不同国家(地区)

当代理商与进口保理商位于不同国家(地区)时,AR1由出口保理商办理单保理,AR2由出口保理商办理国际双保理业务(以下简称"单+双"保理模式),如图10-3所示。

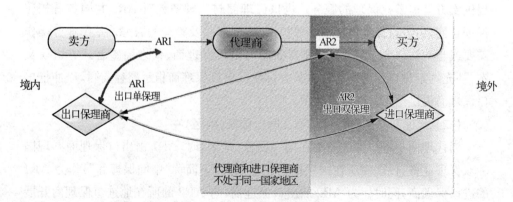

图10-3 "单+双"保理模式

"单+双"保理模式下,出口保理商直接与卖方、代理商分别签署相应的《出口保理合同》和补充协议,同时签署三方协议,补充约定代理商同意经由进口保理商收取的款项,可直接全部或依约定部分汇入出口保理商指定账户,以冲抵出口保理商因受让卖方应收账款而对代理商产生的应收债权。

二、案例历程

2009年7月,国家外汇管理局发布了《关于境外机构境内外汇账户管理有关问题的通知》,明确境外机构可以在境内银行开立账户,实际上允许非持有离岸业务牌照的银行也可以吸收离岸客户的存款。新政为出口保理商控制境外公司的付款提供了必要的操作条件,即在保持客户原有经营模式不变的情况下,出口保理商可以要求境外最终买方对境外代理商或关联公司的付款账号更改至开在银行的境外机构境内账户(Non-Resident Account, NRA 账户)。

2010年下半年,出口保理商在拜访集团客户时,了解到该集团刚刚收购了当地另一家台资企业K。K为典型的代工企业,主要从台湾IT厂商采购面板,加工成液晶显示器和电视机后,通过香港关联公司B(与K企业属于同一集团)销售给美国、欧洲等客户,结算账期一般是60～90天。K企业注册资本金为2 000万美元,受2008年金融危机后续影响,近年来销售收入大幅下滑,代工毛利率很低仅约3%,资产负债率超过了70%,同时土地厂房已抵押给了其他的金融同业。

尽管表面看来K企业的经营状况并不理想,但经过仔细分析,了解到K企业被收购后,改变了原来被台湾母公司占用资金和转移利润的局面,而且随着全球经济的回暖及所在集团对其定位的确立,其经营情况将逐步好转,公司仍具有一定的发展前景,仍值得介入营销。但在集团表示不会提供任何形式的担保,且土地厂房已经被抵押的情形下,(银行)保理商决议提供同业不擅长的背对背保理服务给K企业。根据企业实际贸易流程,保理商按照第三种单+双背对背保理模式设计了操作流程,如图10-4所示。

(1) 终端欧美买方根据其需求量下单给香港B公司,香港B公司通过集团内部ERP系统下单给K企业。

(2) K企业备料生产后直接出货终端买家,同时通过ERP系统根据下单情况,开立向香港B公司销售的发票,香港B公司相应开立向终端买家销售的发票,香港B公司定期与终端买家对账,通过邮件确认其应付香港B公司的账款。

(3) K企业、香港B公司将各自的订单、发票、K企业向终端买家发货的发

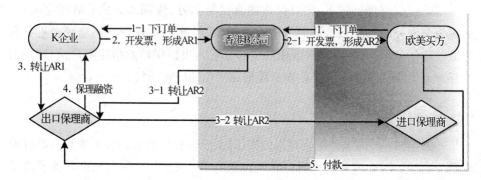

图 10-4　K 企业"单+双"背对背保理操作流程

货单、海运提单、对账单等相关单据(K 企业的报关单后补)提供给出口保理商,出口保理商进行单据审核及 AR1、AR2 账款的匹配,完成 AR1、AR2 账款的转让(AR1 为向出口保理商的单保理转让,AR2 为向出口保理商转让,再由出口保理商向进口保理商转让的双保理转让)。

(4) 出口保理商按照 AR1、AR2 账款孰低原则,依照出口保理商设定的比例,向 K 企业发放保理融资。

(5) 终端买家依照约定的结算条件向香港 B 公司进行付款至 B 公司在出口保理商开立的 NRA 账户。NRA 账户收到 AR2 货款后,香港 B 公司依据先前三方协议的要求向银行(同时也是出口保理商)发出汇款申请,将其应付的 AR1 货款汇入出口保理商指定的账户,归还出口保理商对 AR1 的保理融资。三方协议中还约定了 NRA 账户中收到的款项,最迟于次日完成账款与发票对账,进而进行款项划转,达到监管账户资金的目的。

三、案例启示

(一) 代工企业使用背对背保理业务可以有效地规避应收账款风险

对 K 企业而言,在目前经营情况欠佳的情况下,想获得金融机构的支持很难,还必须间接承担终端买方的付款风险。经由使用背对背保理的服务,在完全不改变贸易流程的情形下,规避了应收账款的风险,同时盘活了闲置资产,加速资金回流,可以更有效率地投入生产运营。

(二) 保理商对企业销售和回款全流程封闭运作收益颇丰

对保理商而言,通过对企业销售和回款的全流程封闭运作,不但获得满意的保理收益,同时也带来了可观的国际结算量和日均沉淀存款,综合收益不菲。

(三) 出口保理商可以绕开离岸业务牌照的障碍

本案例中,出口保理商开展背对背保理模式,规避了出口保理商没有离岸业务牌照的障碍,在不影响原有客户贸易关系的前提下,可以无缝嵌入上述的间接出口模式,严格控制企业资金流,缓释授信风险,提供相应的保理服务。

(四) 竞争同业短时期不易模仿

背对背保理虽然不算是创新的保理业务模式,但由于存在一定的技术门槛,竞争同业短时期内不易模仿。

(五) 客户退出成本比较高

也正因为竞争同业不易进入,加上前期沟通交流、协商具体方案需要相当的时间,客户一般不太愿意轻易变更合作的保理商,忠诚度比较高(或者说,客户的退出成本比较高)。

案例二 出口信用保险保理

一、案例背景

尽管政府一再强调要支持中小企业,解决融资难融资贵的问题,但是金融机构一般认为中小企业抗风险能力较弱,如果没有实质性的担保,基于授信风险的考虑,很难获得实质的支持。保理商提供的出口保理服务,确实可以解决中小企业融资难的困境。有时候,因为出口商出口的国家(地区)没有合作保理商,无法提供坏账担保,出口保理商就很难配套提供融资。另一方面,中国出口信用保险公司遵循国家政策,大力度承保出口应收账款的风险来支持中小企业(企业可以获得一定补贴,实际负担费率较低);但只能提供保险,缺乏融资配套。于是,将出口信用保险结合保理业务的账款融资和催收功能,就出现了所谓的出口信保保理的业务模式。

出口信保保理业务是指出口商在货物贸易或服务贸易项下出口,并在中国出口信用保险公司(以下简称"中信保")办理了短期出口信用保险之后,将保险权益连同出口合同项下应收账款债权转让保理商,保理商在保单赔付范围内,按照合格应收账款的一定比例为出口商提供账款融资、账款管理和账款催收等综合性的金融服务(详见第八章)。

二、案例历程

(一) 项目情况

A 公司成立于 2010 年，注册资本 5 000 万元，主要股东为老板夫妇二人，实际上由先生一人经营管理公司，是非常典型的家族企业。负责人早期在两家外贸公司负责公司的采购和外销业务，对纺织服装行业有近二十年的市场经验，同时也积累了一定的财务资本和人脉资本。在家乡政府大力招商引资并给予众多优惠政策的吸引，以及一些国外客户的鼓励和订单支持下，夫妇二人于 2010 年在家乡开办了 A 公司，主要经营纺织服装的制造、加工和销售，产品几乎全部出口外销。在经历初期艰辛的建厂阶段后，凭借着过去的广大人脉和自身良好的口碑，A 公司迅速打开了市场，2011 出口金额约 9 100 万美元，2012 年成长到 1.77 亿美元，增幅近一倍。国外的下游买家约有 30 家，主要集中分布在美国、英国、德国、意大利等国家和地区，不乏国外知名品牌。例如，New Balance、Nautica 等。根据行业的交易习惯，结算条件一般是出货后 90～120 天。通常情况下，买卖双方交易流程是：① 下游客户提供初样和思路给 A 公司。② A 公司根据要求制作整年的样品。③ 客户选择样品。④ A 公司提供销售详单。⑤ 客户下订单。⑥ 工厂备料进行生产。⑦ 出货。⑧ 出口后把资料提供给中信保，出具保单。⑨ 客户以电汇方式支付货款。

公司营业额大幅增长的同时，也带来了不少的资金压力，主要原因是国内客户的结算一般是 90～120 天，尽管 A 公司通常也能从供应商得到 60～90 天的账期，但还是存在一定的时间差；加上还有备料生产的周期以及扩建厂房的资金需求，使得订单量愈多，企业需要的资金量就愈大；往来的主要银行凭借公司土地厂房的抵押提供贷款，但由于 A 公司成立时间太短，给予的融资额度远远不能满足企业的实际需求(其中包含针对个别进口商应收账款的保单融资)，这就给 B 保理商提供了介入的机会。

(二) 设计方案

2013 年初，保理商经过一段时间实地调查企业营运情况及过去两年与所有进口商的交易记录、抽查核实全程单据，发现 A 公司与国外客户的交易情况正常良好，大多数进口商付款及时；同时还有几家国际大厂派遣人员驻厂监督工厂的生产情况、进行验货等，在一定程度上确保了 A 公司产品的品质，减少了商业纠纷发生的概率。此外，A 公司为防范进口商付款的信用风险，从企业创建初始，出口业务全部在中信保进行投保，但多数保单并没有获得银行的融资支持。

依据实地调查的结果，保理商决定了以下的配合方案，并具体落实操作。

(1) 除了银行已经办理保单融资的项目外，保理商筛选了已经配合业务满一年的 20 家进口商，按照 2013 年预计年销售额 1.5 亿美元，核定了 4 000 万美元的有追索权的保理融资额度。

(2) 保理商、中信保以及 A 公司三方签署《短期出口信用保险项下应收账款转让协议》，将保单项下的赔款权益转让给保理商。

(3) 进口商限定为在保理商与中信保以及 A 公司三方签署的《短期出口信用保险项下应收账款转让协议》中约定转让范围内已批复有效买方信用限额的进口商。

(4) A 公司承诺在签署《短期出口信用保险项下应收账款转让协议》后，继续认真履行保险合同项下的被保险人义务，包括但不限于申报、缴纳保险费、提交索赔所需单证、按保单约定承担相应追偿费用等保险单规定的全部相关义务，严格执行保单在报损、理赔环节的要求。保理商有权随时向中信保进行核查。

(5) 通知账款转让的方式采取以电子邮件发送《介绍信》并要求回复确认（同时抄送保理商）；发票上加盖保理商要求的转让字句。

(6) 融资比例不超过对应《买方信用限额审批书》上列明的赔付比例（在保理商没有回款记录前的融资比例为 60%，有回款记录后的融资比例可以提高到 80%）。

(7) 融资期限根据买卖双方约定的付款条件加上 1 个月的宽限期，但最长不超过 6 个月。

(8) 转让的文件包括但不限于：合同/订单、发票（注明转让字句及提单号）、承保情况通知书（在核实 A 公司出口信用保险项下保险费已足额缴纳的前提下，也可以采用中信保"信保通"系统电子数据打印件）、装箱单、提单（电放单）、报关单（先是复印件，45 天后提供正本，也可采用中国电子口岸系统核查）。

(9) 首笔融资提供保单，之后每次办理应收账款转让时提供依据保单出具的承保情况通知书即可。

(10) 必须直接汇款到保理商指定账户。发生任何形式的间接付款情形，如果属于刚开始配合的首次回款，A 公司必须立即清偿对应的保理融资，并再次通知进口商应收账款转让及还款路径,并要求回复确认。如果二次发生间接回款或平时直接回款中偶发间接回款,A公司除了必须立即清偿对应的保理融资外,该间接回款对应的进口商,暂停对其账款办理融资。同时,保理商保留全面评估和调整额度的权利。

(11) A公司承诺2013～2015年期间该公司投保的项目优先选择B保理商办理保理业务。

(三) 往来情况

2013、2014两年,A公司分别转让了1.25亿和1.68亿的近3亿美元的应收账款,对应的进口商也由原本的20家增加到25家。保理融资额度由4 000万美元提升到4 500万美元,年累计的融资量成为A公司的最大融资提供方。期间曾发生5次间接付款的情形,都是首次配合发生,由A公司自行偿还融资。发生一例进口商破产,由中信保进行了赔付。

三、案例启示

(一) 考核企业的经营情况、贸易背景的真实性和稳定性

银行一般习惯于要求企业抵押土地和房产来办理授信,所以,企业的固定资产通常都已经办理了抵押。保理商要真正考核企业的经营情况、贸易背景的真实性和稳定性,即使是中小企业,也能配合保理业务,真正起到支持中小企业的作用。

(二) 与中信保合作解决坏账担保和融资难题

面对多家进口商,(出口)保理商可能不易全面取得进口保理商核准坏账担保的额度;借由与中信保的合作,同时为彼此解决坏账担保和融资的难题,提供客户全面的应收账款服务。

(三) 选择为超过半数进口商的账款提供保理融资

选择为超过半数进口商的账款提供保理融资,既有利于风险的分散,又有利于强化保理商的主导地位(包括办理保理业务的优先权)。

(四) 实地核查企业过去的往来交易

保理商认真花时间对企业过去的往来交易进行实地核查,为办理授信提供重要的参考基础。

(五) 兼顾风险控制与实际操作的可行性

方案设计兼顾了风险控制与实际操作的可行性,尤其体现在对间接付款情形的处理安排上。

案例三 进口保理案例

一、案例背景

进口保理是指进口保理商根据出口保理商的申请,在出口商以赊销方式向进口商销售货物或提供服务后,接受出口保理商/出口商转让的应收账款,为出口商提供进口商的付款信用风险担保、催收及账务管理服务的业务。

进口保理商提供坏账担保必须事先对进口商进行评估,但评估工作经常会遇到一些难题。例如,进口商不愿意配合提供各项要求的信息,而公开渠道揭示的信息非常有限或不具备评估价值;进口商的资本规模与申请的坏账担保额度明显不符等,使得进口保理业务无法顺利开展。

进口保理业务主要承担的是进口商的付款风险,理论上只要进口商能够履行付款的义务或转让的应收账款存在商业纠纷的情形,进口保理商就可以免除担保赔付的责任。相对于单纯以融资功能为主的现时国内的保理环境,一些保理商(尤其是商业保理公司)非常看重这块市场的开发。

二、案例历程

(一) 项目情况

2012年4月4日,F进口保理商接到了美国出口保理商发来的对国内A进口商信用风险额度的申请,申请额度为2 000万美元,付款条件是发货后60天,预计的年交易额为1亿美元。F保理商随即通过公开渠道查询了进口商的信息,只找到非常简单的基本介绍,财务信息全无。然后F保理商直接与A公司进行联系,A公司表示非往来的金融机构或政府部门,一律不对外提供财务资料,同时婉拒F保理商的拜会请求。为了作进一步的尝试,F保理商告知出口保理商目前的情况,同时请出口保理商要求B出口商通知A公司关于保理业务的安排,请其积极配合F保理商的工作。在B出口商的协助下,F顺利地拜会了A公司,并实际了解到一些主要的基本情况。

(1) A公司是境外B公司在中国区的产品总代理,双方自1997年建立代理关系以来,已经有近15年的合作历史;以往的结算条件主要以即期信用证为主,少数给予 30 天的账期。为了加大对中国地区的销售力度，双方正在协商全面使用 60 天账期的结算方式。

（2）A 公司在全国多个重点城市均设有自己的分支机构，拥有客户近 1 000 家，下游客户中包括境内知名的国企、民企等大型客户。A 公司对一般小客户的销售采取预付款或现金交易，但对于采购量较大的大客户，提供发货后 60 天付款的优惠条件。客户一般付款及时，很少有拖欠款的情形发生。

（3）A 公司与 B 公司在 2011 年的全年交易额约 8 000 万美元。

（4）A 公司代理销售的产品属于冷门的专业性用品，B 公司品牌产品在中国有 30% 的市场占有率，与另外一家同业基本持平。

（5）A 公司注册资本金仅 500 万元人民币，2011 年实现销售额约 7.5 亿元人民币，毛利率接近 35%，税后利润率约 10%。为了获取信用证开立和押汇的额度，公司名下唯一的固定资产（办公室）已抵押给银行。应收账款金额约 1 亿元人民币，相对分散于前十大客户，这些客户多数是知名企业。除了信用证押汇产生的银行借款外，没有其他借款债务。

（6）公司的实际控制人除了代理 B 公司产品外，并无其他投资的事业。

（二）设计方案

对于一家仅有 500 万元人民币资本额的企业，在没有不动产抵押作为担保品的背景下，想要核定 2 000 万美元的坏账担保额度，似乎显得有些不匹配；但 F 保理商进行了以下的思考并设计了方案，最后还是有条件地核准了 2 000 万美元的额度。

（1）A 公司是 B 公司在中国地区的总代理，已经合作长达 15 年，双方的关系和利益是紧密的。尽管 B 公司申请对 A 公司的坏账担保额度，不完全是担心 A 公司的付款能力，毕竟初始动机是为了大力扩大销售，所以对 A 公司应该还是会充分支持。

（2）产品市场占有率高，又具有专业性，形成寡占的市场格局，业务拓展应该比较容易。

（3）A 公司提供赊销条件的下游买家多数是具有规模的知名企业，付款实力相对有保证，应收账款的风险较低。

（4）A 公司是实际控制人唯一的企业，而且经代理 B 公司产品 15 年，一定会尽力维护自己对 B 公司的付款信用，以免代理权被撤销。因此在付款意愿和配合方面应该不成问题。

(5) 从企业的主要财务情况判断,整体是获利的,而且负债方面主要是 B 公司的货款及相关的银行押汇融资,都与主营业务直接关联,企业并没有其他还款压力。过去多年如此运转也没有造成问题,间接证明企业的资金调度还是平稳的,不存在太大的资金压力。

(6) 基于以上的判断,F 保理商设计了以下合作方案并取得 A 公司的同意,双方开展保理业务合作:

① A 公司通过 F 保理商办理有追索权的国内保理业务,将 F 保理商选定 A 公司的前十大的应收账款转让给 F 保理商,形成一个保理池,由 F 保理商提供融资、账款的催收与管理。如果 B 公司通过出口保理商转让给 F 保理商的应收账款到期未付,A 公司同意并授权 F 保理商可以将保理池项下办理的融资款项或者催收回来的货款,径行购汇转换为美元,对外支付给出口保理商,冲销 B 公司的应收账款。

② 国内保理融资额度是 2 000 万美元对应的人民币金额,融资比例是 80%。A 公司如果有对 B 公司的应付账款到期,A 公司除了自行付款以外,可以在保理池应收账款余额的 80% 以内(含)办理保理融资对外支付;如果没有应付账款到期,原则上保理商不提供融资。

③ 融资的期限统一为 120 天。催收的回款首先用于冲销国内保理的融资款项,任何时点的回款都进行冲销;如果没有融资余额,可以用来支付对 B 公司到期的应付账款;如果没有应付账款到期,则直接交付 A 公司自行调配使用。

④ 国内保理部分全部采取明保理模式操作,A 公司必须通知买方应收账款的转让和付款的路径安排,并取得书面确认。

⑤ 在通知出口保理商核准申请的坏账担保额度前,A 公司必须将现有存量应收账款全部转让给 F 保理商,并完成有关的转让通知及确认。

⑥ 核定 2 000 万美元的进口保理额度。附加条件:如果有任何账款逾期达到 30 天,前述核准的 2 000 万美元自动调减为 1 000 万美元;如果账款逾期满 60 天,所有核准额度全部自动失效,不再承保。借此某种程度地要求出口商督促进口商准时付款。

(三) 往来情况

统计自 2012 年 5 月正式开始配合,截至 2014 年底,合计转让进口保理业务的账款约 2.5 亿美元,国内保理转让账款约 15 亿元人民币。无论是进口保理账款的支付还是国内保理融资款的清偿,一切正常,没有发生任何风险。

三、案例启示

（一）不要拒绝注册资本很小的企业

保理商办理进口保理业务的态度通常是被动的，即被动地接受额度的申请，一般初看进口商规模很大才会产生兴趣；但如果收集授信的材料不顺利，便又轻易放弃，回绝额度的申请。长此以往，国外的出口保理商一般不会选择继续与其开展合作。本案例的保理商没有因为企业注册资本很小就拒绝，反而在深入了解后，想方设法设计可行方案，既控制了风险又实现了可观的业务量。

（二）进口保理商与出口保理商加强沟通交流

一开始进口保理商并没有得到进口商的配合，便立即向出口保理商反映情况，并给出建议，请求协助。这样不但体现服务的高效，同时良好的沟通也为解决问题、推进合作提供助力。

（三）对同一笔交易流程同时操作进口和国内两种保理业务

保理商习惯从卖方的角度推动业务，反而忽略了买方的另一面即卖方（只要它不是终端消费的一方），同样有应收账款的问题待解决。本案例中，保理商以提供国内保理业务为基础，同时操作了进口保理业务，以管理企业的应收账款来支付承保的应付账款。看似两笔授信业务，其实依旧是一种风险敞口。更准确地说，一笔交易流程，先进口后内销，操作了进口和国内保理两种业务。风险敞口不但没有扩大，经由结构性的安排，风险度反而更小了。

（四）从整体交易合作层面进行授信判断

保理商在进行授信判断时，加入了买卖交易双方合作关系紧密、利害与共的考虑，把原先单纯的买方付款能力的评估，上升到了对整体交易合作的层面来进行分析。

案例四　优化财务报表案例

一、案例背景

保理业务最常见的分类有追索权与无追索权之别。全球各地的保理市场就业务量而言，都是以有追索权保理为主，无追索权保理扮演配角的角色。但业务独有的特质使得无追索保理始终占有一席之地,历久不衰。

无追索权保理是指保理商根据供应商所提供的债务人,予以评估、核定债务人的信用风险额度,卖方将对所核定的债务人的应收账款转让给保理商,由保理商支付价款或提供融资,并在信用风险额度内承担坏账担保的责任。保理商因发生债务人信用风险(即债务人清偿能力不足或破产等情形而无法收回应收账款),如果没有商业纠纷,将不能再向供应商追索已发放的融资款。

保理商提供的保理业务是否具有追索权,是企业选择会计处理方式的关键因素。无追索权的保理业务,企业相当于出售了一项资产,在收到保理商支付的款项时,增加现金并可以直接将应收账款下账,从而提高了应收账款的回收率。有追索权的保理业务,在我国目前的现实环境下,企业相当于开展了一项以应收账款为还款来源的担保贷款,不能调减应收账款金额,只能将保理业务所得款项确认为企业的短期借款,不但不能改善应收账款回收率,还提高了负债的比率。

所以,在无追索权保理方式下,企业可以在短期内大大降低应收账款的余额,加快应收账款的周转速度,改善或优化财务报表的资产管理比率指标。对于很多拟上市、已上市企业、拟引进风险投资的企业,或者强调财务指标考核的大型国企等,在关键时间的节点(年末、半年末、季末)前,与保理商合作无追索权保理,把存量的应收账款进行部分消化,优化时点的财务比率(当然,也有部分企业操作无追索权保理业务,是一种常态性的制度安排,而不是在特定时点为了美化报表进行突击操作)。

二、案例历程

(一) 项目背景

A 公司成立于 2010 年 10 月,专业从事各种电子和通讯元器件的代理进口。公司自成立以来,销售额逐年大幅增长,2011~2013 年销售额分别达到 2 亿、5 亿及 7.5 亿元人民币;税前利润率分别为 6.3%、8.1% 及 7.3%。公司按照企业规划的发展蓝图,在 2014 年开始启动上市计划,聘请了知名的专业机构开展公司上市的辅导工作。辅导机构对公司的经营情况作了全面的了解,分析发现公司各项经营指标数据大致维持在行业水平或之上,唯独应收账款数字太高,2013 年底该数字占到公司总资产的 55%,于是建议公司的财务总监必须加强应收账款的清收速度,将对应的比率降到一定的合理区间。财务总监基于对保理业务的认识,找到保理商探讨合作事宜。经过实地考察与交流,保理商对企业情况有了一定的了解：

(1) 由于行业交易的习惯，加上公司成立时间不长，为了快速达到扩大销售的目的，A公司对大多数下游客户提供账期，一般在120天左右。但是客户准时付款的情形比较少，多少会拖欠1个月左右，少数还会在出货后半年才付清款项。

(2) A公司的客户集中度比较高。最大的客户是B公司、国企背景，2013年交易额约2.2亿元人民币，结算账期为发货以后120天，通常要等到180天才会以电汇方式付清货款；第二大客户C公司和第三大客户D公司的年交易额相差甚微，约在1.5亿元人民币左右。C公司成立于2009年，是一家民营企业，结算条件也是120天，付款情况不稳定，有时很准时，但通常会分成几次结清货款，曾出现因抱怨商品质量扣款5%的记录，公司没有挂牌上市。D公司是A公司的关联公司，结算条件是180天。前三大客户占有近70%的销售额，其余分散在近50家客户，金额都不大。

(3) A公司进口元器件的结算条件是90天期的延期信用期，一般会在信用证到期时向银行办理押汇融资对外付款。

(4) A公司与客户的交易流程如下：① A公司与客户签订采购订单。② A公司依据库存情况分批执行订单。③ A公司将货物送至客户仓库，由客户仓库主管核对种类、清点数量后，在送货单上盖章签收；如果收货后发现质量问题，客户依据合同约定要求A公司更换相同型号的货物，但通常不会对最终付款金额有影响。④ A公司每月20日定期与客户进行对账，由客户的采购主管在对账单上盖章签字确认当月应付金额。⑤ A公司在月底前依据当月对账金额开立增值税发票送交客户。⑥ 客户按照约定的结算条件到期付款(电汇或银行承兑汇票)。

(二) 设计方案

(1) 考虑A公司的需要(大幅降低应收账款数字，优化财务结构/报表)，保理商决定提供无追索保理业务的服务。由于必须"大幅"降低应收账款数字，而A公司的客户集中度又很高，只能从前三大买方着手选择应收账款的标的。其中，D公司为关联公司，予以合理排除；最终单独选定承做对B公司的账款，主因如下：

① A公司的主要目的是优化财务结构(报表)，只要操作无追索保理的应收账款数字达到一定程度即可，B公司或C公司任一家的交易量均可以满足要求。

② 既然是无追索权，保理商必须承担买方付款的信用风险，经过以下比较，从而选定B公司作为承保对象：a. 2014年宏观经济整体下行，一般经验显示，国企的抗风险能力比民企要强。b. B公司与C公司的结算条件虽然都是120天，表面上

看B公司的付款记录未必比C公司良好,但尽管有拖欠款,终究都会一次付清;C公司则呈现不稳定的状态,且曾有较大额度的扣款记录。c. B公司核心领导层的人员中,有A公司负责人关系非常紧密的朋友圈,估计可以提供一些必要的配合。d. B公司是挂牌上市企业,经由公开渠道了解其经营情况虽然并不突出,但历年来算是平稳,没有呈现大起大落;对于C公司,则无公开信息可以事先参考。

(2) 经过评估,在2014年6月初核定针对A公司对B公司的应收账款提供1亿元人民币的坏账担保额度,相关操作条件如下:

① 采用明保理通知方式,每次办理(无追索权)保理融资前,由A公司陪同保理商的风险或融资部门人员亲自到B公司财务部门当面盖章确认《应收账款转让通知书(明细表)》,对转让事实及应付金额进行确认。

② 融资按照确认的应付账款金额的90%办理。

③ 在6月20日之前先将5月份(含)之前已经开立发票,但未到期的账款一次性转让给保理商;6月30日前再将6月份的账款进行转让并办理融资。

④ 担保赔付的期限约定为应收账款到期后180天(一般是90天)。

(三) 往来情况

A公司在2014年6月份分别进行了两次账款的转让,金额分别是5 500万与2 700万元人民币;截至2014年底,B公司累计支付5 500万元货款,A公司于2014年12月28日一次性转让账款约8 300万元人民币。

三、案例启示

(一) 发掘客户需求,提供差异化服务

保理业务的功能不限于单一的融资,保理商应该多发掘客户的需求,提供差异化服务。真正的无追索权保理是一块值得开发的潜力市场。

(二) 关注买方付款记录、经营的稳定性及其与保理商的配合度

无追索权保理的基础是建立在保理商承担买方付款的信用风险之上的,所以,对买方(债务人)的选择就非常重要,尤其必须关注买方过去的付款记录、经营的稳定性以及与保理商的配合度等。对于与卖方往来不久的大买方,即使公司规模、交易金额都很大,办理无追索权保理业务时仍需谨慎。

(三) 尽量采用明保理模式

办理无追索权保理原则上最好采用明保理模式,毕竟,保理商是"买断"了账款,相较于操作有追索权保理,必须更加关注买方的付款情形。

(四)充分了解买卖方交易全流程和细节

充分了解买卖方交易的全流程和细节,是判断交易和付款是否稳定的重要基础性工作,也是评估业务风险的重要参考。

案例五 保理在租赁业应用案例[①]

一、案例背景

租赁保理业务是将融资租赁业务与保理业务结合起来而形成的金融创新产品,是在出租人(租赁公司)与承租人形成租赁关系的前提下,租赁公司与保理商根据双方保理合同约定,租赁公司将融资租赁合同项下未到期的应收租金债权转让给保理商,保理商支付租赁公司一定比例的融资款项,并作为租金债权受让人直接向承租人收取租金的经济活动。租赁保理的实质是租金作为应收账款进行转让与受让,满足了租金期限长、金额可调(总额分期)的业务特点,这跟保理业务传统应用中期限短、付款期限固定有所不同。但租赁保理只是个惯用的名词,它本身还是保理业务,其实,用"保理在租赁业的应用"来理解更为贴切。

把租赁保理当成是一种创新,对未曾接触保理业务或接触不久的人来说是有一定道理的。然而对保理实务界来说,租赁保理已经存在几年,不算新颖。不过租赁保理在很多行业的开发应用,确实还存在很大的尝试与创新空间,尤其是服务性行业办理的租赁业务。近几年租赁保理业务的发展,离不开保理商(尤其是银行保理商)与租赁公司双方的积极合作。一方面,银行保理商受政府政策指导对三高企业(高耗能、高污染、高排放)和产能过剩的企业实施严格的授信准入,一般企业很难"直接"获得银行授信融资支持;另一方面,租赁公司受限自身资金规模,在大力开展业务时屡屡受制于没有足够的资金头寸来实现业务的操作,于是双方找到了契合点。(银行)保理商把授信的对象由一般企业转变成认可资信的租赁公司;租赁公司借由转让应收租赁款(保理业务)获得保理融资的支持,实现租赁业务的操作(在亚洲很多国家和地区,保理公司与租赁公司一直如影相随,有不少金融集团同时拥有租赁公司和保理公司,上海自贸区还鼓励租

[①] 魁伟.中国民生银行相关业务资料。

赁公司成立商业保理公司）。

通常模式下，租赁公司向保理商推荐符合保理商准入标准的融资租赁客户，保理商基于对承租人的授信或者租赁公司提供的增信，提供应收租赁款的保理服务，这种保理包括直接租赁、售后回租、厂商租赁等多种形式，有追索权保理和无追索权保理兼而有之。简单的操作流程如图 10-5 所示。

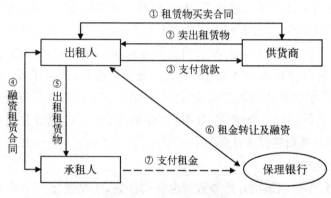

图 10-5(a)　直接租赁模式

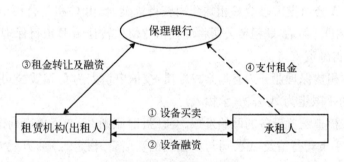

图 10-5(b)　售后回租模式

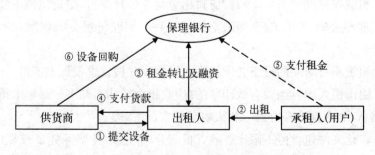

图 10-5(c)　厂商租赁模式

目前,租赁保理开展的模式以售后回租为主。

二、案例历程

(一) 项目情况

A 公司是一家历史比较悠久的水泥厂,与 B 银行之间一直都有授信业务的往来,没有任何不良记录。近年来,由于宏观经济整体下行,国家政策导向中要求银行对"三高"及产能过剩行业实施严格授信准入,使得银行对 A 公司融资授信的支持力度不够,难以满足 A 公司的具体需求。对此现状,双方都想有所突破。刚巧 A 公司与 C 租赁公司也有设备融资租赁业务(直接租赁)的往来,C 租赁公司也愿意增加对 A 公司的融资支持,只是自身可以投放的资金规模确实有限。经由 A 公司的居中介绍,在 B 银行(保理商)认可 C 租赁公司资信的前提下,三方协商办理租赁保理业务。

(二) 设计方案

(1) 基于 A 公司近期并无添置新设备的计划,于是选定了 A 公司目前使用中没有办理抵押、设备剩余折旧年限至少 3 年以上、存在较好二手市场的一批机器设备,由 A 公司先出售给 C 租赁公司获得资金,再由 C 租赁公司出租给 A 公司(售后回租)。然后,C 租赁公司将应收租赁债权转让给 B 银行保理商,办理租赁保理,获得融资支持。

(2) 本租赁保理业务为有追索权性质,授信申请人为 C 租赁公司(出租人),项目交易对手限定为 A 公司(承租人)。

(3) 在核查购置设备的原始发票、会计折旧原则、资产负债表列记的现在余值,参考二手市场行情及 A 公司与 C 公司的资信后,核定 5 000 万元人民币保理融资额度。

(4) 租赁项目期限为 24 个月,应付租金每 3 个月一付,融资比例不超过转让的合格应收租金的 80%,融资期限不超过最后一期应付租金的到期日加上 7 天宽限期。

(5) 租赁项目对应的设备必须抵押给保理商并按要求投保财产险。

(6) 由出租人出具加盖有效印鉴的《应收租金转让通知书》,逐笔取得承租人的书面确认,并由保理商办理承租人签章核实的手续。

(7) 转让文件包含但不限于:融资租赁合同、原始发票等凭证或复印件(加盖公章)、租赁物件所有权转移证明、以保理商为第一受益人的租赁物的财产综合险的保单或权益转让协议、应收租金转让通知书(出租方与承租人双方签章)、《租赁物清单》、《租金计划表》、《租赁物所有权确认书》、《租赁物接收书》、出租人对租赁物的转让价款汇出至承租人指定的银行账户的相关入账凭证、出租人与保理商签订的设备抵押合同(原件)。

(8) 转让的应收账款必须在人民银行征信系统中心的应收账款质押登记公示系统中登记"转让"选项。

(9) 办理保理融资前,保理商将实地调查租赁公司的贷款卡信息,确认(外商投资)融资租赁公司的风险资产没有超过净资产总额的 10 倍。

(三) 往来情况

在保理融资额度得到核批、A 公司与 C 租赁公司办理了有关售后回租手续以后,C 租赁公司一次性地将 24 个月的应收租金总额 6 500 万元人民币转让给 B 保理商,获得 5 000 万元的保理融资,A 公司按每季度摊还租金,付款到保理商的指定账户。截至 2014 年底,准时支付两期,没有出现拖欠情况。

三、案例启示

(一) 扩大保理的应用行业和领域

保理业务是一种综合性的金融服务,服务于合法有效、权利无瑕疵、有明确账期(到期日)的应收账款。把握这样的准则,可以把保理应用于一些原先不是传统保理行业的领域,在控制风险的前提下进行创新,扩大保理的应用范围。

(二) 创新保理业务和营销模式

保理商与租赁公司成功合作,创新了租赁保理业务,可以受此启发应用于不同行业,实现某种程度的资源共享,服务共同客户的营销模式。

(三) 重视租赁公司资历和风险控制能力的同时加强对还款来源的考察

租赁保理业务安排中的承租人(债务人、付款方)通常需要经过租赁公司的尽职调查和评估,租赁公司才会同意办理融资租赁。换句话说,租赁公司已经先替保理商把关,过滤了不好的项目,所以,办理租赁保理的项目肯定是没有风险的。现实中,这只能当成理论上的推理结果。保理商必须重视租赁公司的资历、风险控制能力,同时也绝对不能忽视对还款来源(承租人)的考察。事实上,承租人才是整个租赁保理安排的实际授信申请人,不好类比一般保理项目的买方来看待。

(四) 租赁保理中应收账款期限短,具有一定的合理性

租赁保理对保理业务一般服务于短期限的应收账款(通常180天以内)有一定的突破,但如果考虑应收租赁租金通常是分期摊还,每期通常1~3个月或半年且很少超过1年的情形来看,也就不会觉得太突兀了。

案例六　保理在医药业应用案例[①]

一、案例背景

随着医药改革的深化,药房托管将成为一种模式。为落实国家对医院药品销售零差价政策,同时又保证医院的既得利益,医院将委托一家或若干家医药、器械代理商成为其药房的专供企业,医院通过这些专供企业采购医药、器械并向大众零差价销售,而这些专供企业将利用专供经营权获取超额利润,并通过多种形式向医院返利。如果"药房托管"成为医院的主要经营模式,医院、器械流通市场将会出现较大变动,资源会向获得专供经营权的企业聚集,这也将给保理商带来新的机遇。

医疗产业链中,专业的医疗配送企业是相对适合保理商介入的市场,主要因为以下原因:

(1) 专业的医疗配送企业的经营,基本上属于订单销售,可以合理安排库存量。

(2) 各级医疗服务机构通过集中采购向配送企业采购药品,配送企业的下游就是医疗服务机构;通过集中采购的贸易背景有据可查,二级以上医院的履约能力较强,信誉度高,配送环节的经营风险较低。

(3) 行业准入门槛较高,拥有比较完备的药品经营管理体系,企业经营资质查询公开。

(4) 上游药品生产企业的付款条件大多采用预付款方式,可以拥有相对稳定的药品库存,但考虑下游客户回款周期较长,前后夹击,药品配送企业的资金压力通常比较大。

---

① 民生银行贸易金融部武汉分部. 中国民生银行相关业务资料。

(5) 配送企业除了固定的销售毛利外,还享有上游药品生产企业的销售返点,销售利润基本上可以完全覆盖自身的运营成本和融资成本,承受财务成本的意愿和能力比较强。

(6) 变革预示有新的机会,选择优质的药品流通配送企业,等于直接介入整个产业链的咽喉,有渠道,有市场。

(7) 传统的银行授信模式并不适合高速发展的经营需求,流动资金贷款与企业经营的资金周转也不相匹配。这类企业通常抵押担保物不足,确实也不容易从银行得到信贷资金。保理业务根据企业经营、资金状况,在行业的交易流程下,恰好能够适当地满足企业的经营需求。

二、案例历程

(一) 项目情况

A 医药集团是一家老资格的由国有企业改制的医药集团,注册资本为 3 500 万元,成立至今走过超过 50 年的经营历程。企业引进先进的 ERP 管理系统、OA 网上办公自动化,发展成为现代管理制度下的拥有年销售额 12.3 亿元,总资产达 9.4 亿元、拥有 4 家直属分公司的股份制集团公司。A 医药集团销售的主要对象为省内各家医院,所合作的医院包括省内三甲、三乙、二甲等资质的 300 多家医院。通过事前对行业的调研和潜在客户的摸底,保理商锁定了 A 医药集团作为保理业务在医药行业试点的对象。因此,在成功拜会与交流后,客户同意配合操作保理业务。保理商除了对 A 的经营情况进行了解外,还实地到 A 的买方(三甲医院)了解关于药品的采购与结算的全过程;到医院及医药贸易单位的上级主管部门(卫生厅)了解医院的分级、药品招投标的流程;进入卫生厅下辖的药品招投标网站;以及向其他医药贸易企业相关人员进行咨询,从侧面了解 A 公司销售收入的真实性、药品中标、药品销售网上订单等情况。对于会影响保理业务操作主要方面的情况有了比较清晰的认识与判断。

(1)《中共中央国务院关于深化医药卫生体制改革的意见》、卫生部等九部委《关于建立国家基本药物制度的实施意见》、《××省实施国家基本药物制度暂行办法》,明确指出医疗卫生机构药品必须实行集中采购。各地集中采购实施办法或略有不同,但均以公平、公正、公开的原则进行。所有采购信息均可通过第三方平台进行查询核实,确保贸易背景(订单环节)的真实。

(2) 省内的药品配送企业与二级以上医院属于购销的买卖关系,会形成真实的应收账款,交易行为和商品受到相关行政机构监督。

(3) 药品配送企业向医疗卫生机构配送指定药品,必须依法取得药品监督管理部门审核批准的《药品经营许可证》和《药品 GSP 证书》,并在集中采购平台注册,对资质有一定要求,满足保理商的准入条件。

(4) 强势的下游主体占压了配送企业大量的销售回款,省内的实际付款周期一般在 7～9 月;同时配送企业为满足正常的日常经营需要,多采用对上游预付款方式结算,产生大量的资金需求。

(二) 设计方案

通过与客户的沟通,以及对医药配送行业的深入调查,在控制风险的前提下,保理商对 A 医药集团的保理业务设计了以下方案:

(1) 采取有追索权保理模式,保理下游买方限定为与 A 集团有结算关系的省内所有的三级医院。应对较多医院的账款,以保理池的模式积累和管理账款,融资比例按照保理池余额的 80% 发放。

(2) 鉴于下游家数多,以及医院的配合度多有差异(普遍一般),应收账款转让的通知采用"通过公证送达＋发票加盖转让字句"的方式;办理融资前必须取得下游医院的签收样本。

(3) 根据下游医院的对账单定期进行对账,每年不少于两次。

(4) 通过了解客户的经营流程后,掌握交易中重要环节的相关单据,保理商由市场和风险部门人员双人上门收集药品收货人的签字、对账函的确认印鉴等,以佐证交易背景,防止造假。

(5) 因为发票笔数太多,同意采取以发票清单进行批量转让,保理商每次发放融资前,进入税控系统按照协商的比例进行抽查。客户必须依据选样提供包括但不限于:留存的发票原件及出货单、药品签收联、公证书等单据,以供核查。

(6) 保理商必须在办理融资前,及时详细地完成应收账款转让的登记,并事后定期核查登记平台的转让信息。

(7) 虽然采用明保理模式并通知下游的医院,但由于医院的配合度不一,存在以票据付款的情形。票据付款通常仍然以卖方为受益人,而不是保理商,这是一种间接付款行为。为控制风险,特别制定票据回款控制措施:① 在发送给买方的应收账款转让通知函中,增加"贵公司若使用银行承兑汇票付款,则必须将银行承兑汇票通过EMS或挂号信方式邮寄至(保理商)以下地址：×××,收件人：×××。"或② 由买卖双方出具双方签章的协议,由买方承诺将直接邮寄票据或送达保理商或者电话通知保理商专人上门取票。③ 保理商取得票据后,要求客户立即背书转让给保理商。可以持有票据到期进行托收或提早贴现,托收或贴现资金用来偿还保理融资。

(8) 保理融资的支用均由(银行)保理商通过网银核实后支付,所有款项用于指定上游的药品采购,防止资金挪用。

(9) 根据集中采购的竞投标周期,定期核查配送企业的经营资质。

(10) 专人时时关注医药配送、集中采购等行业政策,防范客户的政策经营风险。

(三) 往来情形

保理商于2009年与该客户开展保理业务合作,通过历史数据分析可以看出,保理业务授信介入后,保理业务方案符合企业的经营发展思路,得到客户充分的肯定与运用,迄今双方继续加大合作。同时,保理商也继续对应收账款的通知和确认方式、贸易背景真实性核查、融资期限、融资支用方式等方面做个性化的方案设计。

三、案例启示

(一) 保理业务空间巨大

保理业务所服务的行业,以往大多是生产制造行业,对第三产业的关注相对较少。产业结构调整和政府重视民生的基础建设(例如医改)给予保理业务更多的应用空间,保理业务值得在更多的领域进行应用与尝试。

(二) 选择实力强大、与民生息息相关的医院合作

具备政府背景的买方,付款的流程通常较漫长,进行应收账款催收和管理的难度大;加上各地政府财力不均,不能在付款能力的关键问题上提供一视同仁的待遇。所以本案例还是选择了实力强大的、与民生息息相关的医院开展。

(三) 开展实地考察与随机抽查

交易流程中涉及的单据数量大、种类多,如果笔笔账款较真、张张发票核查,除了自身花费大量的人力物力外,客户也很难对这样的服务水平感到满意。因此,事前通过实地了解全流程,掌握关键流程单据,配以随机抽查的方式,可以控制造假风险,提升作业效率。

案例七 国内保理欺诈案例

一、案例背景

在已有的国内保理案例中,以发生卖方信用风险比例最多。在信用风险表现特征中,有卖方经营困难,挪用保理回款,即间接还款;也有卖方欺诈,即提交空头发票的。好大喜功、盲目扩充和短贷长用的期限不匹配,是很多企业失败的主因,尤其是民间高利贷,它往往是噩梦的开始。本案例中,卖方规模过度扩张,资金短借长用;管理权力高度集中,财务管理极不规范;贸易背景不实,财务弄虚作假,最后导致风险爆发。

(一)规模过度扩张,资金短借长用

A公司在2007年前一直代销国外的产品,自身觉得掌握通路,不想再为人作嫁衣,兴起产销合一的念头。2007年7月起连续在外地多个地方拿地盖厂房,计划总共建成四个生产基地,成为行业中最大生产规模的厂商之一。由于大规模扩建产能,自有资金严重匮乏。为了保障企业的生产和经营,A公司负责人选择了民间借贷的路子,大量使用短期贷款和高息贷款。受高利贷严重影响和拖累及固定资产前期投入太多的影响,资金窟窿越来越大。2009年,A公司又试图介入房地产,想以房地产收益来养主业及还贷。当时国家对房地产宏观调控趋紧,靠借贷资金运作的几个项目全部亏损,企业情况更加严峻。于是,企业负责人动起了经由造假手段骗取银行的贷款来偿还民间借贷、再用民间借贷还银行利息的念头,并且有计划性地执行,企业终究走到了尽头。

(二)管理权力高度集中,财务管理极不规范

A公司实行典型的民营企业管理模式,吴信集公司股东、实际控制人和日常经营管理决策人于一身,公司创立至今,各大事项皆一人亲力亲为,公司对个人的依赖太大。另外,公司财务管理极不规范,吴信个人借贷资金和企业借贷资金混用。

民营企业的老板通常喜欢展现个人判断的前瞻性,但再好的想法仍然必须通过精干的团队来执行落实。同样地,重要的财务管理完全由老板一人说了算,公司没有制度或制度形同虚设。因此,保理商在尽职调查时除了要与负责人的

"高层交流"外,应该特别重视通过普通员工来了解企业真正的实际情况。

(三) 贸易背景不实,财务弄虚作假

据行业调查,2010 年国内最大的本行业生产企业一年的销售额大约为 5 亿元左右,占国内市场的 60%。A 公司市场份额最多也就是 40%,约 3.3 亿元左右;但当年公司提供的报表汇总销售额超过 8 亿元,与实际数据相差甚大,后两年的财务数字可信度可想而知了。可以说,从一开始该企业与保理银行的合作就掺杂造假,而且"胆识过人",相当地夸大。

保理商在考察企业经营情况时,一定要将报表上揭示的数据,结合实地考察与对行业的了解,作出综合性、合理性的判断,才不致被一些亮眼的数据所误导。

二、案例历程

(一) 项目情况

A 公司成立于 1995 年 6 月,法人代表吴信,注册资本为人民币 2 500 万元,股东为吴信、吴懿夫妇,持股比例分别为 70%、30%。A 公司 2010 年 6 月在 B 银行获得综合授信额度 1 亿元,期限 1 年。其中,流动资金贷款 2 000 万元,有追索权保理(明保理模式)8 000 万元,由关联公司 A-1 与吴信夫妇提供连带责任担保。2011 年 8 月,基于双方往来良好及客户业务发展需要,B 银行授信额度增加到 1.8 亿元,增加的额度全部用来支持双方保理业务的合作。

2010 年双方刚开始合作时,A 公司主要的保理买方只有东方信息(集团)有限公司下属的东方科技信息有限公司一家。该公司与集团公司一样都是挂牌上市公司,近几年经营绩效表现突出,为各家银行力争的优质客户。保理融资额度 8 000 万元,融资比例为 80%;付款条件为交货后 3 个月;2010 年转让的应收账款达到 1.7 亿元,办理融资 1.36 亿元;买方付款记录非常良好,基本都在到期或到期后 7 天内支付款项。2011 年增加保理融资额度到 1.6 亿元,分配给东方科技信息有限公司 1.4 亿元,以及另外的西方网络科技有限公司 1 000 万元和北方信息技术有限公司 1 000 万元。截至 2011 年 7 月底,对应前面三家买方账款的保理融资余额分别是 1.37 亿元、152 万元和 278 万元。第一家付款记录一如往常,非常良好,后两家虽有拖欠账款,基本也都能在到期后 45 天内清偿完毕。

(二) 风险的爆发

2012 年 8 月,保理银行在进行日常的贷后管理工作时,发现工商登记信息显示,A-1 公司的股东及法人代表进行了变更,股权结构改变为:吴信 20%、××

创业投资企业5％、××投资有限公司30％、林××15％、王××30％。数日后，保理银行听说A公司的另外一家往来银行收到法院送达的账户查封通知书，要求将A公司在该行的结算账户进行查封，起诉人为薛××，起诉原因为个人借款纠纷。紧接着，包括自身在内的多家金融同业陆续收到被要求查封账户的通知。A公司发生财务危机正式浮上台面，而且一发不可收拾，也迫使保理银行积极应对，包括与买方再度确认债权与付款路径。不幸的是，除了后续两家的买方有真实交易外，最大保理融资还款来源的债务人竟然否认双方存在交易。经过深入的调查与探究所得出的事实，让保理银行彻底失望，再也无法寄托于主力买方的付款了。最后，由某投资集团以债权换股权，然后与其他债权人达成债务（减免80％）的清偿协议。

三、案例启示

对于一家看似"优质"客户引发的风险，保理银行详细分析了它的成因，由此也得到了一些启示。

（一）深入贷前调查

A公司表示2010年全年实现8.2亿元的销售收入，但比对增值税纳税申报表所显示的应纳税销售额约为3亿元。A公司表示相当多的交易并没有开立发票，另外举出了其他多家没有与保理银行配合的交易买家合同，以兹证明。保理银行人员虽然怀疑公司提供的销售收入与增值税纳税申报表所显示的应纳税销售额存在的不一致，但由于过去的良好记录，轻信企业的解释，未对两者存在重大不一致的情况进一步进行核查。此外，在授信续期的尽职调查阶段，风险人员曾数次要求核查公司的增值税开票情况和增值税纳税申报系统，但公司均以其财务核算正在规范过程中予以拒绝；授信上报后，2011年8月，风险与市场管理部两人再次实地核查公司的增值税开票情况，公司仍以财务核算仍在规范中予以婉拒；公司甚至表示如果坚持要核查，就是保理银行不信任本企业的表现，核查人员因此也就没有进一步核查，错过发现虚开发票、而后撤销的造假行为。

尽职调查工作的精神是有疑必问，只要不过分触及企业的商业机密，只要是合理要求（试想，暂停财务核算些许时间能有多大影响），一定要坚持，一切眼见为凭。信用好的企业不会刻意遮掩，更想授信机构能见识它的成就；反之一味推诿的企业，多半在玩不可告人的猫腻。

(二) 仔细审查转让文件

在审核介绍信公证送达回执时,没有对公证送达收件人及地址的真实性及有效性进行核实。对东方科技信息有限公司的《应收账款转让通知书》,公证送达的收件人为东方科技信息有限公司采购部,不是总公司,公证送达地址为××路××号,也不是公司注册的信息或公开渠道信息所显示东方科技信息有限公司的办公地址;对其他两个买家也有类似的情形。而公证送达的地址是由A公司提供的,保理银行人员没有进行比对核实。

对企业提供的销售合同没有进一步审核合同签订的真实性。A公司的交易对手多为大型国有企业或上市公司,其交易谈判地位明显处于相对弱势,但A公司提供的所有销售合同均为A公司提供的格式,内容完全一致且仅为一页纸,明显不符合交易常理,但保理银行未对此提出异议,也没有进行核查。

对基础交易的合理性提出怀疑,然后进行核实是审查单据的基本要求。交易合同是买卖双方交易的基础,双方理应非常重视并尽可能为自身争取较好的条件,一页纸的格式合同本身已经说明交易存在真实性或可靠性问题,保理商过分信任客户,没有采取进一步措施。

(三) 严格管理应收账款

1. 高度重视间接回款

保理系统发现东方科技信息有限公司的付款金额与付款来源的对象与系统信息不符。付款金额常见有不足全额的情况,经测算大约是应收账款的80%,也就是约等于融资金额;付款方则显示为东方信息科技有限公司。A公司对不一致情况的解释是:① 保理融资比例只有八成,为了有效快速地运用资金,请买方将融资的金额付给保理银行,余款直接支付A公司,既不危害保理银行的融资风险,也能加速企业的现金流。此方式多年以来一直很顺畅,没有任何问题,希望保理银行不要做任何改变。② 东方信息科技是东方科技信息的关联公司,后者是合同签订单位和发票单位,付款则由系统内具体使用单位付款(也就是东方信息科技),很多集团客户都是如此安排,何况事实上付款也一直准时,不存在任何问题。

A公司的解释看似很合理,但风险发生后却发现有一个造假的流程:东方信息科技公司其实与东方科技信息公司或其集团公司并无任何直接或间接的股权关系,东方信息科技的实际控制人(吴驰)原为东方科技信息的一名高层领导,离开公司后自立门户;为了攀附原东家的大伞好做生意,刻意取名相近。A公司吴信原本与其相识,便许以好处,合谋诈骗。首先,保理银行拜会买方时,由吴驰负责接待,凭借曾是老领导身份,应对保理银行基本是游刃有余。以后,每次 A 公司取得保理融资后,在有保理融资即将到期前,会将相应的金额汇给吴驰个人指定的人头户,再以人头户名义汇给东方科技信息,随后东方科技信息再以看似直接付款的模样支付到保理银行指定的账户。如此多番轮回重复,成就了良好的付款记录。

看似完美的布局其实也不难侦查出异常,发现风险隐患。保理安排认定的债务人是东方信息科技,所有单据如合同签订方、发票抬头、买方产品验收单收货人都是该公司,唯独付款人不是。即使第三人代为付款,从法律关系而言,第三人身份肯定也会出现在某一份他签署同意代付款的书面协议上,否则,一家公司怎会毫无缘由地替别人付钱;但保理银行显然没有进一步要求。再说,通过公开渠道可以查询到东方科技信息(第三人)的办公地址与实际债务人并不同,而集团公司的企业几乎全在同一栋写字楼办公,为何又出现例外呢?

2. 二次核对增值税发票

保理银行虽然在放款前审核了企业提供的增值税发票,但是放款后没有再次从企业税控系统中核查增值税发票的真实情况,因而造成企业开立发票注销后保理银行并不知晓的情况。

案例八　国际保理欺诈案例

一、案例背景

保理业务的功能之一是为卖方提供买方的信用风险担保,保障卖方避免因为买方付款能力不足或者故意拖欠导致损失。这种坏账担保功能对赊销贸易是至关重要的,尤其是对于进出口贸易更是如此。在保理实践中,因买方发生信用风险而使保理商(进口或出口保理商)蒙受损失的例子固然是常态,但因为卖方发生信用风险导致保理商损失的案例,近几年也屡见不鲜。

这里提到的卖方信用风险,广义来讲是包括了财务(偿债能力)的风险和道德(欺诈)的风险。企业资金链紧张时,一来对商务合同的履约能力大幅降低,引起商业纠纷的风险就大增,直接危及了保理融资的第一还款来源,也就是买方的付款义务。二来为了"救亡图存",企业想通过欺诈手段套取融资。还有个别极端的例子表明,企业一开始就蓄谋层层铺垫,以欺诈手段弄钱为目的,主观犯罪意识更强,对保理商的危害更大,下面就用案例介绍国际保理中可能出现的欺诈行为。

二、案例历程

(一) 项目情况

A公司成立于1993年,注册资本金2 000万元人民币,是一家老牌的外贸公司,以出口为主(出口占比97%),外端贸易覆盖了欧美、日韩、拉丁美洲及部分中东和非洲国家。其中,欧洲贸易约占60%,美国占20%,日韩占15%。出口产品种类多样,主要包括纺织服装、鞋帽、自行车、玩具、圣诞饰品、运动用品等民生消费品。企业早期比较保守,出口结算条件一般只接受信用证或预付款(TT in Advance),后来针对一些老客户提供一定账期。进入21世纪后,面对出口商的竞争,提供客户账期(一般是Open Account/OA 90 Days)渐成常态。因为A公司是老牌外贸公司,注册资本不算大,但它有多年积累的品牌和市场地位,在当地也成为较多金融机构的目标优质客户。其中,E保理商在2005年成功营销了A公司,成为A公司主力往来的保理商。配合往来几年,双方都取得相当高的满意度及信任度。

A公司2006～2008年,经汇率折算,年出口额分别为1.5亿、1.65亿、1.6亿美元,其中通过保理商往来保理业务的进口商项目有三家。B公司经销商是A公司最大的客户。2006～2008年,交易额分别为5 049万、5 172万、5 200万美元,进口保理商核予1 500万美元信用风险担保额度,C、D两家进口商都在美国,年交易量均不到300万美元,也都由美国保理商提供坏账担保。

(二) 案例历程

(1) 2009年对于E保理商注定是不平凡的一年。1月15日,A公司从B公司获得一笔大单,需要提高坏账担保额度及保理融资额度。经过与进口保理商联系,基于进口商过去多年付款记录一直非常良好,1月22日同意将额度提高到2 500万美元,此时,A公司对B公司的A/R是524万美元。E保理商之后将A公司的融资额度核增到2 000万美元。此时A公司对B公司的应收账款余额是530万美元,保理融资按80%即是424万美元。

(2) 2月18日,A公司开始增加额度后首笔转让金额200万美元的融资。

(3) 累计至6月30日,半年转让金额为2 718万美元,应收账款余额为2 488万美元,期间付款记录正常。

(4) 7月15日,E保理商收到了I保理商发来的商业纠纷通知,表明在催收逾期账款金额100万美元时,B公司表示,A公司同意扣款30万美元。

(5) 7月16日,E保理商通知A公司关于商业纠纷事宜,A公司表示是以前积累的商业折扣,同意扣款。双方同意在7月18日转账的新账款所办理的账款融资款项中,使用部分冲销商业纠纷对应的融资。

(6) 7月30日,E保理商再次接到I保理商的商业纠纷,理由是B公司表示没有这笔纠纷的发票(金额20万美元)。

(7) 7月31日,E保理商通知A公司,A公司表示会立即补偿一部分给B公司。由于融资款项未到期,E保理商没有要求A公司清偿融资。8月份,类似未收到发票或发票金额不符的情况也有发生。基于A公司良好往来记录,持续地转让新账款办理融资,之前涉及纠纷账款,也都在A公司同意扣款(Charge Back)下圆满解决。

(8) 9月11日,E保理商听闻A公司被数十家供应商上门催债,爆发债务危机,经联系A公司人员,证实了此事。当要求提前偿还保理融资时,A公司坦诚无力偿债。

(9) 9月12日,为了确保买方的还款来源,E保理商通知I保理商加紧催收账款,但后续得到的回复却令E保理商大为恐慌与震惊。

(三) 案例结局

经过进口保理商认真地梳理,目前账列超过2 500万美元的保理账款余额中,有约七成比例的账款是不存在的。随后E保理商经过彻查,终于厘清了残酷的真相:

(1) A公司在过去良好信用记录的基础上,对外进行了一些投资(投机),但大多没有获利,反而影响了资金链。

(2) 2009年中,有大额银行贷款到期,现金流远远无法应付。而银行正经历全球金融风暴,无法给予流动资金贷款融资支持,于是决定使用相对优质的应收账款,取得融资。

(3) 对B公司的账款最受认可,且往来一直很好,于是将其锁定为标的。只是受金融危机影响,国外市场销售非常低迷。B公司的订单量更大幅度减少,只能伪造订单。主要方式有:

① 在B公司真实订单的基础上,将单价和数量目标按一定比例上浮(30%),以大幅提高总金额,出具给B公司的是正确金额的商业发票,提供给保理公司的则是伪造的。

② 伪造较高单价的电子通信产品订单,快速冲高交易额,这类订单 B 公司并没有真实采购。

③ 所谓的商业折扣及补偿遗失的 B 公司没有收到的发票,全是为了拖延而编造的,本想只要继续转让融资,不让先前融资发生逾期即可,然后再争取时间换空间,还是事与愿违。

④ 虚假或不符的账款得不到进口保理商的担保,财务危机让进口商 B 公司担心后续服务的兑现问题,因此,针对真实交易的账款扣留了一部分作为保证金而没有支付。E 保理商遭受了更大的融资损失。

三、案例启示

(一) 即使是老牌知名企业,也要加强贸易真实性审核

A 公司是当地老牌外贸公司、知名企业,往来记录一直非常良好,保理商对老客户的既定印象让自己掉以轻心,犯下低级错误,是发生损失而且无法挽回的最主要因素。

(二) 关注大环境变化带来的影响

观察 A 公司 2006~2008 年的出口额,其实只是稳定但没有增长。2008 年全球金融危机,国际贸易备受冲击。A 公司表示 2009 年订单大增,如此逆增长理应引起关注。

(三) 对异常情况要加强比对分析

A 公司通过在原真实订单的基础上提高单价和数量的做法,考验了保理商整体的应收账款管理能力。通过对过去交易记录的系统性分析,可以看出 A 公司平均出口单价、出口频率、数量等,与新转让交易账款进行比对,应该不难发现异常(量价齐升),尤其是在金融危机爆发的背景下。

(四) 关注出口商品等重要信息的变化

从 A 公司以往出口商品类型来看,几乎都是平价的民生消费品,但在额度增加后的出货类型中竟然出现电子通信类商品,也应该引起额外的关注。既然已经配合保理业务几年,只要通过向 B 公司(进口商)核实即可轻易了解。

(五) 认真核查商业纠纷

在催收账款的过程中,一再发生商业纠纷,保理商轻信 A 公司的解释,放松了警惕。例如,30%的商业折扣正常吗?即使公司同意扣款,解除了商业纠纷,也应该了解这 30%商业折扣的基础背景是否属实。如果属实,肯定是有某种方

式的漂白,必须如实核查。

再如,进口商没有收到发票而导致账款逾期,在 A 公司表明补充传送给客户后,E 保理商必须通知进口保理商联系进口商,催收付款。

案例九　暗保理风险案例[①]

一、案例背景

暗保理是指应收账款债权转让不预先通知买方,但保理银行留存卖方提交的相关应收账款债权转让的书面通知,在保理银行认为必要时,随时向买方通知应收账款债权转让事实的保理业务,亦称隐蔽型保理业务。在国际保理中的暗保理业务,是为了适应卖方客户需要融资但又不愿向其买方暴露其保理融资的业务类型,这种保理业务主要是针对大型优质的卖方客户。在国内保理业务的发展中,暗保理也常被使用在强势买方不愿配合转让通知的情形中,如买方不愿发票上被加盖转让字句、不愿签署《应收账款转让通知书》回执等。

保理业务纠纷引发的法律案件近年来在我国已经发生多起。暗保理业务风险早在 2011 年星展银行(香港)有限公司与博西华电器(江苏)有限公司债权转让合同纠纷案中就已经出现,我国司法界裁判的尺度没有变化,即承认暗保理业务的合法性,但要求保理银行承担举证其有效、合法受让债权的责任。对于保理商(银行)来说,暗保理是不得不做、有总比没有好的产品,在弱化对授信主体或担保人的信用等级要求的同时,必须加强对债项违约损失率 LGD 的考量,一方面,应核实应收账款的有效性和完整性,降低或排除债务人的抗辩风险;另一方面,应完善法律文件的制作、签署和送达工作,避免出现事后受让权利落空或无法举证的局面。

发生在江阴市的国内暗保理纠纷案自媒体报道后,被业内人士广泛关注,一方面是由于其"暗保理标志性判例"的解读;另一方面,案件背后所蕴含的保理业务操作风险、法律风险也是业内关注的重点。本案中保理银行败诉是否真的有其标志性意义?保理银行究竟能否主张债权人地位呢?

[①] 冯嘉. 暗保理的操作风险和法律风险. 百度文库,2014.9.

二、案例历程

（一）案件始末①

1. 第一笔业务经过

2012年3月14日，卖方与保理银行签订有追索权的国内保理合同，有效期为1年，类型为隐蔽型有追索权保理（暗保理）。

2012年3月22日，买卖双方签订石油制品购销合同，货款1 776.5万元。合同签订后卖方开具了相应发票。

2012年3月，买方在卖方提供的《应收账款转让通知书》和《账号更改通知书》回执上加盖公章，其中，《应收账款转让通知书》未填写日期。卖方凭应收账款转让通知书回执和交易相关材料在保理银行获得融资。

2012年9月，买方向上述账号更改通知书及应收账款转让通知书的指定账号支付了货款，该笔保理业务结清。

2. 第二笔业务经过

2012年8月27日，买卖双方签订供销合同购买石油制品，价款为1 822.8万元，供销合同约定发票开具后6个月付款。

2012年9月3日，卖方开具了相应发票。

2012年9月7日，买方再次在《账号更改通知书》回执上加盖公章，并且《账号更改通知书》的内容、编号与3月份的那份相同，合同号及发票号处均为空白。此次卖方未向买方发送《应收账款转让通知书》。

2012年9月7日，保理银行向卖方发放新的供销合同项下对应的保理预付款，该笔保理款的到期日为2013年2月28日。

2013年2月25日，买方向卖方支付2012年8月27日供销合同项下货款1 822.8万元，但买方未按《账号更改通知书》的约定付款至保理专户，而是付款至卖方在建行的结算户，回款被卖方挪用。

3. 纠纷引发及案件审理

2013年2月28日，保理银行行长向买方法人代表催收账款，买方派人前往保理银行查看《应收账款转让通知书》回执，保理银行职员通过短信指示买方付款。回执后被司法鉴定为倒签日期，印鉴不符，并引发诉讼纠纷。该份《应收账

---

① 摘自《(2013)澄商初字第0329号》判决书。

款转让通知书》随后被司法鉴定为2012年3月而非9月签章。这是本案买方答辩被欺诈的最重要证据。

2013年3月1日,买方受上述《应收账款通知书》影响,向保理银行指定账户付款1 822.8万元,其中由保理银行收取1 450万元。2013年3月4日,保理银行退还买方370.5万元,卖方以现金方式退还买方2.3万元。

2013年3月7日,买方认定《应收账款通知书》回执系伪造,向当地公安机关报案。

2014年3月7日,当地人民法院一审判决买方无法定或者约定义务向保理银行付款,支持买方要求保理银行退还1 450万元的请求。

2014年6月30日,当地中级人民法院终审,维持原一审判决。

(二)暗保理业务在我国涉及的法理

根据我国《合同法》第五章第七十九条的规定,债权人可以将合同的权利全部或部分转让给第三人,但有下列情形之一的除外:① 根据合同性质不得转让。② 按照当事人约定不得转让。③ 依照法律规定不得转让。在保理业务中,作为赊销产生的货币债权,不属于根据合同性质或法律规定不得转让的情形。因此,只要债权人与债务人在合同中没有约定合同权利不得转让,债权人即可转让,其转让具有法律效力。

但是,我国《合同法》第八十条第一款规定了债权转让的通知义务,即"债权人转让权利的,应当通知债务人。未经通知,该转让对债务人不发生效力。"《合同法》第八十二条和第八十三条规定:"债务人接到债权转让通知后,债务人对让与人的抗辩,可以向受让人主张","债务人接到债权转让通知时,债务人对让与人享有债权,并且债务人的债权先于转让的债权到期或者同时到期的,债务人可以向受让人主张抵销。"根据这两条规定要求,债权人转让权利的,可以通知债务人,也可以不通知债务人。债权人通知债务人的,债权转让在保理银行和债务人之间、保理银行和债权人之间,以及债权人与债务人之间产生法律效力。效力之一就是:债权人与债务人之间的债权债务消灭,保理银行和债务人之间成立新的债权债务关系,债务人应向保理银行履行债务。债权人不通知债务人的,债权转让的效力在债权人与保理银行之间仍存在,但在债务人与保理银行之间不产生存在债权转让的效力债务关系。

上述法律在裁判保理业务时的缺陷是,传统意义上的债权转让,与债权相关的抗辩权同时转让,即受让人可以向债务人就其履行义务中的违约行为行使诉权,同时也可以就债务人向其主张的权利行使抗辩权,这是与债权相关的两点非常重要的从权利。而保理业务中的债权转让都不含从权利的转让,即转让的仅仅是债权,如果债务人因基础交易合同争议拒不履行债务时,受让人无权行使诉权,更谈不上抗辩权,特别是受让债权的一方都是金融机构,不可能与债务人讨论其基础交易合同的有关细节问题。在债权转让通知后,债务人仍可根据买卖合同对原债权人享有的抗辩权向保理银行主张。债务人的抗辩权包括:合同撤销的抗辩权,债权已履行完毕的抗辩权,债权无效的抗辩权等。

三、案例启示

(一) 做好对交易双方的背景调查

保理商应在业务的源头,即方案设计时,通过翔实的贷前调查,了解交易双方的真实贸易背景、买方的配合意愿,选择贴合业务实质、具有可操作性的通知方式,并在业务操作中加以贯彻执行。对于暗保理业务来说,其较传统明保理业务针对的客户有所不同,应着重对卖方的资信和收款能力进行评估,把控客户准入,不可轻易使用。

(二) 拟定保理合同时,适当引用保理行业的国际规则条款

我国没有专门的法律、法规规范保理业务,一旦发生纠纷,只能适用《民法通则》《合同法》等基础法律。专门调整保理纠纷的法律缺失,必然会增加保理业务的法律风险。保理商(银行)在拟定保理合同时,应适当引用保理行业的国际规则条款,以弥补上文所描述的法律缺陷。保理合同属于非典型性合同,是无名合同,如没有《合同法》第五十二条所规定的无效情形,在案件处理上应当围绕双方当事人之间形成的协议以及《合同法》总则的相关规定,确定相互的权利义务。

(三) 通过信托安排,将保理专户纳入信托财产专户管理

保理商通过信托安排将保理专户纳入信托财产专户管理,固定保理专户资金的法律属性,从合同架构上确保金融资产安全。保理商可以在与卖方签订保理合同时约定关于保理专户的信托条款,或者单独订立信托合同,对保理专户的定义和运行作出明确约定:① 保理商与卖方就应收账款的回款事项建立信托关系,银行为委托人及受益人,卖方为无报酬之受托人。卖方以信托受托人的身份在保理银行开立信托账户(保理专户),按照信托文件规定处理信托事务并管理账户内资金(一般而言,不同于其他民事信托,卖方作为受托人开立账户依附于其管理义务,乃至于全部负担,实际管理权能极为有限,处分权能更近于无,故形态上可表征为辅助占有)。② 信托账户内的资金未交付给银行之前,该账户内的

资金所有权属于卖方受托持有的银行信托财产。③ 明确卖方破产情形下保理商的取回权问题。

(四) 把握暗保理转明保理进行通知的时点选择

债权转让通知时点不同,相应的法律效力也不同。

	时点	通知行为	对债务人法律约束力	债务人清偿对象
1	账款到期日之前	通知债务人	有约束力	只能向受让人清偿
2		未通知债务人	没有约束力。因债务人不知道债权已经转让的事实	有权向原债权人清偿,也可以按合同约定在账款到期后再向债权人清偿
3	账款到期日之后	通知债务人	视情况。债务人还没有履行债务,此时通知依然有效,对债务人仍然有拘束力	只要债务人还没有履行债务,必须向受让人清偿
4		未通知债务人	没有约束力	向原债权人清偿

注:(1) 根据清华大学法学院崔建远教授对债权转让通知时点的解读整理。
(2) 账款到期日是指根据交易双方合同中约定支付条款确定的最晚付款日。

对照上述表格,本案例中,买方在融资到期日前 3 天已经间接付款至卖方结算户,保理银行在融资到期日刚刚转明保理,保理银行出具的被司法鉴定为倒签日期、买方签章但印鉴无效的《应收账款转让通知书》,此通知书属于无效通知,买方向原债权人履约付款并无过错,保理银行没有在债权清偿前对买方形成有效通知,属于第四种情况。

需要向买方通知的时点有几种情形:① 卖方或买方发生财务困难、经营风险或破产时,保理银行应立即通知买方。② 对于正常运行的暗保理业务,如果保理银行在账款到期日前贸然对买方进行通知是不合适的。在国际暗保理业务中,一般是在买方逾期不支付账款、卖方催收失败的情形下,才交由保理银行出面向买方主张债权,催收账款。在国内保理中,贸易情形、信用环境更为复杂,保理银行应审慎分析买卖双方历史的交易记录、行业惯例等因素,合理压缩给买方的支付宽限期,必要时,可以考虑在账款到期日当天即向买方通知,主张债权,进行催收。③ 在账款到期日后,保理银行仍未收到买方付款,就应高度关注卖方真实的收款情况,如果卖方通过其他账户收取了买方的间接付款,应立即向卖方追索,此时,向买方主张已无实际效力。保理银行还应高度关注卖方真实的催收状况,了解买方不付款的真实原因,尽早通知买方,核实是否存在商业纠纷、买方信用变化,并采取相应行动。

(五) 做好暗保理转明保理进行通知时的文本准备与方式选择

本案例中,由于买方提前付款,保理银行已经无法主张债权,保理银行将先前留存的买方签章的空白《应收账款转让通知书》进行倒签日期,以作为通知证明是不合理的,最终败诉在情理之中。即便是买方有意签章空白的《应收账款转让通知书》供卖方、保理银行作为担保文件使用,也存在买方中途变更印鉴、后期引发纠纷等不确定因素。此外,保理银行以口头通知买方,以短信指示买方付款,也有不妥之处。

在暗保理中,保理银行可以按照何种方式准备转让通知文本,并进行有效通知:① 保理银行应预先留存卖方真实有效签章的,填写完整的包含对应合同号、发票号的《应收账款转让通知书》,其书面文本应完整表述债权转让事实、保理银行债权人地位以及指定的回款账号。除了预先留存的转让文本,保理银行还应根据账款的真实状态,准备诸如《逾期账款催收函》、与卖方的对账核实记录等,增强通知时的举证效力。② 保理银行在转明保理、将预先留存的转让文本向买方进行通知时,应采用通知效力最高的方式,如采用公证送达快递给买方,或采用保理银行工作人员与卖方人员共同前往买方实地进行通知,并留存相应的证据等。

(六) 动态把控风险

通过对本案例的分析我们可以认识到,暗保理业务主要依靠卖方信用,对卖方的准入门槛较高。由于保理银行对买方的债权存在不确定性,应保留向卖方追索的权利,即应收账款到期后,买方不论何种原因不付款时,保理商有权要求卖方回购应收账款、归还融资。由此,暗保理融资业务应视同流动资金贷款风险进行授信管理。同时,暗保理的操作难度较大,需要保理商有较强的风险意识和专业能力,能风险动态把控,随时做好有效通知买方、主张债权的准备。

本案例中一些非常规的操作,使其作为司法判例的意义有限,但从认清暗保理业务风险的角度来说,确实有其标志性意义。从暗保理推及明保理业务,可以想见明保理嫁接信用、控制风险、核查对账的手段要丰富很多,这也是保理业务真正的本源所在。

当然我们必须清醒地认识到,面对国内复杂的信用环境和广阔的市场前景,保理业务还有很大的进步空间,不论暗保理还是明保理,都需要我们保理从业人员不断地加以完善,勇于创新,也要敢于经历司法的检验,这是通向法律完善、市场认可的必由之路。

案例十 保理诉讼案例[①]

一、案例背景

国内保理业务作为近几年蓬勃发展起来的新生金融产品,在高速发展中也伴随着纠纷与案件的不断涌现,不少已经公开的诉讼判例不仅是保理相关法律经验的积淀,同样是保理业务在本土化过程中的前车之鉴。其中既有操作规范最终保障债权的成功案例,也有迷失在虚实之间的惨痛教训。

本案例围绕"持续两年的稳定回款是否可以视同转让通知生效"主题,展现了保理业务相关法律要求与贸易背景虚实之间的前车之鉴。

二、案例历程[②]

(一) 项目介绍

卖方:杭州 A 香料香精有限公司(以下简称"卖方"),生产高科技香料及油脂化学品,年营业额 1 亿元,年利润率在 20%以上,2007~2008 年年利润都在 2 000 万元左右,并在新加坡借壳上市。

买方:B 国际贸易有限公司(以下简称"买方"),年经营化工产品 10 万多吨,销售额 10 多亿元,系天津市物资集团(中国 500 强)全资子公司。

保理银行:C 银行杭州分行(以下简称"保理银行")。

本案例中,卖方为优质的成长型企业,买方有强大的母公司背景,保理银行在 2009 年 10 月至 2011 年 12 月与卖方开展保理业务的两年内,累计收到买方直接回款 4.15 亿元。正是这样一笔看似稳定的业务,当 2011 年底首次出现融资逾期时,保理银行才第一次接触买方向其发出付款请求,却发现买方不承认债权已被转让,并声称相关债权早已清偿。2012 年 3 月,保理银行将买方诉至杭州市中级人民法院,在庭审中,双方就保理银行的债权人身份、债权转让的通知效力等问题展开激辩。该业务中应收账款真实性的疑点亦随之浮出水面,其中所涉

---

① 包天青. 中国民生银行相关业务资料。
② 摘自《(2013)浙杭商外初字第 53 号判决书》。

及的保理业务法律风险与操作风险具有一定的启示作用,案件背后所隐藏的秘密更令人警醒。

(二)案件历程及争议焦点

根据庭审中双方出具的证据梳理如下,争议焦点用下划线标注。

时间	卖方	保理银行	买方
	明保理债权转让通知方式		
2009年10月	卖方与保理银行签订《应收账款转让协议》,并用EMS送达通知买方: 1) 约定由卖方向买方出具《应收账款转让通知书》,由保理银行通过EMS快递至卖方,并留存签收记录 2) 由卖方在发票上载明转让字句:本发票的应收账款已转让于保理银行,届时,请将款项汇入保理银行指定的账户	保理银行C一直未与买方直接联系核实 寄送单未写明寄送物品;签收记录为"他人收"	
	业务办理时提交资料及回款情况		
2年期间合作正常	卖方不时向保理银行转让对应买方的应收账款并提交相关支持文件,包括采购合同及相关发票的复印件等	保理银行指定账户陆续收到买方直接回款,累计金额4.15亿元;保理银行认为持续的直接回款说明买方已被有效通知了债权转让事宜	根据卖方指示划付款项,且发生多次卖方他行账户退款后要求买方重新划付该账户
	卖方提供的合同中付款条件为:开票后3个月内银票或电汇	留存复印件;回款金额与转让金额均匹配;实际回款入账时间与账款到期日有出入	买方留存的合同中付款条件为:现金预付款
	卖方提交发票复印件显示,已有转让字句	留存复印件;未进行对账	买方留存的发票原件上没有转让字句
2011年12月	于8月转让的3 500万元应收账款到期后未获买方还款,卖方亦无力清偿	保理银行第一次主动向买方当面送达《逾期账款告知函》,请求付款	买方收悉《告知函》后,表示第一次知晓转让情况,第一次接触到保理银行

保理银行C的诉求:买方向保理银行支付截至2011年12月到期未付的应收账款3 500万元。

买方B的辩护:债权不成立,卖方提交的合同和发票系伪造,与买方无关。买卖双方实际贸易往来中没有账期,都是现金交易,而且已全额向卖方支付,无义务再向保理银行付款。买方对债权转让并不知情,保理银行未履行通知义务。

(三) 案例结果

1. 债权转让通知效力的认定

(1) 债权转让合同中相关约定并不明确

《应收账款转让协议》（即《应收账款转让通知书》或《介绍信》）中的法律文本未体现保理银行自此取代卖方成为买方所有债务的债权人，且没有约定买方直接回款至保理银行账户。

点评：保理业务的法律基础是"债权代位"，保理商的《保理合同》与《应收账款转让通知书》或《介绍信》中最好出现"保理商已经替代卖方成为合法债权人，请买方按照保理商的指示向保理商直接付款"等字句，这样就可以明确和强调此等法律权利的重要性。

(2) 卖方债权转让通知义务未履行，债权转让对买方无效

《应收账款转让协议》仅起到对将要成立的具体转让合同的预通知作用，在具体转让行为确定转让合同时，卖方仍应履行通知义务（发送《应收账款转让通知书》逐笔通知），供买方明确执行。但卖方通过合同造假，在它行账户收取买方回款、发票造假隐去转让字句等事实行为，刻意向买方隐瞒债权转让事实，保留自身债权人身份，继续对买方付款做出指示，支配账款。

点评：这里的《应收账款转让协议》的作用可以理解为本书中的《应收账款转让通知书》或《介绍信》，而债权转让时逐笔通知的效力则体现在《应收账款转让通知书》（本书的《应收账款转让通知书（明细表）》）和发票的转让字句上，法院虽然认可EMS投递证据的真实性，但买方就签收人为他人以及发票原件上没有转让字句的事实提出抗辩，显示了此种通知方式的效力存在弱点，而卖方实际支配买方付款更显示出此种通知方式对买方的约束力非常有限。《合同法》第八十条规定："债权人转让权利的，应当通知债务人。未经通知，该转让对债务人不发生效力。"故法院认为卖方（债权人）转让通知义务未履行，保理银行作为"受让人"其实被卖方蒙骗，丧失了代位成为债权人的主动权。

2. 主张债权权利的认定

由于保理银行未有效通知债务人，债权转让一直未对买方发生效力，而买方提供的各种付款凭证表明，在卖方向保理银行提交应收账款债权转让申请前，买方其实已付款，部分债权转让给保理银行后，卖方亦提前用它行账户收款，买方已清偿了保理银行主张的债权，故法院对保理银行向买方主张的付款请求权不予支持。且法院认为保理银行已通过其他诉讼案件对卖方主张了该笔应收账款

对应的货币借款债权,并已判决生效得以救济。

点评:由于卖方提供虚假资料、操控买方提前收款,保理银行受让的应收账款债权已不存在。保理的本质是围绕应收账款债权转让,是第一还款来源为买方的自偿性贸易金融业务,如果债权都不存在,保理银行只能向卖方主张归还融资,其实质风险变为信用/抵押担保(如有)贷款,而一旦卖方通过保理实行恶意欺诈,那么信用也沦为空谈。

三、案例启示

(一)注重贸易背景真实性的调查

本案中,卖方通过欺诈手段从 C 银行套取保理融资一案揭开了其母公司"×× 控股"资金崩盘的连锁反应,是其控制人×××的产业王国开始崩塌的冰山一角。×××创立的 A 公司确实经营良好,利润丰厚,但×××于 2008 年抄底房地产,还将业务拓展至旅游服务、酒店经营,实行多元化战略,由此引发巨大的资金需求,漫长的经营周期,以及 2008、2011 年两轮楼市调控,最终导致"××控股"在 2012 年资金全面崩盘,成为浙江开发商破产第一案。破产清算时,"××控股"下属 A 公司的债权人多达 241 家,而"××控股"共涉及民间借贷 30 亿元,银行贷款深陷其中超 50 亿元。

本案中背后的主角"××控股",起家于香料香精,却最终深陷投资房地产失败的泥潭,采用变造、虚构应收账款的手段把保理业务当作套取融资、饮鸩止渴的工具,两年来,"没有债权"的直接回款如同镜花水月,保理银行在操作业务时,本应通过核查合同、发票等贸易单据原件以及后续的对账工作,持续检验应收账款的真实性,就有充分的机会发现问题。

(二)应收账款转让通知必须有效达成

应收账款转让通知是否有效达成,关系到保理银行债权受让人的法律地位。收到回款只是表象,实质是保理银行通过债权代为向买方实现收款权的结果。为有效通知买方,与买方直接联系进行核实确认也至关重要,这样能加深对贸易背景的了解,减少卖方做假的空间。

本案中买方对 EMS 寄送《应收账款转让通知书》效力提出的抗辩,体现在 EMS 寄送单上未注明寄送内容,留存签收记录存在瑕疵。可见,通过在 EMS 寄送单上明确标注寄送内容——债权转让通知文件,并核实签收人身份是否为买方有效人员,都是完善邮寄转让通知有效性的重要手段。发票上加盖转让字据,银行应核实原件,严格执行还应由保理银行批注原件并寄送给买方。

本案中法院对应收账款转让有效性的判定依据,体现了应收账款债权转让通知工作的重要性。如果保理银行对买方达成有效的通知,及时掌握交易双方的真实信息,虚假的贸易背景很可能提早现出原形。

(三) 注意卖方欺诈背后所显现的保理银行操作风险

(1) 买卖双方实际为现金结算,没有账期,却通过虚假合同构造了 3 个月账期来套取保理融资。庭审中的证据还表明,贸易合同签署过程中常采用先传真/扫描发送、后补原件的方式,这为卖方变造合同提供了契机。

(2) 卖方的年营业额在 1 亿元左右,而 2009~2011 年这两年之间对单一买方的应收账款回款却突破了 4 亿元,卖方作为一家生产型企业的真实产能是否能与之匹配呢?保理银行是有机会通过贷后检查核实清楚的。

(3) 发票上的转让字句被卖方欺瞒,《应收账款转让通知书》送达结果存在"他人签收"的情况,保理银行的债权转让通知工作并未落实到位。

(4) 在未有效通知买方的情形下,卖方通过它行账户退款后再要求买方付款至保理银行指定账户等手段操控了直接回款的表象,保理银行却自认为持续的直接回款足以说明买方已被有效通知了债权转让事宜,没有核实回款时间与账款到期日之间存在的出入问题。两年期间内,保理银行甚至从未与买方直接联系以核实债权转让通知的效果,核对应收账款的真实性。

(5) 最终融资逾期时,卖方亦无力清偿,显示出保理银行对卖方实质的经营风险、信用风险也已失控。

附 表

附表一　应收账款转让表

（国内保理业务适用）

买方保理商		卖方名称			通知日		文件编号	

发票

买方名称	发票号	发票日	付款期限	到期日	发票金额	转让金额
	总发票数：			总转让金额：		

贷项通知

买方名称	贷项发票号		贷项通知日	对应发票号	贷项金额	生效日
	总贷项笔数：			总贷项金额：		

根据我方与贵方签订的《保理合同》，我方向贵方转让上述应收账款之债权。 卖方法人章： 卖方公章：	保理商经办：	保理商复核：

（国际双保理业务适用）

Import Factor	Country	Currency	Currency Code	Exporter	Notification Date	Document No.

Invoice

Importer	Invoice No.	Invoice Date	Payment Term	Due Date	Invoice Amount	Value Date
	Number of Invoices：			Total Amount：		

Credit Note：

Importer：	Credit NoteNo.		Notification Date：	For InvoiceNo.	Credit Amount	Value date
	Number of Credit Note：			Total Amount：		

The attached copies of invoices represent transactions entered into by the Seller with the Seller's Debtors. Credit notes are listed in a separate group.

Pursuant to the Agreement between the Seller and the Export Factor, the Seller hereby notifies the Export Factor of the transactions and transfers to the Export Factor all right, title and interest in and to all the debts as specified on the copies attached	Pursuant to the Agreement between the Export Factor and the Import Factor, the Export Factor hereby notifies the Import Factor of the transactions and transfers to the Import Factor all right, title and interest in and to all the debts as specified on the copies attached	For Import Factor use	For Export Factor use
Exporter(Signature)	Exporter Factorer (Signature)		

附表二　应收账款转让通知书

应收账款转让通知书

编号：[　　　　　　　]

致：[债务人(买方)全称和地址]

　　我公司[卖方全称]因经营管理的需要，现将与贵方已经及将要订立的全部商务合同项下的全部应收账款以及就应收账款所享有的全部债权及债权的从属权利转让给(保理商全称)(下称"保理商")。

　　根据这项安排，对于我公司的发货，保理商已经替代我们成为合法的债权人，这些业务有关的到期款项，请按照其指示向他们直接付款，唯有保理商收到足额款项方可解除贵方的债务责任。同时，任何涉及该应收账款的纠纷、请求，请及时通知保理商。

　　请贵方向保理商履行上述应收账款项下的付款义务，并将应收账款直接付至下述账户：

　　户名：
　　账号：[　　　　　　　]
　　开户银行：××银行

　　贵方将应付款项按时足额付至上述账户即构成对商务合同项下付款义务的履行。

　　本次应收账款转让以及上述收款账户未经保理商事先以加盖公章的书面文件同意不得变更或取消。为避免疑问，我公司在此确认：申请人在商务合同项下仅转让权益而不转让义务和责任，商务合同项下的承诺、保证、义务和责任仍由我司向贵方履行。

　　我们相信这一账款处理流程上的变化对我们双方是互利的。除上述变动之外，贵方与我公司的业务合作关系保持不变，贵方仍可向我们或通过我们的代理商下订单。

　　特此通知，敬请尽快回复确认。谢谢合作！

卖方名称和签章：

签署日期：[　　]年[　　]月[　　]日

回　　执

致：（卖方全称）

抄送：（保理商全称）

　　我司已收到你们于[　　]年[　　]月[　　]日签署的编号为[　　　]的《应收账款转让通知书》，现确认同意其内容。

买方名称和签章：

签署日期：[　　]年[　　]月[　　]日

附表三　介绍信(Introductory Letter)

(以美国保理商 BB&T 为例)

(Client Letterhead Here)

Month and Day, Year

Buyer Name and Address Here
Attn: Accounts Payable

                                                        Re: Branch Banking and Trust Company
                                                             P. O. Box 890011
                                                             Charlotte, N. C. 28289

Dear Buyer:

In our constant attempt to improve the quality of products and services to you, we would like to inform you of a change that will affect your accounts payable department. <u>Effective immediately</u>, we have engaged the services of Branch Banking and Trust Company as our commercial factor. As a result, you will be paying them for all present and future invoices. <u>Do not send any further checks or wire transfers to us as this will only delay your account being credited for the payment.</u>

All future USD payments must be sent to:

BRANCH BANKING AND TRUST COMPANY

Paying by Check: Branch Banking and Trust Company
                      P. O. Box 890011
                      Charlotte, NC 28289 - 0011

Paying by Wire Transfer: Bank: Branch Banking and Trust Company
                              Branch: 2501 Wooten Blvd. SW, Wilson, NC 27893
                              ABA number: 053101121

> SWIFT: BRBTUS33 (for International Wires)
> Account No: 5118765801
> Account name: BB&T Commercial Finance
>
> PAYMENT OTHER THAN TO **BRANCH BANKING AND TRUST COMPANY** DOES NOT CONSTITUTE PAYMENT; NOTIFY **BRANCH BANKING AND TRUST COMPANY** OF ANY DISCREPANCY WITHIN 10 DAYS AFTER RECEIPT OF INVOICE.
>
> **Debbie Bean (336) 889 - 3355 ext. 5844**

Your cooperation during this transition is extremely appreciated. Please execute a copy of this letter at the place indicated showing your acknowledgment, consent and agreement to the matters set forth in this letter return the executed copy to us by facsimile at the following number [*insert Seller facsimile number here*]. If you have any questions about your account or wish to make a payment in a method other than check, please call Branch Banking and Trust Company at **(336) 889 - 3355**.

Sincerely yours,
[**Seller Name**]

By: _____

Acknowledged, Consented To and Agreed: [*Insert Buyer Name Here*]
By: _____
Date: _____

附表四 应收账款转让通知书(明细表)

应收账款转让通知书(明细表)

编号：[　　　　　　]

致：[债务人(买方)全称和地址]

  我公司[卖方全称]因经营管理的需要，现将对贵方的下述应收账款以及就应收账款所享有的全部债权及债权的从属权利转让给(保理商全称)(下称"保理商")。

发票号码	发票金额	应收账款到期日	备注

  根据这项安排，对于我公司的发货，保理商已经替代我们成为合法的债权人，这些业务有关的到期款项，请按照其指示向他们直接付款，唯有保理商收到足额款项方可解除贵方的债务责任。同时，任何涉及该应收账款的纠纷、请求，请及时通知保理商。

  请贵方向保理商履行上述应收账款项下的付款义务，并将应收账款直接付至下述账户：

  户名：
  账号：[　　　　　　　　　　]
  开户银行：××银行

  贵方将应付款项按时足额付至上述账户即构成对商务合同项下付款义务的履行。

  本次应收账款转让以及上述收款账户未经保理商事先以加盖公章的书面文件同意不得变更或取消。为避免疑问，我公司在此确认：申请人在商务合同项下仅转让权益而不转让义务和责任，商务合同项下的承诺、保证、义务和责任仍由我司向贵方履行。

  我们相信这一账款处理流程上的变化对我们双方是互利的。除上述变动之外，贵方与我公司的业务合作关系保持不变，贵方仍可向我们或通过我们的代理商下订单。

特此通知,敬请尽快回复确认。谢谢合作!

卖方名称和签章:

签署日期:[　　]年[　　]月[　　]日

回　　执

致:(卖方全称)

抄送:(保理商全称)

  我司已收到你们于[　　]年[　　]月[　　]日签署的编号为[　　　]的《应收账款转让通知书(明细表)》,现确认同意其内容。

买方名称和签章:

签署日期:[　　]年[　　]月[　　]日

附表五　应收账款转让通知的字句

"本发票记载之应收账款债权已全权转让给(保理商全称),请将本发票下款项付至下述账户,如发票涉及任何争议、请求,请立即通知他们。电话:×××,客户服务部。"

附表六　Assignment Clause
（以美国保理商 BB&T 为例）

Assignment Language for USD

Each invoice factored with Branch Banking and Trust Company must include the Assignment Language of Branch Banking and Trust Company. The following language is for US Dollar invoices:

THIS ACCOUNT IS ASSIGNED TO, IS OWNED BY AND IS PAYABLE IN **USD** BY **SWIFT TRANSFER TO**

Branch Banking and Trust Company

SWIFT/Wire Detail:

Bank:	Branch Banking and Trust Company
Branch:	2501 Wooten Blvd. SW, Wilson, NC 27893
ABA number:	053101121
SWIFT:	BRBTUS33
Account No:	5118765801
Account Name:	BB&T Commercial Finance

PAYMENT OTHER THAN TO **BRANCH BANKING AND TRUST COMPANY** DOES NOT CONSTITUTE PAYMENT; NOTIFY **BRANCH BANKING AND TRUST COMPANY** OF ANY DISCREPANCY WITHIN 10 DAYS AFTER RECEIPT OF INVOICE.

Debbie Bean　(336) 889－3355 ext. 5844

附表七　EDI message (invoice)

Message 1 of 1   Current inbox Folder

MSG09 Invoices & Credit Notes

Created By
Status
Export Factor
Import Factor

Invoice Batch Number
Invoice Batch Date
Invoice Batch Currency
Total Amount Of Invoices
Total Amount Of Credit Notes

Seller

Seller Number
Name

Invoice Credit Note Details 1/1

Buyer Number
Name

Document Type
Document Number
Document Date
Document Due Date
Net Payment Terms
Primary Discount Days
Primary Discount Percentage
Secondary Discount Days
Secondary Discount Percentage
Payment Conditions
Order Number Reference
Invoice Reference Number

Document Amount
Document Value
Date

Control Totals

Total Number Of Invoices
Total Number Of Credit Notes

Message Text

附表八 逾期发票付款提示函

逾期发票付款提示函

致：[买方名称]

贵公司的供应商[卖方名称]已与我司签署编号为 的《保理合同》/相关保理协议，并将对贵公司的应收账款债权转让予我司。

1. 提醒您，下表或附件中的发票款项已到期，请贵公司尽速针对逾期发票账款进行支付，并请将款项汇入以下指定账户：

户名：
收款账号：
开户银行：

2. 若贵公司目前尚不能支付货款，请以书面告知我司有关的具体原因。

3. 若所列逾期发票已付清或在途，请忽略本提示函。但请协助提供付款的有关凭证，并参见下列的联系方式进行传送，以利快速追踪款项，及时销账。

若贵公司对所列发票有任何疑问，请联络我司[经办人姓名]，联系方式如下：

电话：
传真：
E-mail：
地址：

感谢您的理解与配合！

逾期发票清单

卖 方						
买 方						
发票号	发票日	到期日	币 别	发票金额	发票余额	
总 计						

[保理商名称]
年　月　日

回 执

上述情况已知悉,回复如下:

我方已于×年×月×日将上述账款支付给卖方,合计付款金额:(如果实际付款金额与提示付款金额不符,请说明冲账的明细及原因)

我方已知晓上述情况,将按照财务安排预计于×月×日支付金额。

[买方公司名称]
年 月 日

附表九　Import Factor Information Sheet

（德国：Eurofactor AG,节录部分内容）

**Import Factor
Information Sheet**

Eurofactor AG
P. O. Box 1107
82032 Deisenhofen
Germany

Factor Code: DE 00900

Table of Contents:

1. Company Details — Contacts(略)
2. Visits(略)
3. Specialization(略)
4. Geographical Coverage(略)
5. Seller Information Form(略)
6. Credit Approvals(略)
7. Pricing(略)
8. Bank Charges(略)
9. Commission Statements(略)
10. Collection & Dunning Procedures
11. Reporting / Central Systems(略)
12. Introductory Letter(略)
13. General Legal Objectives in Germany

13a Retention of Title

13b Explanation of ban on Assignment "Abtretungsverbot"

13c Handling of receivables against Central Regulation Organisations

10. Collection and Dunning Procedures

Our dunning procedures are flexible and can be adjusted to specific requirements, standard rules are as follows:

Written reminder:

Dunning letters are system driven and automatically produced upon maturity date of invoice:

8 days after due date: 1st reminder

14 days after 1st reminder 2nd reminder

14 days after 2nd reminder 3rd reminder

The 3rd reminder announces legal actions which start with a grace period of 8 days after reminder date.

For unapproved receivables we will start legal action only with Export Factor's permission.

Telephone calls:

An automatic dialling system monitors all calls. Promises of payments are logged into the system and automatically re-dialed if the payment is not received as agreed.

Telephone procedures can also be adapted to specific requirements, standard rules are:

- Between the 2nd and 3rd reminder.
- Calls are configured depending on what payment promises have been made up until 45 days maximum after due date when they are passed on to our Legal Department.

Soundings:

For our domestic activity, soundings are carried out in conformity with internal risk procedures. This also applies to international business and is set depending on the Export Factor requirements.

13. General Legal Objectives in Germany

- Retention of Title clause: The Retention of Title will help to recover the goods in case of a litigation.

  It would be advisable to obtain a copy of the Retention of Title clause if used by the exporter.
- Explanation of the consequence of "Abtretungsverbot" (ban on assignment).
- Handling of receivables against Central Regulation Organisations.

13a Retention of Title

This is one of the most widely used means of improving the security of outstanding debts in

Germany. It is used in practically by all industries and it is strongly recommended that for all exports to Germany, a Retention of Title is used. The holder of Retention of Title can execute the right to claim back available goods from the liquidator/receiver or even to claim corresponding parts of the buyer's own unpaid outstanding receivables.

We recommend that the sellers should use in their contracts of sale with German debtors a Retention of Title clause. If we give an example as follows this is only for illustration and information purposes, not for direct use as we don't know the details of the particular contract. It is therefore advisable that the seller together with a respective counsel should ensure the effectiveness of such clause:

"We reserve to ourselves Retention of Title of the goods delivered until all our claims under the business relationship will have been settled. In the event that the goods delivered or, respectively, the merchandise produced there from are resold by the purchaser or incorporated into premises or a third party, the purchaser's claim on his buyer passes on to us. If the goods delivered or merchandise produced include — besides the reservation goods of the seller — only such items which either belonged to the purchaser or which had been delivered based only on the so-said simple retention of title ("einfacher Eigentumsvorbehalt"), the purchaser assigns the complete purchase price claim to us and we accept this assignment. In the (other) case that the assignments have been made to several suppliers we can only claim title to a fraction of the receivable relative to the proportion of the invoice value of our goods or merchandise in comparison to the invoice value of the other goods of the merchandise. The buyer is obliged to inform us of the third party's address upon request. We are entitled to notify the third party of such assignment. We are obliged to release upon request of the purchaser of the purchaser all securities according to the choice of the purchaser, to which he is entitled according to the before mentioned conditions, insofar that the realizable value of the securities exceeds our claim by more than 10%."

13b Explanation of ban on Assignment "Abtretungsverbot"

Some German firms (e. g. industrial groups or retailer chains) have included in their purchase conditions a stipulation saying that the seller is not allowed to assign his claims against the debtor concerned. This rule is corrected by the German Trade Law in the sense that the assignment is allowed legally, but if an assignment is made, nevertheless, the debtor has the right, as before, to pay to the seller directly with the effect of being discharged from his obligation; that means the money will not be channelled through us and you. Moreover, we have no legal possibility to demand a second payment. Accordingly, the following risk may arise for you:

The debtor pays to the seller without informing us, the seller receives the money without informing you and becomes insolvent afterwards. In the case of eventual insolvency we, as Import Factor, do not assume the responsibility of the approval granted because we have no legal possibility to force the debtor to pay. Our assumption of the credit risk results only in the obligation to make a payment under guarantee in the event that the debtor becomes insolvent and has not paid to one of the parties involved (as defined in Article 25 of the FCI General Rules for International Factoring, Edition June 2003).

This, of course, is the normal risk which is covered by an Import Factor, but we want to point out that this problem might bring difficulties, i. e. regarding the dunning procedure, the handling of disputes and forwarding any kind of information.

13c Handling of receivables against Central Regulation Organisations
In some industries in Germany it is common that payment of debtors are proceeded via Central Regulation Organisations (CRO) like e. g. Metro, Rewe. In some cases the CRO has stipulated a pre-assignment clause for claims against the associated debtor in the purchase agreement. To ensure your/our ownership of the receivables a three-party-agreement between the exporter, the CRO and us should be signed. This assures that the CRO is obliged to pay to us. Especially in case of insolvency of the exporter your/our position is strengthened by such an agreement.

If such an agreement is not enforceable with the CRO, we recommend a security assignment between your exporter and you, as Export Factor. This assures that all contractual claims against the CRO are transferred to you.

附表十　付款信息报文格式

Message 1 of 1   Current inbox Folder

MSG11 Payment

Created By
Status
Export Factor
Import Factor

Payment Batch Number
Payment Batch Date
Payment Batch Currency

Seller

Seller Number
Name

Payment Details 1/1

Buyer Number

Name
Document Paid
Invoice Credit Note Number
Invoice Credit Note Date   Invoice Credit Note Amount
Payment Amount
Bank Charges Amount   Deduction Amount
Payment Type
Payment Date   Payment Value Date

Control Totals

Total Amount Paid
Total Amount Bank
Charges And Deductions
Total Amount Cleared

Message Text
paid by check

附表十一 商业纠纷通知书

商业纠纷通知书

编号：

致：　　　　公司(卖方)

关于贵公司转让给我司的对买方：(应收账款债务人)　　　　的应收账款(如表列发票)已经发生商业纠纷，特此通知。

发票号	应收账款金额	商业纠纷金额	商业纠纷原因

针对发票已发生商业纠纷的情形，请贵公司即刻签收本通知书(传送回执)，尽快解决与债务人之间的纠纷，并随时将协商的情形或解决的结果回复通知我司。首次回复的时间不得晚于本通知书送达之日起7天，之后定期每10天至少一次。若贵公司未能按照上述要求期限内回复，贵公司应无条件接受我司反转让上述应收账款，我司毋须再履行双方于《保理合同》或补充协议约定的承担买方信用风险之义务(如有约定)。如需我司予以协助，亦请书面告知，谢谢您的合作。

特此通知。

保理商名称：

年　月　日

回　执

致：　　(保理商名称)

我公司于　年　月　日收悉贵方传送的《商业纠纷通知书》(编号：　　)，并已知悉该通知的全部内容，并同意按贵方有关要求办理。

公司(公章)

法定代表人或授权代理人(签字)：

年　月　日

附表十二 未结应收账款清单

未结应收账款清单

致：(保理商全称)

　　本公司委托贵方办理保理业务。在将买方(进口商、债务人)：(名称与详细地址)的应收账款债权转让给贵方前，现提供本公司到目前为止与该买方间尚未收回的应收账款的明细如下：

发票号码 (Invoice Number)	发票金额 (Invoice Value)	货物发运/装船日 (B/L Date)	货款到期日 (Due Date)	付款方式/期限 (payment terms)

□ 我公司尚无尚未收回的应收账款

公司(盖章)：
有权签字人：
　年　月　日

附表十三　动产权属统一登记表(初始登记)

登记证明编号：0137 8044 0001 6915 4000

中国人民银行征信中心
动产权属统一登记—初始登记

登记证明编号：0137 8044 0001 6915 4000
登记时间：2014-05-12 18:09:32

以下内容为填表人填写，填表人对所填内容的真实性、合法性承担全部责任。

本登记为应收账款转让业务登记。

填表人/基本信息				
填表人名称	XX银行/XX保理公司			
填表人住所	XX省XX市XX区XX路XX号XX大厦XX层			
交易类型	应收账款转让	登记期限	2年	登记到期日	2016-05-11
填表人归档号	gy_mj003			

出让人信息				
名称	XX省XX市XX公司		类型	企业
组织机构代码	xxxxxxxxxx	工商注册号	xxxxxxxxxx	
法定代表人/负责人	xxx			
住所	XX省XX市XX区XX路XX号			

受让人信息				
名称	XX银行/XX保理公司		类型	金融机构
金融机构编码	xxxxxxxxxx	工商注册号	52000000122186(1-1)	
法定代表人/负责人	张XX			
住所	XX省XX市XX区XX路XX号			

转让财产信息				
转让合同号码	GB3687-20111221-B			
转让合同币种	人民币	转让财产价值	xx 元	
转让财产描述	转让财产是 XX公司 公司基于货物销售合同（20130701-6、20130703-1、20130702-1）之下，于2013年8月至2014年4月期间销售 XX货物给XX公司 产生的应收账款，货款到期日见增值税发票后20个月付款，金额为 xx 元，发票号为02590481、02590638、02590479、02590480、02590638、02169991、02169990、02169989、02169993、01722251、01722252、01722244、01722245、01708085、01708084、01708093、01722250、01721977、01721978、02169992、02590478、02590477、01708091、01708092、01722246、01721976、02169994、02169995、02590638、02590637、02590636、02590475、02590476。			

转让财产信息附件	0137804400016915 4000_0_01708084.jpg 0137804400016915 4000_0_01708085.jpg 0137804400016915 4000_0_01708091.jpg 0137804400016915 4000_0_01708092.jpg 0137804400016915 4000_0_01708093.jpg 0137804400016915 4000_0_01721976.jpg 0137804400016915 4000_0_01721977.jpg 0137804400016915 4000_0_01721978.jpg 0137804400016915 4000_0_01722244.jpg 0137804400016915 4000_0_01722245.jpg 0137804400016915 4000_0_01722246.jpg 0137804400016915 4000_0_01722250.jpg 0137804400016915 4000_0_01722251.jpg 0137804400016915 4000_0_01722252.jpg 0137804400016915 4000_0_02169989.jpg 0137804400016915 4000_0_02169990.jpg 0137804400016915 4000_0_02169991.jpg 0137804400016915 4000_0_02169992.jpg 0137804400016915 4000_0_02169993.jpg 0137804400016915 4000_0_02169994.jpg

代理登记机构：中征动产融资登记服务有限责任公司

<完>

国际保理通用规则

(2012年6月)

附录一 FCI GENERAL RULES FOR INTERNATIONAL FACTORING

(Printed June 2012)

TABLE OF CONTENTS

SECTION I GENERAL PROVISIONS
Article 1   Factoring contracts and receivables
Article 2   Parties taking part in two-factor international factoring
Article 3   Receivables included
Article 4   Common language
Article 5   Time limits
Article 6   Writing
Article 7   Deviating agreements
Article 8   Numbering system
Article 9   Commission/Remuneration
Article 10 Settlement of Disagreements between Export Factor and Import Factor
Article 11 Good faith and mutual assistance

SECTION II ASSIGNMENT OF RECEIVABLES
Article 12 Assignment
Article 13 Validity of assignment

Article 14	Documentation relating to receivables
Article 15	Reassignment of receivables

SECTION III	CREDIT RISK
Article 16	Definition of credit risk
Article 17	Approvals and requests for approvals
Article 18	Reduction or cancellation
Article 19	Obligation of Export Factor to assign

SECTION IV	COLLECTION OF RECEIVABLES
Article 20	Rights of the Import Factor
Article 21	Collection
Article 22	Unapproved receivables

SECTION V	TRANSFER OF FUNDS
Article 23	Transfer of payments
Article 24	Payment under guarantee
Article 25	Prohibitions against assignments
Article 26	Late payments

SECTION VI	DISPUTES
Article 27	Disputes

SECTION VII	REPRESENTATIONS, WARRANTIES AND UNDERTAKINGS
Article 28	Representations, warranties and undertakings

SECTION VIII	MISCELLANEOUS
Article 29	Communication and electronic data interchange (EDI)
Article 30	Accounts and reports
Article 31	Indemnification
Article 32	Breaches of provisions of these Rules

SECTION I General provisions

Article 1 Factoring contracts and receivables

A factoring contract means a contract pursuant to which a supplier may or will assign accounts receivable (referred to in these Rules as "receivables" which expression, where the context allows, also includes parts of receivables) to a factor, whether or not for the purpose of finance, for at least one of the following functions:

— Receivables ledgering

— Collection of receivables

— Protection against bad debts

Article 2　Parties taking part in two-factor international factoring

The parties taking part in two-factor international factoring transactions are:

(i) the supplier (also commonly referred to as client or seller), the party who invoices for the supply of goods or the rendering of services;

(ii) the debtor (also commonly referred to as buyer or customer), the party who is liable for payment of the receivables from the supply of goods or rendering of services;

(iii) The Export Factor, the party to which the supplier assigns his receivables in accordance with the factoring contract;

(iv) the Import Factor, the party to which the receivables are assigned by the Export Factor in accordance with these Rules.

Article 3　Receivables included

These Rules shall cover only receivables arising from sales on credit terms of goods and/or services provided by any supplier who has an agreement with an Export Factor to or for debtors located in any country in which an Import Factor provides factoring services. Excluded are sales based on letters of credit (other than standby letters of credit), or cash against documents or any kind of sales for cash.

Article 4　Common language

The language for communication between Import Factor and Export Factor is English. When information in another language is provided an English translation must be attached.

Article 5　Time limits

Except as otherwise specified the time limits set forth in these Rules shall be understood as calendar days. Where a time limit expires on a non-working day or any declared public holiday of the Export Factor or the Import Factor, the period of time in question is extended until the first following working day of the factor concerned.

Article 6　Writing

"Writing" means any method by which a communication may be recorded in a permanent form so that it may be re-produced and used at any time after its creation. Where a writing is to be signed, that requirement is met if, by agreement between the parties to the writing, the writing identifies the originator of the writing and indicates his approval of the communication contained in the writing.

(N. B. : Article 6 amended June 2006.)

Article 7 Deviating agreements

An agreement in writing made between an Export Factor and an Import Factor (and signed by both of them), which conflicts with, differs from or extends beyond the terms of these Rules, shall take precedence over and supersede any other or contrary condition, stipulation or provision in these Rules relating to the subject matter of that agreement but in all other respects shall be subject to and dealt with as part of these Rules.

(N. B. : Article 7 amended June 2004.)

Article 8 Numbering system

In order to identify exactly all suppliers, debtors, Import Factors and Export Factors, an appropriate numbering system must be agreed upon between Export Factor and Import Factor.

Article 9 Commission/Remuneration

(i) The Import Factor shall be entitled to commissions and/or charges for his services on the basis of the structure and terms of payment as promulgated by the FCI Council from time to time.

(ii) The agreed commissions and/or charges must be paid in accordance with those terms of payment in the agreed currencies. A party delaying payment shall incur interest and the equivalent of any exchange losses resulting from the delay in accordance with Article 26.

(iii) In case of a reassignment of a receivable the Import Factor has nevertheless the right to the commission or charges.

Article 10 Settlement of disagreements between Export Factor and Import Factor

(i) All disagreements arising between an Export Factor and an Import Factor in connection with any international factoring transactions shall be settled under the Rules of Arbitration provided that both are members of FCI at the time of the inception of the transaction.

(ii) Furthermore any such disagreement may be so settled if only one of the parties is a member of FCI at the time of request for arbitration provided that the other party accepts or has accepted such arbitration.

(iii) The award shall be final and binding.

Article 11 Good faith and mutual assistance

Under these Rules all duties shall be performed and all rights exercised in good faith. Each of the Export Factor and Import Factor shall act in every way to help the other's interest and each of them undertakes to the best of his ability to assist the other at all times in obtaining any document that may assist the other to carry out his duties and/or to protect his interests. Each of the Import Factor and the Export Factor undertakes that each will inform the other immediately of any fact or matter which comes to his attention and which may adversely affect the collection of any receivable or the creditworthiness of any debtor.

SECTION II Assignment of receivables

Article 12 Assignment

(i) The assignment of a receivable implies and constitutes the transfer of all rights and interest in and title to such receivable by any means. For the purpose of this definition the granting of a security right over a receivable is deemed to be its transfer.

(ii) By reason of the assignment to the Import Factor of full ownership of each receivable, the Import Factor shall have the right of bringing suit and otherwise enforcing collection either in his own name or jointly with that of the Export Factor and/or that of the supplier and the right to endorse debtor's remittances for the collection in the Export Factor's name or in the name of such supplier and the Import Factor shall have the benefit of all rights of lien, stoppage in transit and all other rights of the unpaid supplier to goods which may be rejected or returned by debtors.

(iii) All assignments of receivables must be in writing.

[N. B. : New Paragraph (ii) added, previous (ii) becomes (iii) June 2009.]

Article 13 Validity of assignment

(i) The Import Factor is obliged, as regards the law of the debtor's country, to inform the Export Factor of:

(a) the wording and formalities of the notice of assignment; and

(b) any elements in an assignment that are necessary to safeguard the Export Factor against claims of third parties.

The Import Factor warrants the effectiveness of his advice.

(ii) The Export Factor, whilst relying on the Import Factor's advice under paragraph (i) of this Article as regards the law of the debtor's country, shall be responsible for the effectiveness of the assignment to him by the supplier and of his assignment to the Import Factor including their effectiveness against the claims of third parties and in the insolvency of the supplier.

(iii) If the Export Factor requests a particular assignment, enforceable against third parties, the Import Factor is obliged to act accordingly as far as he is able to do so in accordance with the applicable law, at the expense of the Export Factor.

(iv) Whenever the assignment of a receivable needs special documentation or a confirmation in writing in order to be valid and enforceable, at the request of the Import Factor the Export Factor must provide such documentation and/or confirmation in the prescribed way.

(v) If the Export Factor shall fail to provide such documentation or confirmation in relation to that receivable within 30 days of the receipt of the Import Factor's request, then the Import Factor may reassign such receivable.

[N. B. : Paragraphs (i) and (ii) amended June 2004.]

Article 14　Documentation relating to receivables

(i) The Import Factor must receive details of invoices and credit notes relating to any receivable assigned to him without undue delay and in the case of invoices in any event before the due date of the receivable. For the purpose of the GRIF, the "due date" of any receivable shall mean the date specified for payment of the receivable as stated in the contract of sale, provided, however, that if such contract specifies payments in instalments then, unless otherwise dictated by the contract, each instalment shall be treated as having a separate due date.

(ii) The Import Factor may require that the original documents evidencing title, including the negotiable shipping documents and/or insurance certificate, are forwarded through him.

(iii) At the request of the Import Factor and if then needed for the collection of a receivable the Export Factor must promptly provide any or all of the following as proof and in any event within the following time periods:

(a) 10 days from the receipt of the request, an exact copy of the invoice issued to the debtor;

(b) 30 days from the receipt of that request:

(1) evidence of shipment;

(2) evidence of fulfilment of the contract of sale and/or services where applicable;

(3) any other documents which have been requested before shipment.

(iv) If the Export Factor:

(a) does not provide the documents referred to in Article 14 (iii); or

(b) fails to provide a reason for that delay and a request for further time, both acceptable to the Import Factor; within the prescribed time limits, then the Import Factor shall be entitled to reassign the relevant receivable.

(v) The time limit for the Import Factor to be entitled to request these documents from the Export Factor shall be 270 days after due date of the receivable.

[N. B. : Paragraph (iv) added June 2004 - previous (iv) moved to Paragraph (v); Paragraph (i) amended June 2005, June 2006 and June 2010.]

Article 15   Reassignment of receivables

(i) Any reassignment of a receivable under Article 13 (v) or Article 14 (iv) must be made by the Import Factor no later than the 60th day after his first request for the relevant documents, or, if later, the 30th day after the end of any extended time granted by the Import Factor under Article 14 (iv).

(ii) In the event of any reassignment of a receivable permitted to the Import Factor under this article or under paragraph (vii) of Article 27, except as provided in paragraph (iv) of this Article, the Import Factor shall be relieved of all obligations in respect of the reassigned receivable and may recover from the Export Factor any amount paid by the Import Factor in respect of it.

(iii) Every such reassignment must be in writing.

(iv) If any payment shall be received by the Import Factor from the debtor in respect of any receivable so reassigned before notice of that reassignment shall have been received by the debtor then the Import Factor shall hold that payment for the benefit of, and remit it to, the Export Factor promptly.

[N. B. : Paragraph (i) amended June 2004 and again September 2008. In June 2010 Paragraph (ii) amended and Paragraph (iv) added.]

SECTION III   Credit Risk

Article 16   Definition of credit risk

(i) The credit risk is the risk that the debtor will fail to pay a receivable in full within 90 days of its due date otherwise than by reason of a dispute.

(ii) The assumption by the Import Factor of the credit risk on receivables assigned to him is conditional upon his written approval covering such receivables.

Article 17   Approvals and requests for approvals

(i) Requests of the Export Factor to the Import Factor for the assumption of the credit risk, which may be for the approval of individual orders or of credit lines, must be in writing and must contain all the necessary information to enable the Import Factor to appraise the credit risk and the normal payments terms.

(ii) If the Import Factor cannot confirm the exact identification of the debtor as submitted to him he may amend these details in his reply. Any approval shall apply only to the exact identity of the debtor given by the Import Factor in that approval.

(iii) The Import Factor must, without delay and, in any event, not later than 10 days from receipt of the request, advise the Export Factor of his decision in writing. If, within the said period, the Import Factor cannot make a decision he must, at the earliest, and before

the expiry of the period so advise the Export Factor.
(iv) The approval shall apply up to the amount approved to the following receivables owed by the debtor:
(a) those on the Import Factor's records on the date of approval;
(b) those arising from shipments made up to 30 days before the date of request for approval; and shall be conditional in each case, upon the receipt by the Import Factor of the invoice details and the documents as stipulated in Article 14.
(v) (a) Approval in full or in part of an individual order binds the Import Factor to assume the approved credit risk provided that the shipment of the goods is made not later than the dateof shipment, if any, stated in the request for the assumption of credit risk or any earlier expiry date indicated by the Import Factor in the approval.
(b) The approval of a credit line binds the Import Factor to assume credit risk on those receivables up to the approved amount for shipments made before cancellation or expiry date of the line.
(c) The word "goods" includes "services" and the expression "shipments made" includes "services performed".
(d) Shipment in relation to goods occurs when they are placed in transit to the debtor or his designee, whether by common carrier or the debtor's or supplier's own transport and in relation to services when they are completed.
(vi) A credit line is a revolving approval of receivables on a debtor's account with one supplier up to the amount of the credit line. Revolving means that, while the credit line remains in force, receivables in excess of the line will succeed amounts within the line which are paid by the debtor or the Import Factor or credited to the debtor. The succession of such receivables shall take place in the order in which they are due for payment and shall be limited at any time to the amount then so paid or credited. Where 2 or more receivables are due for payment on the same date then their succession shall take place in accordance with the order of their respective invoice numbers.
(vii) All approvals are given on the basis that each account receivable is in conformity with the terms of payment (with a permissible occasional variation of 100% or 45 days whichever period is shorter) contained in the pertinent information upon which such approval was granted. However, no such variation, which extends the credit beyond any credit period specified as a maximum by the Import Factor in the approval, shall be permitted.
(viii) The approval shall be given in the same currency as the request. However, the credit line covers receivables represented by invoices expressed not only in that currency, but also in

other currencies; but in all cases the risk to the Import Factor shall not at any time exceed the amount of the original approval.

(ix) There shall be only one credit line for each supplier on each debtor and any new credit line shall cancel and replace all previous credit lines for the same supplier on the same debtor in whatever currency denominated.

(x) If it is known to the Import Factor that it is the practice of the debtor to prohibit assignments of receivables owing by him then the Import Factor shall so inform the Export Factor in giving his approval or as soon as it is known to the Import Factor if later.

[N. B. Paragraphs (iv) (v) and (vi) amended October 2007. Paragraphs (i), (v), and (vii) amended September 2008. Paragraph (v) amended June 2009, June 2010 and again June 2012.]

Article 18 Reduction or cancellation

(i) For good reason the Import Factor shall have the right to reduce or cancel the individual order approval or the credit line. Such cancellation or reduction must take place in writing or by telephone (to be confirmed in writing). Upon receipt of such notice of cancellation or reduction the Export Factor shall immediately notify the supplier and such cancellation or reduction shall be effective as to shipments made and/or services performed after the supplier's receipt of such notice. On or after the sending of any such notice of cancellation or reduction to the Export Factor, the Import Factor shall have the right to send such notice also direct to the supplier, but he shall inform the Export Factor of such an action.

The Export Factor shall cooperate, and shall ensure that the supplier shall cooperate, with the Import Factor to stop any goods in transit and thus minimise the Import Factor's loss.

The Export Factor undertakes to give the Import Factor all assistance possible in such circumstances.

(ii) On the effective date of the termination of the contract between supplier and Export Factor all order approvals and credit lines are immediately cancelled without notice, but shall remain valid for any receivable relating to a shipment made and services performed before the date of termination provided that the receivable is assigned to the Import Factor within 30 days of that date.

(iii) When the cancellation of the credit line is effective or the credit line has expired then:

(a) the right of succession ceases and thereafter, except as provided in sub-paragraphs (b) and (c) of this paragraph, any payment or credit (other than a payment or credit in connection with a transaction excluded in Article 3 or transactions otherwise excluded before the first assignment of a receivable in respect to that debtor) may be applied by the

Import Factor in satisfaction of approved receivables in priority to unapproved receivables; (b) if any such credit relates to an unapproved receivable and the Export Factor establishes to the satisfaction of the Import Factor that the credit arose solely from the failure to ship or a stop page in transit, the credit shall be applied to such unapproved receivable; and

(c) any monies subsequently received by the Import Factor resulting from a general distribution from the estate of the debtor in respect of receivables assigned by the Export Factor shall be shared between the Import Factor and the Export Factor in proportion to their respective interests in the amount owing by the debtor as at the date of the distribution.

[N. B. Paragraph (iii) (b) and (c) amended June 2003. Paragraph (ii) amended June 2006. Paragraphs (i) and (ii) amended October 2007 and again September 2008 and again June 2009. Paragraph (iii) (a) and (c) amended June 2012.]

Article 19　Obligation of Export Factor to assign

(i) Subject to the provisions of paragraph (ii) and (iii) of this Article the Export Factor may, but is not obliged to, offer to the Import Factor all receivables, owing by debtors in any one country and relating to one supplier, which have been assigned to the Export Factor.

(ii) The Export Factor shall inform the Import Factor whether or not the Export Factor's agreement is to include the whole turnover on credit terms to the debtor's country.

(iii) When the Import Factor has approved a credit line on a debtor and a receivable owing by that debtor has been assigned to the Import Factor, then all subsequent receivables of that supplier in respect of that debtor must be assigned to the Import Factor, even when the receivables are only partly approved or not approved at all.

(iv) When the Import Factor decides to cancel a credit line, the obligation for the Export Factor continues to exist until all approved receivables have been paid or otherwise provided for; in other words, until the Import Factor is "out of risk". However, after cancellation of the contract between the Export Factor and the supplier, further assignments of receivables cannot be expected.

[N. B. Paragraph (i) amended, old Paragraph (iii) deleted, Paragraphs (iv) & (v) become (iii) & (iv) June 2006. Paragraph (ii) amended October 2007.]

SECTION IV　Collection of receivables

Article 20　Rights of the Import Factor

(i) If any cash, cheque, draft, note or other instrument in payment of any receivables assigned to the Import Factor is received by the Export Factor or any of his suppliers, the Export

Factor must immediately inform the Import Factor of such receipt. It shall be held in trust by the Export Factor or such supplier on behalf of the Import Factor and shall, if so requested by the Import Factor, be duly endorsed and delivered promptly to him.

(ii) If the sales contract contains a prohibition of assignment the Import Factor shall have the same rights as set forth in paragraph (ii) of Article 12 as agent for the Export Factor and/or the supplier.

(iii) If the Import Factor:

(a) is unable to obtain judgement in respect of any receivable assigned to him in the courts, any arbitration panel or other tribunal of competent jurisdiction of the debtor's country (collectively, a "Tribunal") by reason only of:

(1) clear and convincing language relating to jurisdiction or alternate dispute resolution in the contract of sale between the supplier and the debtor which gave rise to that receivable; or

(2) denial of jurisdiction to proceed in the debtor's country by any such Tribunal; and

(b) informs the Export Factor of that inability within 365 days of the due date of the invoice representing that receivable; then the Import Factor may immediately reassign that receivable and recover from the Export Factor any amount paid in respect of it under paragraph (ii) of Article 24.

(iv) If, within 3 years from the date of any reassignment referred to in paragraph (iii) of this article, the Export Factor or the supplier shall have obtained a judgement or award by any Tribunal in relation to the reassigned receivable against the debtor enforceable in the debtor's country, then, to the extent that the receivable had been approved, the Import Factor shall:

(a) accept an assignment of all the rights against the debtor under that judgement and again accept the receivable as approved; and

(b) make payment under guarantee within 14 days of the date on which payment is to be made by the debtor according to the judgement provided that the assignment required under paragraph (iv) (a) of this Article has been made effectively by the Export Factor within that period.

All costs in relation to the obtaining of judgement under this Article shall be the responsibility of the Export Factor.

[N. B. : Old Paragraph (i) deleted June 2009. Paragraph (ii) became (iii) and amended June 2004 and June 2009. Paragraph (iv) added June 2009.]

Article 21　Collection

(i) The responsibility for collection of all receivables assigned to the Import Factor rests with him and he shall use his best endeavours promptly to collect all such receivables whether approved or unapproved.

(ii) Except as provided in Article 27 when the total amount of receivables owing by a debtor at any one time is approved in part:

(a) the Import Factor shall be entitled to take legal proceedings for the recovery of all such receivables without obtaining the prior consent of the Export Factor but the Import Factor shall inform the Export Factor of such action;

(b) if the Export Factor notifies the Import Factor of his disagreement with such legal proceedings, which are then accordingly terminated, the Import Factor shall be entitled to reassign all receivables then owing by the debtor and to be reimbursed by the Export Factor with the amount of all costs and expenses incurred by the Import Factor in such proceedings and the provisions of paragraphs (ii) and (iii) of Article 15 will apply to that reassignment; and

(c) except as provided in paragraph (ii) (b) of this Article the costs and expenses of such legal proceedings shall be borne by the Import Factor and the Export Factor in proportion to the respective amounts of the approved and unapproved parts of the outstanding receivables.

Article 22   Unapproved receivables

When all receivables owing by a debtor at any one time are wholly unapproved:

(a) the Import Factor shall obtain the consent of the Export Factor before incurring legal and other costs and expenses (other than the Import Factor's own and administrative costs and expenses) relating to their collection;

(b) such legal and other costs and expenses shall be the responsibility of the Export Factor and the Import Factor shall not be responsible for any loss and/or costs which are attributable to any delay in the giving of such consent by the Export Factor;

(c) If the Export Factor does not answer the Import Factor's request for consent within 30 days, the Import Factor is entitled to reassign the receivables then or any time thereafter;

(d) The Import Factor shall be entitled on demand to a deposit from the Export Factor to cover fully or partly the amount of the estimated costs to be incurred in the collection of such receivables.

SECTION V   Transfer of funds

Article 23   Transfer of payments

(i) When any payment is made by the debtor to the Import Factor in respect of any receivable assigned to him he shall pay in the currency of the invoice the equivalent of the net amount received in his bank to the Export Factor immediately after the value date or the date of the Import Factor's receipt of the bank's notification of the amount received whichever is later except to the extent of any previous payment under guarantee.

(ii) All payments, irrespective of the amount, shall be transferred daily via SWIFT or a similar system.

(iii) Not later than the day of the transfer the Import Factor shall provide a report showing the allocation of the amount transferred.

(iv) The Export Factor shall repay to the Import Factor on his demand:

(a) any payment made by him to the Export Factor if the debtor's payment to the Import Factor was made by a payment instrument subsequently dishonoured (cheque or equivalent) provided that:

(1) the Import Factor notified the Export Factor of this possibility with the payment advice (payment under reserve); and

(2) the Import Factor's demand has been made within 10 banking days in the Import Factor's country from the date of his transfer of the funds to the Export Factor; or

(3) such dishonour was the result of a stopped payment order issued by the debtor owing to a dispute raised later than the issuance of the payment instrument, in which case the procedures and time limits are as provided in Article 27 and for that purpose the payment by the Import Factor to the Export Factor shall be treated as if it were a payment under guarantee.

(4) repayments demanded by the Import Factor will not affect his other obligations;

(b) without any time limit, any payment made by the Import Factor to the Export Factor in respect of any unapproved receivable or unapproved part of a receivable to the extent that payment by the debtor or any guarantor of the receivable is subsequently recalled under the law of the country of the payer and such recall is either paid or settled by the Import Factor provided that any such settlement is effected in good faith.

[N. B.: Paragraph (iv) (a) adjusted and Paragraph (iv) (b) added October 2002. Paragraph (iv) (a) adjusted again October 2007.]

Article 24 Payment under guarantee

Except as provided in Articles 25, 27 and 32:

(i) the Import Factor shall bear the risk of loss arising from the failure of the debtor to pay in full any approved receivable on the due date in accordance with the terms of the relevant contract of sale or service; and

(ii) to the extent that any such receivable shall not be paid by or on behalf of the debtor by the

90th day after the due date as described above, the Import Factor shall on such 90th day make payment to the Export Factor ("payment under guarantee").

(iii) For the purpose of paragraphs (i) and (ii) of this Article, payment by the debtor shall mean payment to any one of the Import Factor, the Export Factor, the supplier or the supplier's insolvent estate.

(iv) In the event of payment to the supplier or the supplier's insolvent estate the Import Factor shall co-operate with and assist in the debtor's country the Export Factor to mitigate any potential or actual loss to the Export Factor.

(v) If an approved receivable is expressed in a currency other than that of the corresponding credit line, in order to determine the approved amount that receivable shall be converted to the currency of the credit line at the rate of exchange (mid rate) quoted by XE.com (and used in edifactoring.com) at the date on which the payment under guarantee is due. In all cases the risk of the Import Factor shall not exceed at any time the amount of the original approval.

[N.B.: Heading and Paragraph (v) adjusted September 2008.]

Article 25 Prohibitions against assignments

(i) In respect of any approved receivable arising from a contract of sale or for services which includes a prohibition of its assignment the Import Factor's obligation for a payment under guarantee shall arise on the official insolvency of the debtor or when the debtor makes a general declaration or admission of his insolvency, but, in any event, not earlier than the 90th day after the due date as described in paragraph (i) of Article 24.

(ii) After any payment under guarantee in respect of any approved receivable referred to in paragraph (i) of this article the Import Factor shall have the sole right to claim in the insolvent estate of the debtor in the name of the supplier.

(iii) The Export Factor shall obtain from the supplier and deliver to the Import Factor any document that may be required by him for the purpose of making any claim as described in paragraph (ii) of this Article.

(iv) The provisions of this article shall apply, in spite of anything to the contrary elsewhere in these rules.

[N.B.: Paragraph (iv) added June 2003. Paragraph (i) amended June 2004.]

Article 26 Late payments

(i) If the Import Factor or the Export Factor fails to make payment of any amount when it is due to be paid to the other he shall pay interest to that other.

(ii) Except as provided in paragraph (iii) of this Article, if the Import Factor does not initiate a payment to the Export Factor according to the requirements of Article 23 or Article 24, the Import Factor shall:

(a) be liable to pay to the Export Factor interest calculated for each day from the date on which such payment shall be due until actual payment at twice the 3-months-LIBOR as quoted on such due date in the relevant currency, provided that the aggregated accrued amount of interest exceeds EUR 50; and

(b) reimburse the Export Factor with the equivalent of any currency exchange loss suffered by him and caused by the delay in payment.

If there shall be no LIBOR quotation for the relevant currency, twice the lowest lending rate for such currency available to the Export Factor on such date shall apply.

(iii) If as a result of circumstances beyond his control the Import Factor is unable to make any such payment when due:

(a) he shall give immediate notice of that fact to the Export Factor;

(b) he shall pay to the Export Factor interest at a rate equivalent to the lowest lending offer rate available to the Export Factor in the relevant currency calculated for each day from the day when his payment shall be due until actual payment, provided the aggregated accrued amount of interests exceeds EUR 50.

(iv) Any late payment by the Export Factor to the Import Factor will be subject to the provisions of paragraph (ii) and (iii) of this article.

[N.B.: Paragraph (iv) added October 2007.]

SECTION VI　Disputes

Article 27　Disputes

(i) A dispute occurs whenever a debtor fails to accept the goods or the invoice or raises a defence, counterclaim or set-off including (but not limited to) any defence arising from a claim to the proceeds of the receivable by any third party. However, where there is a conflict between the provisions of this Article and those of Article 25 the latter shall prevail.

(ii) Upon being notified of a dispute the Import Factor or the Export Factor shall immediately send to the other a dispute notice containing all details and information known to him regarding the receivable and the nature of such dispute. In either case the Export Factor shall provide the Import Factor with further information regarding the dispute within 60 days of the receipt by the Export Factor or his sending it as the case may be.

(iii) Upon receipt of such dispute notice the approval of that receivable shall be deemed to be suspended.

If a dispute is raised by the debtor and the dispute notice is received within 90 days after the due date of the receivable to which the dispute relates, the Import Factor shall not be required to make payment under guarantee of the amount with held by the debtor by reason of such dispute.

If a dispute is raised by the debtor and the dispute notice is received after payment under guarantee, but within 180 days of the due date of the receivable, the Import Factor shall be entitled to reimbursement of the amount withheld by the debtor by reason of such dispute.

(iv) (a) The Export Factor shall be responsible for the settlement of the dispute and shall act continuously to ensure that it is settled as quickly as possible. The Import Factor shall co-operate with and assist the Export Factor, if so required, in the settlement of the dispute including the taking of legal proceedings.

(b) If the Import Factor declines to take such proceedings or if the Export Factor requires a reassignment of the disputed receivables so that proceedings may be taken in his or the supplier's name, then, in either case, the Export Factor is entitled to such reassignment.

(c) Whether or not any such reassignment has been made the Import Factor shall again accept as approved, within the time limits specified in paragraph (v) of this Article, such disputed receivable to the extent that the dispute is settled in favour of the supplier (including an admission by the person responsible for the administration of the debtor's insolvent estate) provided that:

(1) the Export Factor has complied with his obligations under paragraph (iv) (a) of this Article;

(2) the Import Factor has been kept fully informed about the status of negotiations or proceedings at regular intervals; and

(3) the settlement provides for payment by the debtor to be made within 30 days of the date of the settlement, if amicable, or the date of the coming into effect of the judgement in the case of a legal settlement, provided, however, that such 30 day period shall not apply in the case of the admission of the debt by the person responsible for the administration of the debtor's insolvent estate.

(d) For the purpose of this Article, "legal settlement" means a dispute settled by way of a decision of a court or other tribunal of competent jurisdiction (which, for the avoidance of doubt, shall include arbitration) provided such legal proceedings have been formally commenced by proper service of legal process or demand for arbitration prior to the term set for an amicable settlement; and "amicable settlement" means any settlement which is not a legal settlement.

(v) The time limits referred to in paragraph (iv) (c) above, for the Import Factor to accept again as approved a disputed receivable, are as follows:

(a) in the case of an amicable settlement, 180 days; and

(b) in the case of a legal settlement, 3 years;

in each case after the receipt of the dispute notice in accordance with paragraph (ii) of this Article. If, however, during such periods, the debtor becomes officially insolvent or makes a general declaration or admission of his insolvency, the Import Factor shall remain at risk until the dispute has been settled.

(vi) In the case of a disputed receivable which the Import Factor has accepted again as approved in accordance with paragraph (iv) of this Article:

(a) if the receivable has been reassigned to the Export Factor the Import Factor shall have the right to an immediate assignment to him of all the Export Factor's or (as the case may be) the supplier's rights under the settlement;

(b) in every such case any payment under guarantee, which is to be made in accordance with Article 24, shall be made within 14 days of the date on which payment is to be made by the debtor according to the settlement provided that:

(1) any assignment required by the Import Factor under paragraph (vi) (a) of this Article has been made effectively by the Export Factor within that period; and

(2) the end of that period of 14 days is later than the original due date for the payment under guarantee.

(vii) If the Export Factor does not comply with all his obligations under this Article and such non-compliance substantially affects the risk position of the Import Factor, then the Import Factor shall have the right to reassign to the Export Factor the disputed receivable and the Export Factor shall promptly reimburse the Import Factor with the amount of the payment under guarantee; such payment shall include interest from date of payment under guarantee to date of reimbursement as calculated in accordance with paragraph (iii) (b) of Article 26.

(viii) If the dispute is resolved in full in favour of the supplier, all related costs shall be the responsibility of the Import Factor. In all other cases the costs will be the responsibility of the Export Factor.

[N. B.: Paragraph (iv) (b) amended June 2004. Paragraph (iv) (c) (3) amended June 2009. Paragraph (vii) amended June 2010.]

SECTION VII Representations, warranties and undertakings

Article 28 Representations, warranties and undertakings

(i) The Export Factor warrants and represents for himself and on behalf of his supplier:

(a) that each receivable represents an actual and bona fide sale and shipment of goods or provision of service made in the regular course of business and in conformity with the description of the supplier's business and terms of payment;

(b) that the debtor is liable for the payment of the amount stated in each invoice in accordance with the terms without defence or claim;

(c) that the original invoice bears notice that the receivable to which it relates has been assigned and is payable only to the Import Factor as its owner or that such notice has been given otherwise in writing before the due date of the receivable, any such notice of assignment being in the form prescribed by the Import Factor.

(d) that each one at the time of his assignment has the unconditional right to assign and transfer all rights and interest in and title to each receivable (including any interest and other costs relating to it which are recoverable from the debtor) free from claims of third parties;

(e) that he is factoring all the receivables arising from sales as defined in Article 3 of any one supplier to any one debtor for which the Import Factor has given approval; and

(f) that all such duties, forwarder's fees, storage and shipping charges and insurance and other expenses as are the responsibility of the supplier under the contract of sale or service have been fully discharged.

(ii) The Export Factor undertakes for himself and on behalf of his supplier:

(a) that he will inform the Import Factor of any payment received by the supplier or the Export Factor concerning any assigned receivable; and

(b) that as long as the Import Factor is on risk the Export Factor will inform the Import Factor in general or, if requested, in detail about any excluded transactions as defined in Article 3.

(iii) In addition to the provisions of Article 32, in the event of a breach of the warranty given in paragraph (i) (e) or the undertaking given in paragraph (ii) (b) of this Article the Import Factor shall be entitled to recover from the Export Factor.

(a) the commission and/or charges as agreed for that supplier on the receivables withheld, and

(b) compensation for other damages, if any.

SECTION VIII Miscellaneous

Article 29 Communication and electronic data interchange (EDI)

(i) Any written message as well as any document referred to in these Rules, which has an equivalent in the current EDI Standard can or, if so required by the Constitution and/or the Rules between the Members whenever either of them is applicable, must be replaced by the appropriate EDI-message.

(ii) The use of EDI is governed by the edifactoring.com Rules.

(iii) The originator of a communication shall assume full responsibility for the damages and losses, if any, caused to the receiver by any errors and/or omissions in such communication.

Article 30 Accounts and reports

(i) The Import Factor is responsible for keeping detailed and correct debtor ledgers and for keeping the Export Factor informed about the accounts showing on such ledgers.

(ii) The Export Factor shall be entitled to rely upon all information and reports submitted by the Import Factor provided that such reliance is reasonable and in good faith.

(iii) If for any valid reason the Import Factor or the Export Factor will not be able to make use of the EDI then the Import Factor shall account and report at least once a month to the Export Factor with respect to all transactions and each such monthly account and report shall be deemed approved and accepted by the Export Factor except to the extent that written exceptions are taken by the Export Factor within 14 days of his receipt of such account and report.

Article 31 Indemnification

(i) In rendering his services, the Import Factor shall have no responsibility whatsoever to the Export Factor's suppliers.

(ii) The Export Factor shall indemnify the Import Factor and hold him harmless against all suits, claims, losses or other demands which may be made or asserted against the Import Factor:

(a) by any such supplier by reason of an action that the Import Factor may take or fail to take; and/or

(b) by any debtor in relation to the goods and/or services, the invoices or the underlying contracts of such supplier;

provided that in either case the Import Factor's performance in his action or failure to act is reasonable and in good faith.

(iii) The Import Factor shall indemnify the Export Factor against any losses, costs, interest or

expenses suffered or incurred by the Export Factor by reason of any failure of the Import Factor to comply with his obligations or warranties under these Rules. The burden of proof of any such loss, costs, interest or expense lies with the Export Factor.
(iv) Each of the Export Factor and the Import Factor shall reimburse the other for all losses, costs, damages, interest, and expenses (including legal fees) suffered or incurred by that other by reason of any of the matters for which the indemnities are given in paragraphs (ii) and (iii) of this Article.

[N. B. : Paragraph (iii) amended September 2008.]

Article 32　Breaches of provisions of these Rules

(i) A substantial breach must be asserted within 365 days after the due date of the receivable to which it relates.
(ii) If the Export Factor has substantially breached any provision of these Rules, the Import Factor shall not be required to make payment under guarantee to the extent that the breach has seriously affected the Import Factor to his detriment in his appraisal of the credit risk and/or his ability to collect any receivable. The burden of proof lies with the Import Factor. If the Import Factor has made payment under guarantee the Import Factor shall be entitled to reimbursement of the amount paid, provided the Import Factor has established his right to reimbursement, to the satisfaction of the Export Factor, within 3 years from the date of assertion of the breach.
(iii) A substantial breach of paragraphs (i) (a) and b) of Article 28 that results only from a dispute shall not be subject to the provisions of this Article and shall be covered by the provisions of paragraphs (i) to (viii) of Article 27.
(iv) The Export Factor shall promptly reimburse the Import Factor under this Article; such payment shall include interest from date of payment under guarantee to date of reimbursement as calculated in accordance with Article 26 (ii).
(v) The provisions of this Article are additional to and not in substitution for any other provisions of these Articles.

附录二 UNIDROIT CONVENTION ON INTERNATIONAL FACTORING

(Ottawa, 28 May 1988)

THE STATES PARTIES TO THIS CONVENTION,

CONSCIOUS of the fact that international factoring has a significant role to play in the development of international trade,

RECOGNISING therefore the importance of adopting uniform rules to provide a legal framework that will facilitate international factoring, while maintaining a fair balance of interests between the different parties involved in factoring transactions,

HAVE AGREED as follows:

CHAPTER I — SPHERE OF APPLICATION AND GENERAL PROVISIONS

Article 1

1. This Convention governs factoring contracts and assignments of receivables as described in this Chapter.

2. For the purposes of this Convention, "factoring contract" means a contract concluded between one party (the supplier) and another party (the factor) pursuant to which:

(a) the supplier may or will assign to the factor receivables arising from contracts of sale of goods made between the supplier and its customers (debtors) other than those for the sale of goods bought primarily for their personal, family or household use;

(b) the factor is to perform at least two of the following functions:

(i) finance for the supplier, including loans and advance payments;

(ii) maintenance of accounts (ledgering) relating to the receivables;

(iii) collection of receivables;

(iv) protection against default in payment by debtors;

(c) notice of the assignment of the receivables is to be given to debtors.

3. In this Convention references to "goods" and "sale of goods" shall include services and the supply of services.

4. For the purposes of this Convention:

(a) a notice in writing need not be signed but must identify the person by whom or in whose name it is given;

(b) "notice in writing" includes, but is not limited to, telegrams, telex and any other telecommunication capable of being reproduced in tangible form;

(c) a notice in writing is given when it is received by the addressee.

Article 2

1. This Convention applies whenever the receivables assigned pursuant to a factoring contract arise from a contract of sale of goods between a supplier and a debtor whose places of business are in different States and:

(a) those States and the State in which the factor has its place of business are Contracting States; or

(b) both the contract of sale of goods and the factoring contract are governed by the law of a Contracting State.

2. A reference in this Convention to a party's place of business shall, if it has more than one place of business, mean the place of business which has the closest relationship to the relevant contract and its performance, having regard to the circumstances known to or contemplated by the parties at any time before or at the conclusion of that contract.

Article 3

1. The application of this Convention may be excluded:

(a) by the parties to the factoring contract; or

(b) by the parties to the contract of sale of goods, as regards receivables arising at or after the time when the factor has been given notice in writing of such exclusion.

2. Where the application of this Convention is excluded in accordance with the previous paragraph, such exclusion may be made only as regards the Convention as a whole.

Article 4

1. In the interpretation of this Convention, regard is to be had to its object and purpose as set forth in the preamble, to its international character and to the need to promote uniformity in its application and the observance of good faith in international trade.

2. Questions concerning matters governed by this Convention which are not expressly settled in it are to be settled in conformity with the general principles on which it is based or, in the absence of such principles, in conformity with the law applicable by virtue of the rules of private international law.

CHAPTER II — RIGHTS AND DUTIES OF THE PARTIES

Article 5

As between the parties to the factoring contract:

(a) a provision in the factoring contract for the assignment of existing or future receivables shall not be rendered invalid by the fact that the contract does not specify them individually, if at the time of conclusion of the contract or when they come into existence they can be identified to the contract;

(b) a provision in the factoring contract by which future receivables are assigned operates to transfer the receivables to the factor when they come into existence without the need for any new act of transfer.

Article 6

1. The assignment of a receivable by the supplier to the factor shall be effective notwithstanding any agreement between the supplier and the debtor prohibiting such assignment.

2. However, such assignment shall not be effective against the debtor when, at the time of conclusion of the contract of sale of goods, it has its place of business in a Contracting State which has made a declaration under Article 18 of this Convention.

3. Nothing in paragraph 1 shall affect any obligation of good faith owed by the supplier to the debtor or any liability of the supplier to the debtor in respect of an assignment made in breach of the terms of the contract of sale of goods.

Article 7

A factoring contract may validly provide as between the parties thereto for the transfer, with or without a new act of transfer, of all or any of the supplier's rights deriving from the contract of sale of goods, including the benefit of any provision in the contract of sale of goods reserving to the supplier title to the goods or creating any security interest.

Article 8

1. The debtor is under a duty to pay the factor if, and only if, the debtor does not have knowledge of any other person's superior right to payment and notice in writing of the assignment:

(a) is given to the debtor by the supplier or by the factor with the supplier's authority;

(b) reasonably identifies the receivables which have been assigned and the factor to whom or for whose account the debtor is required to make payment; and

(c) relates to receivables arising under a contract of sale of goods made at or before the time the notice is given.

2. Irrespective of any other ground on which payment by the debtor to the factor discharges the debtor from liability, payment shall be effective for this purpose if made in accordance with the previous paragraph.

Article 9

1. In a claim by the factor against the debtor for payment of a receivable arising under a contract of sale of goods the debtor may set up against the factor all defences arising under that contract of which the debtor could have availed itself if such claim had been made by the supplier.

2. The debtor may also assert against the factor any right of set-off in respect of claims existing against the supplier in whose favour the receivable arose and available to the debtor at the time a notice in writing of assignment conforming to Article 8(1) was given to the debtor.

Article 10

1. Without prejudice to the debtor's rights under Article 9, non-performance or defective or late performance of the contract of sale of goods shall not by itself entitle the debtor to recover a sum paid by the debtor to the factor if the debtor has a right to recover that sum from the supplier.

2. The debtor who has such a right to recover from the supplier a sum paid to the factor in respect of a receivable shall nevertheless be entitled to recover that sum from the factor to the extent that:

(a) the factor has not discharged an obligation to make payment to the supplier in respect of that receivable; or

(b) the factor made such payment at a time when it knew of the supplier's non-performance or defective or late performance as regards the goods to which the debtor's payment relates.

CHAPTER III — SUBSEQUENT ASSIGNMENTS

Article 11

1. Where a receivable is assigned by a supplier to a factor pursuant to a factoring contract governed by this Convention:

(a) the rules set out in Articles 5 to 10 shall, subject to sub-paragraph (b) of this paragraph, apply to any subsequent assignment of the receivable by the factor or by a subsequent assignee;

(b) the provisions of Articles 8 to 10 shall apply as if the subsequent assignee were the factor.

2. For the purposes of this Convention, notice to the debtor of the subsequent assignment also constitutes notice of the assignment to the factor.

Article 12

This Convention shall not apply to a subsequent assignment which is prohibited by the terms of the factoring contract.

CHAPTER IV — FINAL PROVISIONS

Article 13

1. This Convention is open for signature at the concluding meeting of the Diplomatic Conference for the Adoption of the Draft Unidroit Conventions on International Factoring and International Financial Leasing and will remain open for signature by all States at Ottawa until 31 December 1990.

2. This Convention is subject to ratification, acceptance or approval by States which have signed it.

3. This Convention is open for accession by all States which are not signatory States as from the date it is open for signature.

4. Ratification, acceptance, approval or accession is effected by the deposit of a formal instrument to that effect with the depositary.

Article 14

1. This Convention enters into force on the first day of the month following the expiration of six months after the date of deposit of the third instrument of ratification, acceptance, approval or accession.

2. For each State that ratifies, accepts, approves, or accedes to this Convention after the deposit of the third instrument of ratification, acceptance, approval or accession, this Convention enters into force in respect of that State on the first day of the month following the expiration of six months after the date of the deposit of its instrument of ratification, acceptance, approval or accession.

Article 15

This Convention does not prevail over any treaty which has already been or may be entered into.

Article 16

1. If a Contracting State has two or more territorial units in which different systems of law are applicable in relation to the matters dealt with in this convention, it may, at the time of signature, ratification, acceptance, approval or accession, declare that this Convention is to extend to all its territorial units or only to one or more of them, and may substitute its declaration by another declaration at any time.

2. These declarations are to be notified to the depositary and are to state expressly the territorial units to which the Convention extends.

3. If, by virtue of a declaration under this article, this Convention extends to one or more but not all of the territorial units of a Contracting State, and if the place of business of a party is

located in that State, this place of business, for the purposes of this Convention, is considered not to be in a Contracting State, unless it is in a territorial unit to which the Convention extends.

4. If a Contracting State makes no declaration under paragraph 1, the Convention is to extend to all territorial units of that State.

Article 17

1. Two or more Contracting States which have the same or closely related legal rules on matters governed by this Convention may at any time declare that the Convention is not to apply where the supplier, the factor and the debtor have their places of business in those States. Such declarations may be made jointly or by reciprocal unilateral declarations.

2. A Contracting State which has the same or closely related legal rules on matters governed by this Convention as one or more non-Contracting States may at any time declare that the Convention is not to apply where the supplier, the factor and the debtor have their places of business in those States.

3. If a State which is the object of a declaration under the previous paragraph subsequently becomes a Contracting State, the declaration made will, as from the date on which the Convention enters into force in respect of the new Contracting State, have the effect of a declaration made under paragraph 1, provided that the new Contracting State joins in such declaration or makes a reciprocal unilateral declaration.

Article 18

A Contracting State may at any time make a declaration in accordance with Article 6(2) that an assignment under Article 6(1) shall not be effective against the debtor when, at the time of conclusion of the contract of sale of goods, it has its place of business in that State.

Article 19

1. Declarations made under this Convention at the time of signature are subject to confirmation upon ratification, acceptance or approval.

2. Declarations and confirmations of declarations are to be in writing and to be formally notified to the depositary.

3. A declaration takes effect simultaneously with the entry into force of this Convention in respect of the State concerned. However, a declaration of which the depositary receives formal notification after such entry into force takes effect on the first day of the month following the expiration of six months after the date of its receipt by the depositary. Reciprocal unilateral declarations under Article 17 take effect on the first day of the month following the expiration of six months after the receipt of the latest declaration by the depositary.

4. Any State which makes a declaration under this Convention may withdraw it at any time by a formal notification in writing addressed to the depositary. Such withdrawal is to take effect on the first day of the month following the expiration of six months after the date of the receipt of the notification by the depositary.

5. A withdrawal of a declaration made under Article 17 renders inoperative in relation to the withdrawing State, as from the date on which the withdrawal takes effect, any joint or reciprocal unilateral declaration made by another State under that article.

Article 20

No reservations are permitted except those expressly authorised in this Convention.

Article 21

This Convention applies when receivables assigned pursuant to a factoring contract arise from a contract of sale of goods concluded on or after the date on which the Convention enters into force in respect of the Contracting States referred to in Article 2(1)(a), or the Contracting State or States referred to in paragraph 1(b) of that article, provided that:

(a) the factoring contract is concluded on or after that date; or

(b) the parties to the factoring contract have agreed that the Convention shall apply.

Article 22

1. This Convention may be denounced by any Contracting State at any time after the date on which it enters into force for that State.

2. Denunciation is effected by the deposit of an instrument to that effect with the depositary.

3. A denunciation takes effect on the first day of the month following the expiration of six months after the deposit of the instrument of denunciation with the depositary. Where a longer period for the denunciation to take effect is specified in the instrument of denunciation it takes effect upon the expiration of such longer period after its deposit with the depositary.

Article 23

1. This Convention shall be deposited with the Government of Canada.

2. The Government of Canada shall:

(a) inform all States which have signed or acceded to this Convention and the President of the International Institute for the Unification of Private Law (Unidroit) of:

(i) each new signature or deposit of an instrument of ratification, acceptance, approval or accession, together with the date thereof;

(ii) each declaration made under Articles 16, 17 and 18;

(iii) the withdrawal of any declaration made under Article 19(4);

(iv) the date of entry into force of this Convention;

(v) the deposit of an instrument of denunciation of this Convention together with the date of its deposit and the date on which it takes effect;

(b) transmit certified true copies of this Convention to all signatory States, to all States acceding to the Convention and to the President of the International Institute for the Unification of Private Law (Unidroit).

IN WITNESS WHEREOF the undersigned plenipotentiaries, being duly authorized by their respective Governments, have signed this Convention.

DONE at Ottawa, this twenty-eighth day of May, one thousand nine hundred and eighty-eight, in a single original, of which the English and French texts are equally authentic.

附录三 应收账款质押登记办法

(2007年10月1日)

第一章 总 则

第一条 为规范应收账款质押登记,保护质押当事人和利害关系人的合法权益,根据《中华人民共和国物权法》,制定本办法。

第二条 中国人民银行征信中心(以下简称征信中心)是应收账款质押的登记机构。

征信中心建立应收账款质押登记公示系统(以下简称登记公示系统),办理应收账款质押登记,并为社会公众提供查询服务。

第三条 中国人民银行对征信中心办理应收账款质押登记有关活动进行管理。

第四条 本办法所称的应收账款是指权利人因提供一定的货物、服务或设施而获得的要求义务人付款的权利,包括现有的和未来的金钱债权及其产生的收益,但不包括因票据或其他有价证券而产生的付款请求权。

本办法所称的应收账款包括下列权利:

(一)销售产生的债权,包括销售货物、供应水、电、气、暖、知识产权的许可使用等;

(二)出租产生的债权,包括出租动产或不动产;

(三)提供服务产生的债权;

(四)公路、桥梁、隧道、渡口等不动产收费权;

(五)提供贷款或其他信用产生的债权。

第五条 在同一应收账款上设立多个质权的,质权人按照登记的先后顺序行使质权。

第二章 登记与查询

第六条 应收账款质押登记通过登记公示系统办理。

第七条 应收账款质押登记由质权人办理。

质权人也可以委托他人办理登记。委托他人办理登记的,适用本办法关于质权人办理登记的规定。

第八条 质权人办理质押登记前应与出质人签订协议。协议应载明如下内容:

(一)质权人与出质人已签订质押合同;

(二)由质权人办理质押登记。

第九条 质权人办理应收账款质押登记时,应注册为登记公示系统的用户。

第十条 登记内容包括质权人和出质人的基本信息、应收账款的描述、登记期限。质权人应将本办法第八条规定的协议作为登记附件提交登记公示系统。

出质人或质权人为单位的,应填写单位的法定注册名称、注册地址、法定代表人或负责人姓名、组织机构代码或金融机构代码、工商注册码等。

出质人或质权人为个人的,应填写有效身份证件号码、有效身份证件载明的地址等信息。

质权人可以与出质人约定将主债权金额等项目作为登记内容。

第十一条　质权人应将填写完毕的登记内容提交登记公示系统。登记公示系统记录提交时间并分配登记编号,生成应收账款质押登记初始证明和修改码提供给质权人。

第十二条　质权人自行确定登记期限,登记期限以年计算,最长不得超过5年。登记期限界满,质押登记失效。

第十三条　在登记期限届满前90日内,质权人可以申请展期。

质权人可以多次展期,每次展期期限不得超过5年。

第十四条　登记内容存在遗漏、错误等情形或登记内容发生变化的,质权人应当办理变更登记。

质权人在原质押登记中增加新的应收账款出质的,新增加的部分视为新的质押登记,登记时间为质权人填写新的应收账款并提交登记公示系统的时间。

第十五条　质权人办理登记时所填写的出质人法定注册名称或有效身份证件号码变更的,质权人应当在变更之日起4个月内办理变更登记。未办理变更登记的,质押登记失效。

第十六条　质权人办理展期、变更登记的,应当提交与出质人就展期、变更事项达成的协议。

第十七条　有下列情形之一的,质权人应自该情形产生之日起10个工作日内办理注销登记:

(一)主债权消灭;

(二)质权实现;

(三)质权人放弃登记载明的应收账款之上的全部质权;

(四)其他导致所登记质权消灭的情形。

第十八条　质权人凭修改码办理展期、变更登记、注销登记。

第十九条　出质人或其他利害关系人认为登记内容错误的,可以要求质权人变更登记或注销登记。质权人不同意变更或注销的,出质人或其他利害关系人可以办理异议登记。

办理异议登记的出质人或其他利害关系人可以自行注销异议登记。

第二十条　出质人或其他利害关系人应在异议登记办理完毕的同时通知质权人。

第二十一条　出质人或其他利害关系人自异议登记之日起15日内不起诉的,征信中心撤销异议登记。

第二十二条　征信中心应按照出质人或其他利害关系人、质权人的要求,根据生效的法院判决或裁定撤销应收账款质押登记或异议登记。

第二十三条　质权人办理变更登记和注销登记、出质人或其他利害关系人办理异议登记后,登记公示系统记录登记时间、分配登记编号,并生成变更登记、注销登记或异议登记证明。

第二十四条 质权人、出质人和其他利害关系人应当按照登记公示系统提示项目如实登记。

质权人、出质人提供虚假材料办理登记,给他人造成损害的,应当承担相应的法律责任。

第二十五条 任何单位和个人均可以在注册为登记公示系统的用户后,查询应收账款质押登记信息。

第二十六条 出质人为单位的,查询人以出质人完整、准确的法定注册名称进行查询。

出质人为个人的,查询人以出质人的身份证件号码进行查询。

第二十七条 征信中心根据查询人的申请,提供查询证明。

第二十八条 质权人、出质人或其他利害关系人、查询人可以通过证明编号在登记公示系统对登记证明和查询证明进行验证。

第三章 征信中心的职责

第二十九条 征信中心应当采取必要的措施,维护登记公示系统安全、正常运行。

征信中心因不可抗力不能办理登记或提供查询服务的,不承担法律责任。

第三十条 征信中心应当制定质押登记操作规则和内部管理制度,并报中国人民银行备案。

第三十一条 登记注销或登记期限届满后,征信中心应当对登记记录进行保存,保存期限为15年。

第四章 附 则

第三十二条 本办法自2007年10月1日起施行。

附录四　应收账款质押登记操作规则

(2007年10月1日)

第一章　总　　则

第一条　为规范应收账款质押登记,根据《中华人民共和国物权法》和《应收账款质押登记办法》(以下简称《办法》),制定本规则。

第二条　本规则适用于中国人民银行征信中心(以下简称征信中心)和征信分中心,以及办理应收账款质押登记的当事人和查询人。

第二章　用　　户

第三条　质权人或其代理人办理应收账款质押登记,应当注册为应收账款质押登记公示系统(以下简称登记公示系统)的用户。

用户对登记的真实性、完整性和合法性承担责任。

用户应当签署并遵守《应收账款质押登记公示系统用户协议》(以下简称《用户协议》)。

第四条　登记公示系统的用户分为普通用户和常用户。

普通用户自行在登记公示系统互联网页面完成用户注册。普通用户可以进行查询操作。

常用户在登记公示系统互联网页面进行注册、通过征信分中心身份资料真实性形式审查后完成用户注册。常用户可以进行登记和查询操作。

第五条　用户应当如实填写注册资料,注册资料发生变化的,用户应及时更新。

第六条　申请常用户的单位,应向所在地中国人民银行征信分中心提交以下材料:

(一) 单位的注册文件,具体指:

1. 金融机构提供经营金融业务许可证和工商营业执照副本的复印件,并出示工商营业执照副本原件;

2. 企业提供工商营业执照副本复印件并出示原件;

3. 事业单位提供事业单位法人登记证复印件并出示原件;

4. 其他单位提供注册管理部门颁发的注册登记证书复印件并出示原件;

(二) 已经签署的《用户协议》;

(三) 组织机构代码证书复印件,并出示原件;

(四) 法定代表人或负责人的身份证件复印件;

(五) 经办人的身份证件复印件,并出示原件;

(六) 单位介绍信。

常用户为金融机构的,无需提交第(三)项所指材料。

上述单位的注册文件复印件、《用户协议》、组织机构代码证书复印件、单位介绍信应加盖公章。

第七条 征信分中心对常用户身份资料的真实性进行形式审查,并将审查结果录入登记公示系统,告知申请单位。

第八条 常用户应当在登记公示系统设置用户管理员,由用户管理员负责管理本机构的操作员。

操作员以用户管理员为其设定的用户登录名登录登记公示系统,以常用户的名义进行登记与查询。操作员可以修改本人的密码。

第九条 常用户的用户管理员密码发生遗忘或被盗等情形,可以向征信中心申请密码重置。

申请密码重置,申请人应下载并填写《应收账款质押登记公示系统密码重置申请表》,加盖单位公章后传真并寄送至征信中心。

申请人应在申请表中注明新密码的接收方式。选择的接收方式发生费用的,由申请人承担。

第十条 征信中心对用户的密码重置申请进行核实。核实属实的,征信中心在收到申请的5个工作日内将新密码反馈申请人。

第十一条 常用户的法定注册名称发生变更时,常用户应向征信中心提出申请,由征信中心进行用户名称变更。

申请名称变更,应将以下材料传真并寄送至征信中心:

(一)填写完整的《应收账款质押登记公示系统用户名称变更申请表》;

(二)相关管理部门出具的名称变更证明复印件。

上述材料应加盖公章。

第十二条 审查通过的名称变更申请,征信中心在收到申请的5个工作日内在登记公示系统为用户修改名称。

第三章 登记与查询

第十三条 进行初始登记时,用户应当按登记公示系统提示完整填写出质人信息、质权人信息、质押财产信息和登记期限,并以影像格式在"质押财产描述附件"栏目中上传《应收账款质押登记协议》(以下简称《登记协议》),否则,登记无效。

《登记协议》至少应载明以下内容:

(一)质权人与出质人已签订质押合同;

(二)由质权人办理质押登记;

(三)出质人已经告知质权人自质押登记起过去四个月之内所有有效的出质人名称,或出质人已经告知质权人所有有效及曾经有效的身份证件号码;

(四)协议双方的签字或签章。

第十四条　出质人法定注册名称、有效身份证件号码或其他登记内容填写错误的,由此引起的后果由用户负责。

第十五条　应收账款的描述,既可做概括性描述,也可做具体描述,但应达到可以确定所出质的应收账款的目的。

应收账款的概括性描述可以使用"XX公司未来3个月到期的所有应收账款",或"XX公司未来6个月到期的对YY公司的所有应收账款"等。

第十六条　质权人委托他人代为进行登记的,受托人在完成初始登记后,应当将登记证明编号、修改码告知质权人。

第十七条　对初始登记进行变更登记,用户应当输入该初始登记的证明编号与修改码。

第十八条　变更登记证明载明的登记信息是该次变更登记后相关质押登记的最新状况。

第十九条　对有多个质权人的登记进行变更、展期和注销登记时,用户应当输入授权该次登记的质权人名称。

授权该次登记的质权人在登记公示系统称为授权人。

第二十条　登记期限届满未进行展期的,登记不再对外提供查询。

登记期限届满前注销的登记,剩余登记期限长于六个月的,该登记将继续对外提供查询六个月;剩余登记期限不足六个月的,该登记在剩余登记期限内继续对外提供查询。

第二十一条　出质人和利害关系人可以就与己相关的登记进行异议登记。出质人或利害关系人进行异议登记,应当注册为登记公示系统用户。

异议登记之后,进行异议登记的出质人或利害关系人应当向法院提起诉讼,并自异议登记起15日内将法院受理通知书以异议登记附件的形式上传至登记公示系统,并将法院受理通知书复印件寄送至征信中心,否则,征信中心撤销异议登记。

异议登记人发现异议登记错误或质权人已经进行了相应的变更或注销登记的,可以注销异议登记。

第二十二条　登记公示系统为每次完成的登记分配唯一的登记编号,并准确记录登记时间,同时生成含有登记时间及登记编号的登记证明。

第二十三条　经当事人申请,征信中心根据生效的法院判决或裁定,撤销相关登记。

第二十四条　申请撤销登记,当事人应将以下材料传真并寄送至征信中心:

(一)填写完整的《应收账款质押登记公示系统撤销登记申请表》;

(二)申请人身份证明材料复印件;

(三)生效法院裁判的复印件。

申请人是个人的,上述材料(一)应签字;申请人是单位的,上述材料应加盖公章。

第二十五条　对于审查通过的撤销登记申请,征信中心在收到申请的5个工作日内撤销相关登记。

第二十六条　登记公示系统为应收账款的转让交易提供信息平台服务。应收账款转让的,受让方可以将应收账款转让的信息记载于登记公示系统。

第二十七条 登记公示系统出具与查询条件相匹配的查询结果。查询结果包括查询报告和查询证明。

以出质人名称查询的,查询人应当以当前有效的和查询时点前四个月内有效的法定名称进行查询。

以出质人的身份证件号码查询的,查询人应当以出质人所有现在和曾经有效的身份证件号码进行查询。

第二十八条 征信中心可以为登记公示系统出具的登记证明和查询证明盖章。

第四章 附 则

第二十九条 在登记公示系统输入字母、数字和括号,均应在半角状态下进行。

第三十条 用户在登记公示系统进行登记操作时,以填表人身份输入登记内容。

第三十一条 《办法》第十条所指有效身份证件是指居民身份证、军官证、士兵证、港澳居民来往内地通行证、台湾同胞来往大陆通行证、警官证和护照之一;本规则所指身份证明材料,对于个人是指《办法》第十条所指有效身份证件;对于单位是指《企业法人营业执照》副本、《营业执照》副本、《事业单位法人证书》、《社会团体法人登记证书》、《民办非企业单位登记证书》或其他法定注册登记证件之一。

第三十二条 登记公示系统 7×18 小时提供服务,维护时间除外。征信中心在登记公示系统公告定期维护的时间。在特殊情形下,征信中心可以不经事先通知进行登记公示系统的维修、升级,或因其他特殊原因暂停登记服务。

第三十三条 本规则由中国人民银行征信中心负责解释。

第三十四条 本规则自 2007 年 10 月 1 日起实施。

附录五 商业银行保理业务管理暂行办法

(2014年4月10日)

中国银监会令2014年第5号

第一章 总 则

第一条 为规范商业银行保理业务经营行为,加强保理业务审慎经营管理,促进保理业务健康发展,根据《中华人民共和国合同法》、《中华人民共和国物权法》、《中华人民共和国银行业监督管理法》、《中华人民共和国商业银行法》等法律法规,制定本办法。

第二条 中华人民共和国境内依法设立的商业银行经营保理业务,应当遵守本办法。

第三条 商业银行开办保理业务,应当遵循依法合规、审慎经营、平等自愿、公平诚信的原则。

第四条 商业银行开办保理业务应当妥善处理业务发展与风险管理的关系。

第五条 中国银监会及其派出机构依照本办法及有关法律法规对商业银行保理业务实施监督管理。

第二章 定义和分类

第六条 本办法所称保理业务是以债权人转让其应收账款为前提,集应收账款催收、管理、坏账担保及融资于一体的综合性金融服务。债权人将其应收账款转让给商业银行,由商业银行向其提供下列服务中至少一项的,即为保理业务:

(一)应收账款催收:商业银行根据应收账款账期,主动或应债权人要求,采取电话、函件、上门等方式或运用法律手段等对债务人进行催收。

(二)应收账款管理:商业银行根据债权人的要求,定期或不定期向其提供关于应收账款的回收情况、逾期账款情况、对账单等财务和统计报表,协助其进行应收账款管理。

(三)坏账担保:商业银行与债权人签订保理协议后,为债务人核定信用额度,并在核准额度内,对债权人无商业纠纷的应收账款,提供约定的付款担保。

(四)保理融资:以应收账款合法、有效转让为前提的银行融资服务。

以应收账款为质押的贷款,不属于保理业务范围。

第七条 商业银行应当按照"权属确定,转让明责"的原则,严格审核并确认债权的真实性,确保应收账款初始权属清晰确定、历次转让凭证完整、权责无争议。

第八条 本办法所称应收账款,是指企业因提供商品、服务或者出租资产而形成的金钱债权及其产生的收益,但不包括因票据或其他有价证券而产生的付款请求权。

第九条 本办法所指应收账款的转让,是指与应收账款相关的全部权利及权益的让渡。

第十条　保理业务分类：

（一）国内保理和国际保理

按照基础交易的性质和债权人、债务人所在地，分为国际保理和国内保理。

国内保理是债权人和债务人均在境内的保理业务。

国际保理是债权人和债务人中至少有一方在境外（包括保税区、自贸区、境内关外等）的保理业务。

（二）有追索权保理和无追索权保理

按照商业银行在债务人破产、无理拖欠或无法偿付应收账款时，是否可以向债权人反转让应收账款、要求债权人回购应收账款或归还融资，分为有追索权保理和无追索权保理。

有追索权保理是指在应收账款到期无法从债务人处收回时，商业银行可以向债权人反转让应收账款、要求债权人回购应收账款或归还融资。有追索权保理又称回购型保理。

无追索权保理是指应收账款在无商业纠纷等情况下无法得到清偿的，由商业银行承担应收账款的坏账风险。无追索权保理又称买断型保理。

（三）单保理和双保理

按照参与保理服务的保理机构个数，分为单保理和双保理。

单保理是由一家保理机构单独为买卖双方提供保理服务。

双保理是由两家保理机构分别向买卖双方提供保理服务。

买卖双方保理机构为同一银行不同分支机构的，原则上可视作双保理。商业银行应当在相关业务管理办法中同时明确作为买方保理机构和卖方保理机构的职责。

有保险公司承保买方信用风险的银保合作，视同双保理。

第三章　保理融资业务管理

第十一条　商业银行应当按照本办法对具体保理融资产品进行定义，根据自身情况确定适当的业务范围，制定保理融资客户准入标准。

第十二条　双保理业务中，商业银行应当对合格买方保理机构制定准入标准，对于买方保理机构为非银行机构的，应当采取名单制管理，并制定严格的准入准出标准与程序。

第十三条　商业银行应当根据自身内部控制水平和风险管理能力，制定适合叙做保理融资业务的应收账款标准，规范应收账款范围。商业银行不得基于不合法基础交易合同、寄售合同、未来应收账款、权属不清的应收账款、因票据或其他有价证券而产生的付款请求权等开展保理融资业务。

未来应收账款是指合同项下卖方义务未履行完毕的预期应收账款。

权属不清的应收账款是指权属具有不确定性的应收账款，包括但不限于已在其他银行或商业保理公司等第三方办理出质或转让的应收账款。获得质权人书面同意解押并放弃抵质押权利和获得受让人书面同意转让应收账款权属的除外。

因票据或其他有价证券而产生的付款请求权是指票据或其他有价证券的持票人无需持

有票据或有价证券产生的基础交易应收账款单据,仅依据票据或有价证券本身即可向票据或有价证券主债务人请求按票据或有价证券上记载的金额付款的权利。

第十四条　商业银行受理保理融资业务时,应当严格审核卖方和/或买方的资信、经营及财务状况,分析拟做保理融资的应收账款情况,包括是否出质、转让以及账龄结构等,合理判断买方的付款意愿、付款能力以及卖方的回购能力,审查买卖合同等资料的真实性与合法性。对因提供服务、承接工程或其他非销售商品原因所产生的应收账款,或买卖双方为关联企业的应收账款,应当从严审查交易背景真实性和定价的合理性。

第十五条　商业银行应当对客户和交易等相关情况进行有效的尽职调查,重点对交易对手、交易商品及贸易习惯等内容进行审核,并通过审核单据原件或银行认可的电子贸易信息等方式,确认相关交易行为真实合理存在,避免客户通过虚开发票或伪造贸易合同、物流、回款等手段恶意骗取融资。

第十六条　单保理融资中,商业银行除应当严格审核基础交易的真实性外,还需确定卖方或买方一方比照流动资金贷款进行授信管理,严格实施受理与调查、风险评估与评价、支付和监测等全流程控制。

第十七条　商业银行办理单保理业务时,应当在保理合同中原则上要求卖方开立用于应收账款回笼的保理专户等相关账户。商业银行应当指定专人对保理专户资金进出情况进行监控,确保资金首先用于归还银行融资。

第十八条　商业银行应当充分考虑融资利息、保理手续费、现金折扣、历史收款记录、行业特点等应收账款稀释因素,合理确定保理业务融资比例。

第十九条　商业银行开展保理融资业务,应当根据应收账款的付款期限等因素合理确定融资期限。商业银行可将应收账款到期日与融资到期日间的时间期限设置为宽限期。宽限期应当根据买卖双方历史交易记录、行业惯例等因素合理确定。

第二十条　商业银行提供保理融资时,有追索权保理按融资金额计入债权人征信信息;无追索权保理不计入债权人及债务人征信信息。商业银行进行担保付款或垫款时,应当按保理业务的风险实质,决定计入债权人或债务人的征信信息。

第四章　保理业务风险管理

第二十一条　商业银行应当科学审慎制定贸易融资业务发展战略,并纳入全行统一战略规划,建立科学有效的贸易融资业务决策程序和激励约束机制,有效防范与控制保理业务风险。

第二十二条　商业银行应当制定详细规范的保理业务管理办法和操作规程,明确业务范围、相关部门职能分工、授信和融资制度、业务操作流程以及风险管控、监测和处置等政策。

第二十三条　商业银行应当定期评估保理业务政策和程序的有效性,加强内部审计监督,确保业务稳健运行。

第二十四条　保理业务规模较大、复杂度较高的商业银行,必须设立专门的保理业务部门或团队,配备专业的从业人员,负责产品研发、业务操作、日常管理和风险控制等工作。

第二十五条　商业银行应当直接开展保理业务,不得将应收账款的催收、管理等业务外包给第三方机构。

第二十六条　商业银行应当将保理业务纳入统一授信管理,明确各类保理业务涉及的风险类别,对卖方融资风险、买方付款风险、保理机构风险分别进行专项管理。

第二十七条　商业银行应当建立全行统一的保理业务授权管理体系,由总行自上而下实施授权管理,不得办理未经授权或超授权的保理业务。

第二十八条　商业银行应当针对保理业务建立完整的前中后台管理流程,前中后台应当职责明晰并相对独立。

第二十九条　商业银行应当将保理业务的风险管理纳入全面风险管理体系,动态关注卖方或买方经营、管理、财务及资金流向等风险信息,定期与卖方或买方对账,有效管控保理业务风险。

第三十条　商业银行应当加强保理业务 IT 系统建设。保理业务规模较大、复杂程度较高的银行应当建立电子化业务操作和管理系统,对授信额度、交易数据和业务流程等方面进行实时监控,并做好数据存储及备份工作。

第三十一条　当发生买方信用风险,保理银行履行垫付款义务后,应当将垫款计入表内,列为不良贷款进行管理。

第三十二条　商业银行应当按照《商业银行资本管理办法(试行)》要求,按保理业务的风险实质,计量风险加权资产,并计提资本。

第五章　法　律　责　任

第三十三条　商业银行违反本办法规定经营保理业务的,由银监会及其派出机构责令其限期改正。商业银行有下列情形之一的,银监会及其派出机构可采取《中华人民共和国银行业监督管理法》第三十七条规定的监管措施:

(一)未按要求制定保理业务管理办法和操作规程即开展保理业务的;

(二)违反本办法第十三条、十六条规定叙做保理业务的;

(三)业务审查、融资管理、风险处置等流程未尽职的。

第三十四条　商业银行经营保理业务时存在下列情形之一的,银监会及其派出机构除按本办法第三十三条采取监管措施外,还可根据《中华人民共和国银行业监督管理法》第四十六、第四十八条实施处罚:

(一)因保理业务经营管理不当发生信用风险重大损失、出现严重操作风险损失事件的;

(二)通过非公允关联交易或变相降低标准违规办理保理业务的;

(三)未真实准确对垫款等进行会计记录或以虚假会计处理掩盖保理业务风险实质的;

(四)严重违反本办法规定的其他情形。

第六章 附　　则

第三十五条　政策性银行、外国银行分行、农村合作银行、农村信用社、财务公司等其他银行业金融机构开展保理业务的,参照本办法执行。

第三十六条　中国银行业协会应当充分发挥自律、协调、规范职能,建立并持续完善银行保理业务的行业自律机制。

第三十七条　本办法由中国银监会负责解释。

图书在版编目(CIP)数据

商业保理实务与案例/陈霜华,蔡厚毅编著. —上海:复旦大学出版社,2016.4(2022.6重印)
商业保理培训系列教材
ISBN 978-7-309-12151-3

Ⅰ. 商… Ⅱ.①陈…②蔡… Ⅲ. 商业银行-商业服务-教材 Ⅳ. F830.33

中国版本图书馆 CIP 数据核字(2016)第 043307 号

商业保理实务与案例
陈霜华　蔡厚毅　编著
责任编辑/王联合

复旦大学出版社有限公司出版发行
上海市国权路 579 号　邮编:200433
网址:fupnet@fudanpress.com　http://www.fudanpress.com
门市零售:86-21-65102580　团体订购:86-21-65104505
出版部电话:86-21-65642845
大丰市科星印刷有限责任公司

开本 787×960　1/16　印张 18.75　字数 300 千
2022 年 6 月第 1 版第 6 次印刷

ISBN 978-7-309-12151-3/F·2253
定价:38.00 元

如有印装质量问题,请向复旦大学出版社有限公司出版部调换。
版权所有　侵权必究